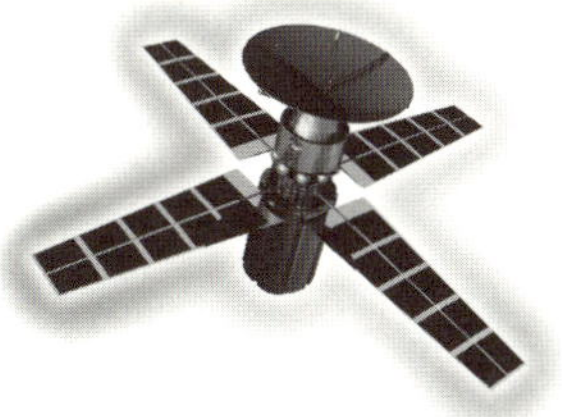

世界経営者会議

The New Era of Global Management

In Search of a Management Style for the 21st Century

グローバル経営者の時代

日本企業は勝ち残れるか

日本経済新聞社編

日本経済新聞社

はじめに

米欧日のビジネス・トップ・リーダー、ウェルチGE会長、ハンペル前ICI会長（英企業統治委員会委員長）、奥田トヨタ自動車会長らの意見を集約すると、自社の良いところに自信を持つ、他の良いところを学び続ける、改革を恐れない、ということにつきます。加えて経営の極意には、その文化なりのやり方でヒトを大切にしたり、第一級の先達の言に耳を傾けたりすることも含まれます。

日本企業の多くがバブル経済の崩壊以降、十年間にもわたる苦闘を強いられてきました。市場を自由化し規制緩和に取り組んできたあいだに、世界はIT（情報技術）による経営革新が進み、インターネットなど地球規模のネットワークが普及し、グローバル市場で大競争時代に突入しました。巨大企業や金融機関は合併・買収、戦略提携でいっそう競争力を強め、一方で独創性や創造力を武器に特定分野で世界的な占有率を持つ小さな巨人企業もいきいきと活動しています。グローバルな経営者の行動が、人類史上かつてなかったほど、世界の人々の豊かさや幸せを左右するようになりました。「グローバル経営者の時代」なのです。しかし自由放任の市場や一国家の経済政策だけでは解決不可能な、地球環境保護や通貨経済危機防止といった課題も次々と起きています。

こうした認識から日本経済新聞社は、欧州で最古の歴史を持つビジネススクールのスイス経営開発国際研究所（IMD）とシリコンバレーでIT起業家を輩出している米スタンフォード大学の国際研究所アジア太平洋研究センターの協力を得て、日経フォーラム「世界経営者会議」を立ち上げました。米欧日のグローバル経営者が討議し、意見交換する場を創るためです。企業が国家の枠組みを超える時代、二十一世紀の経営モデルは何か、ネットの発展は世界市場にどのような影響を与えるか、成功する企業経営者の条件は何か。また日本的経営は生き残るか、米国型経営に弱点はないか、重視すべきは株価か雇用の安定か、企業統治の世界標準はあるかなど、米欧日のトップリーダーが徹底的に論じました。

本書はこの会議（九九年十月に東京で開催）の内容を網羅したうえ、講演者、討議者に再読して頂いて最新情報に更新し、さらに司会役のモデレーターの方々による書き下ろし原稿を加えたものです。競争力を高める戦略や経営について悩み、真剣に考える企業の首脳、幹部をはじめ、会社員、学生の方々などにヒントを与える書物となれば幸いです。

二〇〇〇年三月

日本経済新聞社

はじめに

1章　国境を越える経営

1　ウェルチ氏に学ぶ　10
日本経済新聞社編集局産業部編集委員兼論説委員　関口和一

2　学び続ける企業　20
米ゼネラル・エレクトリック（GE）会長　ジョン・F・ウェルチJr.
日本経済新聞社編集局産業部編集委員兼論説委員　関口和一

GEは常に学び続ける／日本の経営者の最大の罪／エキサイティングに仕事する／経営は最終的には大きな賭け／初めに偉大な技術ありき／ビル・ゲイツ氏は偉大なパイオニア／Eメールの活用法／投機的資金は政府に規律を与える／GEのキャリアは年功を待つ必要はない／厳しい品質向上プログラム／社員こそ生きがい／後継者に望む四つのE／子供たちに情報技術を

3　人間尊重の経営　45
トヨタ自動車会長／日本経営者団体連盟（日経連）会長　奥田碩

悪魔のサイクルを断ち切る／地球規模で考えて行動／外国人を経営幹部に／世界最適供給を基本に／マネーゲームより正業で利益／時を超えて強さを維持

質疑応答

2章　企業統治の新世紀

1　企業統治の展望　東京大学法学部教授　神田秀樹　60
いまなぜ「企業統治（コーポレートガバナンス）」か／各国の動向／企業統治の展望／むすびに代えて

2　人を治める　京セラ名誉会長　稲盛和夫　69
社長の独善的な企業運営／自主経営ができない海外子会社／企業統治は人を治めること／普遍的な価値観の企業理念を／対等合併はマイナス
質疑応答

3　対談　日米欧の企業統治　82
スピーカー
英ユナイテッド・ニュース・アンド・メディア会長（ICI前会長）
英コーポレートガバナンス委員会委員長　ロナルド・ハンペル
米アンダーセンコンサルティングアジア太平洋地域統括責任者　トーマス・E・マッカーティ
三井物産社長　上島重二
モデレーター　東京大学法学部教授　神田秀樹
コーポレートガバナンスに公式はない／不正行為による破綻がきっかけ／グロ

ーバルに共通な仕組みはない／米国と日本の特徴／取締役会によるCEO解任／変わりつつある日本の状況／インパクトを増す機関投資家／世界の単一市場化が加速／国際化は同じルールのゲーム／透明確保のためにインフラ整備／ミニマムスタンダード／日本の企業統治／社外取締役の役割／何を優先するか／株主総会のあり方／Eコマースと企業統治
質疑応答

3章　企業社会とネット革命

1　ネットワーク時代の経営　130
日本経済新聞社編集局産業部編集委員　野村裕知

2　M&Aでグローバル展開　141
英ケーブル・アンド・ワイヤレス（C&W）最高経営責任者　グレアム・M・ウォレス
初のグローバル通信サービス／大規模なネットワーク投資／日本でも戦略的買収／日本はアジアのインターネットリーダー
質疑応答／電気通信は競争力の源泉

3　対談　ネット社会の企業像　155
スピーカー　米リアルネットワークス会長　ロブ・グレイザー
東芝社長　西室泰三
米コマースネット社長　ランダル・C・ホワイティング
モデレーター　日本経済新聞社編集局産業部編集委員　野村裕知

ネットで有利な立場に立つには／成功する条件／三つの事例／消費者と直接的な関係構築／インターネット社会の特徴／ネット社会での優越言語は／ネットワーク社会の危険／ネット企業を組織化／全く新しいビジネス結合／敏捷なインターネット企業／企業の新しいコミュニティ／共通のプラットフォームの構築／グローバルEエコノミー／米国のブロードバンド／俊敏さとクオリティー／確立した組織を破壊／インターネット企業の株価はバブルか／ネット上で顧客をつなぎとめる／ビデオは映画産業の規模を拡大した／サプライWebとは

質疑応答／ネット社会は先手必勝／インターネットと文化の違い／インターネットとベンチャー投資／インターネット視聴者の確保

4章　日本企業再生への道

1　日本企業は復活する　日本経済新聞社論説副主幹　西岡幸一　208

2　健全で創造的な競争社会の構築　アサヒビール名誉会長／経済戦略会議議長　樋口廣太郎　219

大型経済対策の効果／日本経済の潜在能力を活かす／創造的な競争社会を構築／努力が報われる税制改革／年金をポータブル化／国際競争力のある産業再生／海図なき航海への旅立ち

質疑応答

3 潜在能力を活かす 235

富士ゼロックス会長／経済同友会代表幹事 小林陽太郎

長期的な日本型モデルを考える／豊富なポテンシャルを成果に結び付ける／戦略を実施に移すためのトップのコミュニケーション能力／プロフェッショナルな人材活用／ネットワーク社会下の組織／形式化した信頼感が大切になる／人を中心に置いた新しいビジネスモデルを模索する

質疑応答／スタートアップ企業を育てる／日本と並んだアジア

4 対談 日本発の世界標準を 253

スピーカー アーサー・D・リトル（ジャパン）社長 グレン・S・フクシマ
在日米国商工会議所会頭
花王会長 常盤文克
ウシオ電機会長 牛尾治朗
富士銀行頭取 山本惠朗

モデレーター 日本経済新聞社論説副主幹 西岡幸一

日本の経済的挑戦／日米の評価は振り子の振れ／十項目の提案、三つのキーポイント／日本の大きな強み／グローバル化と高度情報化／量と質の二極分化／質を生み出す「知」／奇跡の成長を支えた特徴／旧に戻すこと・新たに変えること／情報公開と説明責任／リーダーが問題提起の勇気を／金融のグローバル化／国際金融グループをつくる／急速に変わる企業と銀行の関係／変わるメインバンク制／産業再編の起爆力／コーポレートカルチャーをつくる／ポスト・

マージャー・インテグレーションとは／ウィンブルドン現象は日本語／日本の変革のテンポは／現場をどう改善するか／ソフトのインフラを／ハイリスクの管理

質疑応答

装丁　渡辺弘之

1章

国境を越える経営

1　ウェルチ氏に学ぶ

日本経済新聞社編集局産業部編集委員兼論説委員　関口和一

長引く日本の低成長を反映してか、十八年間もの間、連続して急成長を続けてきた米ゼネラル・エレクトリック社のＣＥＯ（最高経営責任者）、ジャック・ウェルチ氏に対する人気が日本の経営者の間でも高まっている。米国で出版されたウェルチ氏に関する本はほとんどが日本語に翻訳され、ベストセラーの上位を飾っている。今回の日経フォーラム「世界経営者会議」でも、最初に行われたウェルチ氏のインタビューには会場から真剣なまなざしが向けられた。続くトヨタ自動車の奥田碩会長による講演も、グローバル経済社会で日本企業に求められるもの、日本企業が見失ってはならないものを明確に指摘していただいたことで、会場の多くの参加者の共感を呼んだ。

米国にも名だたる経営者は何人もいる。その一人は世界一の長者となったマイクロソフトのビル・ゲイツ会長である。ほかにもＩＢＭのルイス・ガースナー会長、アメリカ・オンライン（ＡＯＬ）のスティーブ・ケース会長など有力経営者は枚挙に暇がない。しかし、だれが日本の経営者に一番お手本にされているかというと、恐らくウェルチ氏の右に出る経営者はいないのではないだろうか。

ウェルチ氏が高く評価される理由はいくつかある。一つは経営戦略について明確な指針を持っていることである。ＧＥのＣＥＯに就任してまもなく打ち出した「ナンバーワン戦略」はその代表だ。それぞれの事業分野で一番か二番になれないものは、どこかその分野で強い企業に売却し、代わりに自社が得意とする分野では積極的な買収を仕掛け、優位性を一層高めていくという戦略である。

二つめは、重電や化学といった伝統的な重厚長大産業に軸足を起きながらも急成長を続けているということである。ビル・ゲイツ氏のように、パソコンソフトという新しい市場を作り、そこで成功した人物も大きな称賛に値するが、サラリーマンが多い日本の経営者からみれば、そうしたベンチャー的な成功者はお手本になりにくい。その点、一社員から出発したウェルチ氏が手掛けたGEの経営改革は、ひょっとすれば自分でも同じようにできるのではないかと思わせるところに人気の秘訣があるようだ。

三点目には、十八年もの間、CEOを務めてきた経験から、これまで何度も日本を訪れ、多くの知己を日本に作ってきたことである。だれに対しても偏見なく接し、米国人としては小柄な体格は日本の経営者にも親しみが持てる。しかも、日本の経営者から常に学びとろうという姿勢を持ち続けていることが、かえってウェルチ氏を偉大な経営者に見せているといえよう。GEは株式の時価総額でマイクロソフトを抑えてトップに立つなど、ウェルチ氏の実績からいえば、もはや日本から得るものはないといってもよさそうであるが、日本に対するウェルチ氏の姿勢は今日も変わっていない。恐らくこの点がウェルチ氏が最も尊敬される最大の理由であり、日本の経営者が一番学ばねばならない点ではないだろうか。

「国境を超えて通用する経営スタイルとは」と題した今回のインタビューでも、最も印象的だったのは、「変化を予測しあれこれと考えを巡らすよりも、新しく起きた変化に組織としていかに機敏に対応できるかの方が重要である」と指摘した点である。GEではすでに収益の六〇パーセントを新しいサービス事業が生んでおり、今のペースで進めば二〇〇〇年末にはその比率が七五パーセントまで高まるだろうとウェルチ氏は予測している。

ＧＥの社名は文字通り「総合電機」に由来しているが、航空機エンジンを入れてもいわゆる本業の電機製品の売り上げは全体の三五パーセントにしか過ぎない。金融部門のＧＥキャピタル、放送部門のＮＢＣなどが六〇パーセントを占めている。

「企業は市場の需要に対し常にこたえていくものだ」というウェルチ氏の考え方に基づけば、経営者が自らの事業領域について自分で勝手にバウンダリー（境界）を設け、その中に閉じこもっているのは全くのナンセンスということになる。有名な話ではあるが、そうしたウェルチ氏のプラグマティックな経営姿勢をよく説明しているのが、フランスのトムソンとの事業交換である。

ＧＥは八五年にＮＢＣの親会社であるＲＣＡを買収して世間をあっと驚かせた。そして二年後には、ＲＣＡとの合併によって強化されたはずのテレビ製造事業をトムソンに売却、逆にトムソンの医療機器事業を買収した。発明王、トーマス・エジソンの流れをくむＧＥにとってテレビ事業はいわば本業中の本業ともいえ、当時、米国の国民からも非難の声が上がった。だが、結局、このディールによってＧＥは医療機器の分野で東芝などの外国企業を抑えて世界のトップに立ち、同じ映像関連事業でもテレビというハードウエア事業から、より収益性の高い川上部門、すなわち放送サービス事業へと自らの業態を変えていったのである。

インタビューの中で唯一、日本の経営者を戒めたことといえば、業界の下位に甘んじ、収益の上がらない事業でもそのまま放置しがちな経営姿勢についてであった。特に終身雇用制の根強い日本では、成績の上がらない事業分野にそのまま社員を置いておくことは本人にも非常に不幸なことであり、経営者の権利乱用や罪悪であると指摘した。業績の悪い部門に長く働けば、社員の表情も自然と暗くなる。それよりは積極的に事業分野を見直し、仮に社員にとっては会社を移ることになっても、勝者の立場で仕事に就けた方が幸せではないかとウェルチ氏は問う。

その点ではようやく日本でも事業部門の見直しが始まったようである。バブル経済の崩壊によって、銀行資本や株式の持ち合いが企業系列を支配する構造にも変化が訪れた。伝統的な縦割り主義、あるいは自前主義に基づく日本の経営システムは、もうからない事業であっても、自社のブランドを冠した製品やサービスを一通り保有していた。ところが最近の銀行の再編に象徴されるように、経済合理性が追及されるべき経済においては、ウェルチ氏のいう事業分野の見直しは今後、極めて重要な経営課題となってくるに違いない。

印象に残った二点目としては、ウェルチ氏のコミュニケーションのスタイルがある。ピラミッドを一歩一歩上がった人が会社組織のトップに就く日本企業の仕組みでは、トップの重要な意思決定を社員に伝達する場合にも、そのピラミッド構造を通じて段階的に下ろされるのが常である。だが、ウェルチ氏は話のテーマによって、あるいは伝達目的によって、様々なコミュニケーション手段を使い分けているという。

例えば、通常の経営の意思決定や会社の業績に関する報告などであれば、取締役会の終了後にすぐその内容を電子メールにして全社員に通知するという。GEには現在、全世界に約二十七万人の社員がいるが、会議終了後の二時間後には電子メールを通じて全社員がその内容を知ることができる。またトップ自らの気持ちを伝えたい場合には、「紙とペンを持ち出し、手書きで書いたメッセージをファクスで本人あてに送る」。電子メールではどうしても無機質になりがちだが、手書きならその筆圧からトップが何を期待しているかが手に取るようにわかるからだ。

ほかにもウェルチ体制のGEには様々なコミュニケーション手段がある。インタビューの中には登場しなかったが、一つが「ワークアウト」と呼ばれる議論を中心とした研修の場だ。GEの社員は地域や部門ごとに集まり、そこで徹底的に仕事の仕方や経営方針について議論をし、経営幹部も参加する。連帯意識を高めるという点では、日本の小集団活動とも似たところがあるが、「ワークアウト」の場合は与えられた作業の効率改善についての議論というより、社員と経営幹部が直接対話することで、GEの価値観を共有することに意味があるという。極めてアナログ的な手法ではあるが、電子メールとこうした人間味のあるコミュニケーションの両方を通じて一体感を作り出していくというのがウェルチ氏流のやり方でもある。

GEでは数年前から社員全員が「GEバリューズ」と呼ばれる社員心得のようなカードを持ち歩くことになった。そこに書かれていることは、例えば「官僚主義を廃そう」「コストとスピードの改善に努めよう」といったただれにもわかりやすい目標が掲げられている。日本でも「社是」とか「社訓」といったものはあるが、その多くが創業者の意思を再確認し、むしろその枠にはめようとしているのに対し、「GEバリューズ」は常に変化を受け入れるべきだという姿勢を表したものになっている。エジソンが残した「心得」でもなく、ウェルチ氏がこれまで社員に言ってきたことをまとめて書いただけのもので、「GEバリューズ」のカード自体も変化に対応できるようにとラミネートしただけの簡単なものになっている。

インタビューでも議論となったが、ウェルチ氏がこうしたコミュニケーションを重要視している最大の理由は、GEの事業分野が多岐に渡り、しかも事業所が全世界に及んでいるためである。米国内の電機事業にとどまっていれば、GEにもそのパイの範囲内でしか成長できなかったが、十八年間に売り上げが二百五十億ドルから一千億ドルへと四倍にも増えたのは、サービスという新しい事業領域に足を踏み入れたことと、海外という新しい市場に進出していったからにほかならない。

製造業だけにとどまっていれば、その中で経験的に生まれてくる暗黙値を社員が自然と理解するであろう。しかし異なる事業分野、ましてや買収・合併によって異分子を取り入れたり、言葉や文化の全く違う国に行って事業を始める場合には、その中でどうやって新しい社員との間に共通の価値観を形成するかが大きな課題となる。「GEバリューズ」はそうした価値観育成のためのツールであり、社員とのコミュニケーションを重視する姿勢は日本の経営者ももっと身につけねばならないだろう。

インタビューの三点目のポイントは、「常に相手から学ぶ姿勢を持つ」ということである。ウェルチ氏は冒頭、GEの企業理念を概括する中で、まず第一として「社員一人一人が重要である」という点を強調した。社内のヒエラルキーは極力避け、よいアイディアであれば、社内の地位に関係なく採用する。また「社員の頭脳がすべて無駄にならないように活用する」ということも説明した。そして第二番目に挙げたのが「我々は常に学び続ける組織になる」という点だった。

六〇年代から日本を何度も訪れるようになったウェルチ氏は、当時、急成長を続けていた日本企業の経営に深い関心を持った。そして横河電機の横河正三相談役やファナックの稲葉清右衛門会長、長瀬産業の長瀬英男会長といった経営者らと交流し、その中から多くのことを学んだという。ウェルチ氏は提携相手の横河電機の故美川英二社長とも親しかったが、その美川氏から学んだというのがいわゆる横河の「新幹線方式」である。

「新幹線方式」というのは列車のスピードを上げるために、線路の幅や車両の形などをすべて見直した新幹線に由来した言葉だ。バブル経済の崩壊後、高コスト経営が問題となっていた横河では、美川氏が中心となり、二年以内に製品コストを三割削減するという目標を打ち立てた。そのために設計から部品の製造、組み立てに至るまであらゆる工程を見直し、当初の計画通り、コストを削減できたという話である。こうした方式を横河が採用したのは終身雇用を貫くためであり、その目的を明確にしたところ、社員も納得して改革に取り組んだという。これを聞いたウェルチ氏は早速、美川氏に説明を求めたのである。

GEには「ワークアウト」と並ぶユニークな経営手法に「ストレッチ」というものがある。翻訳すれば「背伸び」ということだが、GE社内では「非現実的なものでも可能にする」といったニュアンスがある。すなわち生産性を格段に上げるためには従来型のやり方では無理なため、方法そのものを根本から見直すということを意味する。この発想自体、まさに横河が採用した「新幹線方式」と同じである。ウェルチ氏は常に外部の成功例を真摯に学び、自らの経営にも反映する努力をしてきたのである。

インタビューの中でも、生産管理についてはトヨタ自動車から多くのことを学び、製品導入サイクルについてはヒューレット・パッカードを参考にしたという。品質管理ではモトローラが採用していた「シックスシグマ運動」を採用したという事実も明らかにした。ウェルチ氏は自らモトローラの工場を訪れ、その成果を確認し、国内外の自社の工場に導入を呼びかけた。「シックスシグマ」はその後、ソニーでも採用されるが、ウェルチ氏が「シックスシグマ」の伝道師のようにいわれるのは、もっともその手法をよく研究し、着実に実行に移していったからである。

「常に学び続ける」という点では、今回のインタビューでもマイクロソフトのビル・ゲイツ会長との比較が一つのテーマとなった。ウェルチ氏は「先端的なコンピューターの分野では彼ほど精通している人物はいない」と称賛する一方、「様々な事業分野をまとめて経営していくことは自分が得意としている点だ」と述べ、それぞれ役割が異なることを指摘、「ゲイツ氏から学ぶことはどんどん学びたい」という姿勢を示した。

一部には「インターネット技術の導入ではGEは立ち遅れた。それはウェルチ氏自身がインターネットの将来を見通せなかったからだ」という指摘もある。しかし、ウェルチ氏が十五年も前にNBCを買収し、今日までNBCの業績を伸ばしてきたということは、すでに当時の段階で、今日のインターネット事業に相当する新しい試みを導入したともいえる。その意味では、インターネットに関する事業は次のリーダーに課せられたテーマであるともいえる。

ウェルチ氏はインタビューで六十五歳には退任することを表明した。後継者の条件としては、四つの「E」、すなわち「エネルギー（活力）」「エナジャイズ（やる気にさせる力）」「エッジ（決断力）」「エグゼキューション（実行力）」を挙げた。それは自らに課してきた経営者の条件でもあり、まさに経済のグローバル化に直面した日本の経営者にも必要とされる素養にほかならない。ウェルチ氏はインタビューが行われた後日、二〇〇一年にCEOを退任することを正式に表明した。

ウェルチ氏に続くトヨタ自動車の奥田碩会長の講演では、グローバル経済における雇用の問題が最大のテーマとして挙げられた。奥田氏は雑誌への寄稿で「雇用を守れない経営者は自ら腹を切れ」と主張し、各方面に波紋を呼んだ。講演ではその真意や日本企業が目指すべきグローバル化のポイントが説明された。

興味深いのは、奥田氏も冒頭、「日本企業の競争力の源泉は人間尊重にあり、優れた人材の育成が経営の基本だ」と述べた点である。これはＧＥのウェルチ氏が指摘したことと全く同じであり、企業の公共性から考えても「企業は継続的に雇用機会を提供していくことが望ましい」という点で二人の意見は一致した。ところが、そこから先の手法については微妙に異なる。

ウェルチ氏は継続雇用を前提にその部門を強化するために、業界内での再編が必要だと説いているのに対し、奥田氏の方は「グローバル経済の中で日本企業の純血主義は限界に来ている」という基本認識は示しながらも、「日本は日本の状況に応じた自己責任経営を構築する必要がある」という。特に雇用については「セーフティーネットや流動化市場が整備されていない日本で、外国企業のような大胆なリストラを行えば、社会不安を引き起こす可能性もある」と指摘した。

従って奥田氏は、日本の企業はむしろ組織の枠組みの中に様々な雇用形態や新しい社内ベンチャー制度などを設けることで、新しい事業に投資すると同時に当面の雇用を維持していくことが重要だと主張する。これはコーポレートガバナンス（企業統治）に関する考え方にもつながるが、商慣習や法制度の異なる日本では、外国企業の手法をそのまま輸入しても完全にはうまく機能しないと主張する。奥田氏は日経連の会長という公職にもあるが、波紋を招いた雑誌での発言の背景にある基本的な考え方ともいえる。

もちろん奥田氏も従来のなれ合いや、もたれあいを許す日本の仕組みがいいといっているわけではない。日本企業がグローバル経済に本当に対応できるようになるためには、そうした終身雇用をある程度維持しながら、雇用市場自体を変化させていくことが大事であると強調する。そのためには厳しい実績評価主義を導入して組織の無駄を省く努力も一方で進めなければならないという。

二人の話を聞いて思うことは、経済の急速なグローバル化により、どの企業も国際的な基準から評価した競争力で戦わねばならなくなっていることである。従来なら国内市場にとどまることも許されたが、インターネットのような地球規模の情報網が登場すると、情報や技術だけでなく、電子部品の一つ一つまでが経済合理性を求めた形で流通を始める。雇用もその例外でなく、国際労働市場という観点から企業も最適な人材配置をしなければ、これからの国際競争には生き残れないに違いない。

ＧＥが扱っているソフトウエアの開発はすでにネットワークを介して三〇パーセントがインドで行われているといわれる。グローバルな視野と仕組みなしには、日本企業もこれからは国際市場で十分に戦っていくことは不可能である。経営者自身の意識改革はもちろん必要だが、企業内組合、業界ルール、社内の暗黙値、といった日本独自の仕組みは早々に改め、ウェルチ氏が強調するように外国企業のいいところはどんどんと日本企業の中にも取り込んでいく姿勢が不可欠となる。

日本的経営が高く評価されたのはつい十数年前のことである。当時、日本経済の今日の状況を一体何人の人が予想したであろうか。高度成長期には日本企業は海外から学ぶ姿勢を維持したが、「世界の頂点に立った」といわれた瞬間、学ぶ作業を怠り、有頂天になっていたような気がする。その時期、ウェルチ氏が日本から真剣に学んだように、今度は我々がウェルチ氏に学ぶ番である。

2　学び続ける企業

米ゼネラル・エレクトリック（ＧＥ）会長　ジョン・Ｆ・ウェルチJr.
日本経済新聞社編集局産業部編集委員兼論説委員　関口和一

ＧＥは常に学び続ける

関口　ウェルチ会長は一九八一年に米ゼネラル・エレクトリック（ＧＥ）のＣＥＯになられて以後十八年間、ＧＥを世界で最も尊敬される企業、高収益な企業に成長させてきました。当初の売上高は二百五十億ドルだったのが、現在では千億ドルとおよそ四倍の規模に伸ばすことに成功しました。一時は大変大胆な経営改革、機構改革を進めたことから「ニュートロン（中性子）ジャック」と言われましたが、最近では電子商取引、インターネットなど新しい分野に積極的に取り組んでおり、『フォーチュン』誌の最近号によれば、「Ｅ（エレクトロン）ジャック」とも呼ばれています。

世界経営者会議は、二十一世紀のベスト経営者を目指すビジネスマンの方々が多数、聴衆として参加しています。ウェルチ会長の経営、ＧＥの経営は日本にとっても最も優れたモデルの一つと見なされています。ＧＥは売上高だけでなく、純益でも百億ドルを超え、さらに伸び続けています。そこで最初に、ＧＥの経営哲学とはどういうものか、ＧＥはなぜこれだけ成功を収めたのか、をご説明下さい。

ウェルチ　冒頭の説明は、私たちがやってきたことを端的に言い尽くしていると思いますが、いかにも英知に満ちたような言葉を申し上げる前に、十八年間この職に就いてきた私自身、ありとあらゆる間違いを犯してきたことを率直にお断りしておきたい。会議に参加なさっている稲盛名誉会長のお顔を拝見すると、セラミックスビジネスで京セラと真っ向から競争をしたときに、私たちは小さなハエのように追い払われてしまったことを思い出さざるを得ません。ですから、私が経営者として長い期

ジョン・F・ウェルチJr.　ゼネラル・エレクトリック会長

「選択と集中」の先駆け

戦略的なM&A（企業の合併・買収）と部門売却を繰り返す「選択と集中」で、GEを世界有数の企業グループに育てた。今、日本企業が課題とするコアコンピタンス（中核となる事業）への経営資源のシフトの先駆けでもある。

一九八一年にGEの最高経営責任者（CEO）に就任してまもなく、米三大ネットワークの一つのNBCを買収して放送事業に進出、歴史のあるテレビ・ビデオ事業を売却するなど矢継ぎ早に手を打った。人員削減を伴うドライな事業売却への風当たりが強まった時期もあるが、ウェルチ氏がCEOに就任してから九八年までの十八年間でGEの売り上げは約四倍、純利益は約六倍に伸びた。同社が高収益企業であり続けている背景に同氏の手腕があることを疑問視する向きはほとんどない。

絶えず変化を志向するアグレッシブな姿勢が売り物。経営スローガンにも独特のセンスが光る。シェア一位か二位以外の事業は再建か閉鎖か売却する「ナンバーワン・ナンバーツー戦略」、組織を挙げて変化の輪を広げていく「ワークアウト」などが有名だ。

間に多くのことをやろうとしたことについて、謙虚な気持ちで述べたいと思います。

GEの思想は単純明快なものです。つまり社員一人ひとりが重要だという考え方です。どの人の頭脳も無駄にしてはならない。すべての人が関与するように努力する。肩に何本の線を持つ地位の人であるのか、社内の地位が何であるかは関係ありません。ベストのアイデアは毎日の仕事の中から生まれてきます。これが私たちのビジネスをとらえるカギとなる部分です。

第二に、私たちは学び続ける組織になりたいと考えています。企業競争の究極的な成功は、その企業が学ぶ能力を持ち、学んだものを実践に置き換えていくこと、すなわち、企業は学んだことを他の部分にも伝え、迅速な行動をとり得る能力だ、と私は確信しています。

この会議に参加なさっている企業をみても、例えばトヨタ自動車より世界で良いものをつくる会社はないとすれば、私たちはそこから学びたいと思います。ヒューレット・パッカードは製品導入サイクルで素晴らしいものを持っています。私たちはそこに行って学ぼうとしました。モトローラは品質管理のシックスシグマの運動を始めました。そこでシックスシグマを導入した工場に行って学び、私たちも社内でその活動を広げてきました。

全世界でGEの社員は毎日、目を覚ましたときに昨日より良いやり方を探そうという意欲で一日を始めます。こういった基本的な構造と、常に最善の人を採用し続けること、その人々に適切な動機づけを与え、適切な報酬を与え、報いていくことが私たちのビジネスモデルです。

日本の経営者の最大の罪

関口　八〇年代には、日本の経営者、経営方式は学ぶべきモデルとして、米国で受けとめられていました。しかしいまや、日本企業は様々な問題を抱えています。それはどういった問題であるとお考えになり、どうしたら解決できるでしょうか。

ウェルチ　こういったことは、振り子のように行ったり来たりするものです。八〇年代、米国はいわば死んでいたといった見方があって、日本が世界をビジネス面で制覇した、と言われていました。そして今度は米国人なら問題を解決できると言われている。日本の経済、ビジネスのプロセスはいま、循環的な変革期を迎えているのだと思います。日本は教育水準の高い労働力を擁し、素晴らしいリーダーが数多くの企業にいます。

日本が若干苦手だったかもしれないのは、自ら急速に変化する能力です。ますます急速にグローバル化していく世界で、短期間に自らを変えていくことは、日本企業にとっては必ずしも簡単なことではないのかもしれません。しかしこれは単に一時期のものだと、私は自信を持って言えます。日本はその強じん性をもって、変化に十分に対応していくことができると思います。日本には長い歴史や伝統、文化があるがゆえに、変化のスピードに対応していくことに若干のミスマッチを生じましたが、やがてそれもならされていくでしょう。そして二十一世紀早々には、必ずやそういった問題は解決され得るでしょう。

関口　文化的なことに触れましたが、特に私たちが直面している問題は雇用の問題です。企業が急速に変革したいと思っても、日本のビジネスリーダーは人減らしが簡単にできないということがあります。ウェルチ会長はリストラの最初の三年間でＧＥの従業員を十七万人減らしましたが、日本のビジネスリーダーが会長から何を学び得るでしょうか。またそれをどう実践に移したらいいでしょうか。

ウェルチ　私が人減らしをしたということについて、どうもかなりの誤解があるような気がします。

ＧＥが雇用する人数としては十万人以上減らしました。半導体の企業を他の会社に売却し、家電製品の会社も、空調機器、テレビ製造のビジネス、豪州最大の石炭会社も他の会社に売却したのです。リストラをしたことにより雇用が少し失われた面もあったでしょうが、会社やビジネスを売るという形をとってきたのにすぎません。私たちが持っていても次の十年、二十年先に競争できないと思うビジネスを売却したのです。私たちは自分たちが弱いと思うビジネスにしがみつくことはしませんでした。

日本経済新聞の読者の方々も、リストラとは何かをよく考えて頂きたいと思います。自分の会社の弱いビジネスを見極め、それを他の会社の強いビジネスに併せて、そこで繁栄できるように処理していくことがリストラです。

経営者にとっての最悪、最大の罪は、あるいはあえて言えば、他の国に比べて日本の経営者の一番大きな罪とみられるのは、ナンバー4～6ぐらいの地位のビジネスでもそれを持ち続け、しがみついていることです。いわゆる「善良な」そして社員にとって「親切な」マネージメントという傘の下に置き続けようとすることです。それは最も残酷な経営方式だ、と私は思います。

例えば皆さんがそれぞれ、弱い、疲れた、病気になっている子会社で、実績も上げていないところに雇われ続けるとしたら、それは残酷なことだし、経営力の乱用だと私は思います。この地球に生まれて七十五歳程度の寿命があるとすれば、そのうちの四十年間を会社の中で働き続けるとして、絶望的な状況の会社で毎日を送り続ける――日本の終身雇用といった傘の下で、そういった状況で働き続けさせることは残酷ではないでしょうか。

その子会社を、より強力な他の会社と合併させれば、社員は毎日、目を輝かせ、微笑を浮かべて仕事の場に行くことができるでしょう。業績の悪い子会社に毎日、足を引きずりながら行って、第四位、第五位、第六位の地位に甘んじる必要はありません。皆さん、社内のすべてのビジネスを精査して頂きたいと思います。敗者を引きずり続けるのではなく、敗者を勝者と合併させ、より大きな力を持たせるようにすべきであり、それこそが親切な経営者といえるし、それこそが良き経営といえると思います。

誤った親切さで窓際に人を座らせたり、電子技術者を運転の仕事に就かせたりというのではなく、もっと実質的な仕事を、勝利を収めることができる環境にしてあげるべきだと思います。

エキサイティングに仕事する

関口　おっしゃることはよくわかりますが、例えば私がGEの社員で、業績が良くない部門で仕事をしているとしても、生涯GEで働きたい、今の仕事を楽しんでいるといった場合、どうすればいいのでしょうか。

ウェルチ　GEの社員で航空・宇宙分野の優秀な人が、航空・宇宙産業を好きだということなら、そして仕事がエキサイティングであると思っているならば、ロッキードと合併した方がもっとエキサイティングな毎日になるかもしれません。あるいはヒューズと合併した場合は、もっとエキサイティングになるかもしれません。その方がビジネスがより大きくなり、毎日、生き生きと仕事に行けるのではないでしょうか。

GEは一連のビジネスが一体化した会社です。一連の人間が集まっている会社です。しかしひどいビジネス環境の下で、GEで働いているより、新しいビジネス環境で働く方がはるかにましだと思います。

例えば私がある会社で働く。しかし四十年間もひどい環境で仕事はしたくない。良いビジネスの仕事をしたい。だからこそビジネスの仕事をしているのです。GEの社員は、どんな人間にもそんな気持を抱いてほしい。偉大なビジネス、グローバル市場で勝者になりたい。エキサイティングな仕事をし、社員に対して良い報酬を与え、会社が繁栄するところで働いてほしい。いつも頭を下げ、笑みの一つもなく、希望一つない環境で働くことはクレージーではないでしょうか。それは文化でも親切でもない。残酷さそのものです。

経営は最終的には大きな賭け

関口　あなたがGEのCEOになったとき、すでにどのセクションが勝っていて、どのセクションが負けているかは分かっていました。だから選択ができたわけですが、いまや私たちは新しい経済、インターネットのような新しい時代に入ってきています。どのビジネスが将来勝つのか分からない。そういう場合はどう選択したらいいのでしょうか。

ウェルチ　八〇年代後半に欧州のある会社のCEOと会って話したことを思い出します。オランダの会社で、一見GEのような会社です。そこでワインを飲みつつ食事をして話しました。彼は自分の世界観を話してくれ、私は私の世界の見方について話しました。帰りの車の中で、私たち二人のうちどちらかが今後三年の間にクビを切られるだろう、と私は言いました。彼の世界観が正しいのか、私の世界観が正しいのか。二人の見方がまったく反対でしたから、どちらかが職を失うはずでした。幸運にも私の方はまだ職についています。

要するに私たち経営者は最終的には、こういった賭けをしなければなりません。例えば半導体ビジネスはある人にとっては偉大なビジネスかもしれないが、私たちは脱出しました。なぜやめたかというと、循環の波があまりに大きく、必要な投下資本もきわめて大きく、GEの資本はもっとほかのところでうまく運用できると思ったからです。

つまりGEの資金を、発電装置とか航空機用エンジンのようなキーの分野のR&Dに振り向けることができると思ったのです。伝統的にGEの競争相手だった日本、欧州の会社は、何十億ドルという資金を半導体に投入し、他の既存のビジネスにはあまり投資しませんでした。そのため私たちはかなり水をあけることができました。年によっては他の会社の業績は素晴らしいものでした。半導体ビジネスが上向きになると素晴らしい業績を挙げる一方で、半導体が落ち込むと他の企業よりも急速に落ち込んでしまいました。半導体は非常に多くの設備投資を必要とし続けたのです。

この大きな決定が正しかったのかもしれないし、間違いだったのかもしれない。これが正しいという答えがあるわけではありませんが、私たちが選んだことは私たちにとっては正しかった。この二十年を振り返ると、正しかったと言えるわけです。二十一世紀に進むにあたって、私たちは、どのビジネスから撤退しようと思うのか、どのビジネスを追加しようと思うのか、と毎日のようにビジョンを描いています。

私たちは一九九九年十月はじめまでの九十日間に、六十四の企業買収をしました。ここに参入したいと思うところに、ほぼ一日一件のペースです。昨年は百八件の買収をしました。それだけやりたいところはわかっているのですけれども、処分するところもあります。十年後に、私の後継者がここに座ったときに、時間の経過のなかでその成否が分かってくると思います。

関口　どのマーケットにおいてもすでにナンバー1、ナンバー2になっているということは、逆に三位、四位に転じる可能性もあるのではないでしょうか。その場合はどうしますか。

ウェルチ　再びナンバー1、ナンバー2になる方策を見出すか、撤退するか、いずれかです。私たちの組織を、希望の持てない環境下で展開するつもりはさらさらありません。例えばナンバー4の会社は、ナンバー1がクシャミすると、肺炎になってしまいます。景気変動の波をかぶるとき、業界で最も小規模の企業に対するインパクトはとてつもないほど大きいのです。

初めに偉大な技術ありき

関口　別の見方から質問したいと思います。例えばGEはサービスの提供に力を入れており、すでに収益の六〇パーセントをサービス部門が上げている。二〇〇〇年にはその比率は七五パーセントにもなるといわれています。GEは「ゼネラル・エレクトリック・カンパニー（総合電機会社）」として展開してきたわけで、そのイメージがGEにあると思いますが、会社の使命とは何なのか、製造会社なのでしょうか、金融会社なのでしょうか。

ウェルチ　二者択一という質問の仕方が若干まずいと思います。偉大なサービス会社にどのようにしてなるのかというと、偉大な技術があって初めてなり得ます。例えば航空機用エンジンでGEは推力十一万五千ポンドのGE90を製造し、これがボーイング777といった新しい航空機の、最も速い推進力を持つエンジンになっています。発電機部門では、Hタービンがあり、排気量が最も少なく、最も高い温度で効率が一番いいように稼動できる製品が導入されたばかりです。ライトスピードというCTスキャナーがありますが、これは他社の製品より例えば撮影速度一つとっても二年くらい先を行っています。こうした製品がなぜできたのか。研究開発に多額の資金を投じたからこそ、そこまで行けたのです。技術にそこまで資金を投じたならば、その技術を関連した他の分野にも移行させ利用することができます。サービス会社であれ、金融会社であれ、知的資本を要する会社であれ、製造会社であれ、偉大な技術なくして偉大なビジネスはできません。

テクノロジーにおけるソリューションを見出さない限り、偉大なサービス会社にはなり得ません。サービス会社になるにあたっては技術の裏付けがなければなりません。なぜサービスは早く広がるのかというと、サービスは皆さんのイマジネーションの幅ほど広がり得るからです。あらゆる機会をつかみ得ます。例えばジェットエンジン２０４を航空機の翼につける。オーバーホールもする。そして機体をリースする。こういったビジネスが成り立つのは航空会社との契約会社があるからです。さらにパイロットの訓練もするようになった。こうしてサービスの水平線が広がったと思います。偉大な製品があるからそこに行けるのです。そして皆さん方は、イマジネーションの翼を広げれば、サービスの幅がどんどん広がる。最初に偉大な製品なくしてはどこにも行けません。

関口　確かにＧＥは研究開発に大幅に資金を投入しました。しかし、ＧＥとして新しい発明あるいは革新的な技術は、ここ二〇年間送り出していないのではないでしょうか。トーマス・エジソンのような画期的な発明はなかったように思います。

ウェルチ　それでは過去二〇年間、偉大な発明といえるものにどういうものがあったのでしょうか。

関口　例えばコンピューター、インターネット、あるいはインターネット関連のものです。

ウェルチ　私たちはインターネットを大幅に利用しているし、実際にインターネット上で何十億ドルという売り上げをあげています。インターネットはそれ自身がビジネスではなくて、ビジネスのイネーブラー（可能にするもの）です。ＧＥはコンピューターから撤退しました。半導体からも手を引きました。しかし今でもすべての技術を手にしているわけで、百三十億ドルの企業としている医療機器は一〇－一五パーセント程度のシェア（市場占有率）を占めているし、エンジンでは新規分野の六〇パーセントのシェアを持っています。ここに技術を投入しているのです。化学の分野では、ここ十－十五年間は新しい高分子が発明されたことはなく、これまでの高分子技術の組み合わせで新しいものが出現しました。私たちは常に研究では最先端を走っていますし、いろいろな技術を組み合わせ、先端をさらにどんどん前に押し進めています。

新しいものという場合、実際にまったく新しいものが出現するだけでなく、既存のものを拡大・拡張することで現れることもあるのです。

ビル・ゲイツ氏は偉大なパイオニア

関口　GEはインターネットの世界ではそれほど大きなプレーヤーではありません。例えばマイクロソフトは一九九九年十月時点では、時価総額はGEを超えています。GEにはインターネット経済のリーダーというイメージはありません。私が二年前にGEの情報サービス部門を訪問したとき、その担当者は「GEは少し遅れている。我々のボス自身が技術を十分に理解していないからだ」と率直に言っていましたが、それについてはどうお答えになりますか。

ウェルチ　疑いもなく私はインターネットビジネスに参入する最初の人間であったわけではありません。マイクロソフトの時価総額は、同社が短期間で大きな成長率を遂げたことの反映です。GEとマイクロソフトは違います。GEの時価総額は年間二五パーセント、十八年間にわたって成長し続け、いまや四千百五十一億ドルになっています。この期間で他のどの企業と比べても遜色はありません。

マイクロソフトは確かに素晴らしい実績をあげたし、心から賞賛し脱帽します。素晴らしい仕事を、素晴らしい分野で達成してきたと言えるかもしれませんが、私たちとは比較の対象が違うと思います。

関口　この会議の主要テーマは、どのようなリーダーシップがビジネス界で必要なのかということです。マイクロソフトのビル・ゲイツ氏とあなたご自身を比較すると、ビル・ゲイツ氏はいわば新しいタイプのリーダーです。ウェルチ会長は多くの人々から本当に心から尊敬されている経営者です。会長は自身をどのように比較されますか。

ウェルチ　ゲイツ氏の方がずっと金持ちで、多分私よりずっと賢いと思います。彼ほどその業界に精通している人はいない、と言っていいのではないでしょうか。ゲイツ氏はパイオニアで、素晴らしい人物です。彼自身も、彼の下の人も、ずいぶんお金持ちになりました。偉大なイノベーションをインターネット分野に導入したゲイツ氏を私は率直に賞賛します。

私たちには確かに数多くのビジネスがあります。私の仕事は多くのリーダーシップを持つ人々を育てる組織づくりをすることで、彼とは全く仕事の質が違います。彼の方が私より賢くて、お金持ちですが、ただ、ゴルフは私の方がうまい。

関口　会長は最近、社員との情報交換にEメールを使い始めているそうですが、こういった新しい技術があなたの経営スタイルにどのような影響を与えると思いますか。

Eメールの活用法

ウェルチ　Eメールは私たちの経営スタイルすべてに影響を与えると思います。全員が即座に情報を入手可能になるので、全員が同じ事実をベースにして会社で仕事ができます。従って、知識を握ることが力にはならなくなります。自分の手元に知識を握り占めていたようなマネージャーは力を持つことにはならなくなります。つまり、すべての人々が、コーチであり、エネジャイザー（活性化する人）であり、他の人々を励まし、仕事をさせていく力を得るのです。

私はEメールを二つの目的に使います。一つは一般的な情報ツールとしてで、主要な会議の後には四十万人の社員に必ず情報を送る。会議でどういうことが話されたのか、一時間以内に全世界のGEの組織全員がメールを受け取ります。

また、こういった旅行中にもEメールを使います。日常的に色々な人とコミュニケーションする手段です。色々なところに行っても、時差に関係なく情報を受け取り、発信できます。

ただ、私は最も重要なことは、ペンを取り出し、紙を出して、そこに書き、それをみんなにファックスで送ります。Eメールには十分な感情移入ができません。パッション（情熱）が込められないと思います。私のペンに力がどれだけ入っているか、線がどれだけ強いかで、この問題に関して私がどれだけ強く感じているかを感じてもらえます。その意味ではファックスの方がEメールより感情の強弱をつけやすい気がします。

関口　経済情勢一般についてお話をお聞きしたいと思います。グリーンスパン米連邦準備理事会（FRB）議長が、米国経済は二年前から新しい局面に突入したと言っています。それに同意されますか。現在の米国の経済情勢をどのようにごらんになっていますか。

ウェルチ　いまどうなっているのかをどのように説明していいのか分かりませんが、結果をみてみましょう。着実な成長をしていると同時に、失業率は低水準です。インフレもない。米国の消費者の自信はかなり強力だとも言えます。私たちはこの時期、比較的低い金利水準を維持する政策を支持します。私たちは現在まで九年間にわたる成長を経験しています。あとどの程度続くのかは分かりません。情報通信は確かに大事ですが、どのくらい情報通信ゆえに成長するかは定量化できないでしょう。

聴衆の皆さんにちょっと考えて頂きたいことがあります。私が仕事に就いたのは一九八〇年十二月でした。当時、私の名前を知る人はほとんどいませんでしたが、ここにいてジャーナリストに質問されていたとしましょう。こういった質問をされたのではないかと思います。質問の第一は「米国の製造業はもはや終わったので、日本が世界の製造部門のリーダーになり得るだろうか」。第二は「インフレは米国においていまや一七パーセントである。二ケタのインフレは米国において永遠に続くのだろうか」。第三は「原油価格はいま一バレル当たり三十五ドル。もし原油を確保できても一バレル百ドルになるかもしれない。原油は確保できるのか。価格はどうなるのか」といった質問です。

そういったことを問う意味は何でしょうか。例えば三年前、私がこの場に座っていたとすると、新聞社や雑誌社の方の質問はどうだったでしょうか。「アジアの経済危機に対し、どのように対応するのか」という質問はなかったと思います。だれひとり、アジアに経済危機が到来するなどとは思っていなかったので、そんな質問はあり得なかったでしょう。

何を言いたいのかといえば、何を予測するかではなく、どう対応するのか。つまり組織としてどのように機敏に対応できるか、です。どんなことが起きようと、敏捷に対応することが一番大事です。

色々なことを予測しようとしますが、どっちみちアジアの経済危機など予測できた人はいません。米国経済は、これからも過去九年のように右肩上がりの成長が続くかどうかだれも分かりません。確かに色々な変化はありました。情報が一層大事になってきたことも分かります。GE一つとっても、より良い会社になったことはわかっています。大事なのは、良い会社というのは瞬時に反応できることです。リーダーも同じです。これから先どうなるのかをとやかく心配するよりも、私たちは、どうしたら俊敏に対応できるか、にポイントを置くべきだと思います。

関口　新しい経済においては、私たちは新しい問題に直面することも考えられます。例えば知的所有権の侵害、プライバシーの問題。また投機的資金が全世界を駆け巡って経済に打撃を与え、ある国の体制を揺るがし、製造業を痛めつけるということが起きていると思います。新しい経済の問題や投機的な資金について、どう思われますか。

投機的資金は政府に規律を与える

ウェルチ　投機的資金を運用できるのも、経済運営に欠陥があるからこそ、です。経済の不均衡を見出し、そこに投資する。健全な財政金融政策をとっているところに、投機的資金は行かないでしょう。投機的資金はいわば、政府の経済政策に規律を与える措置ともいえます。経済運営を適切にしないと、それを正すように咎《とが》を受ける。投機的資金は、ある国や地域の政府の経済政策を精査する役割を果たしているともいえると思います。

知的所有権の問題は、私たちが農場を離れ、産業革命に突入したときにも、何百万という新しいことに直面しなければならなかったのです。確かに当時は、プライバシーの問題には直面しなかったかもしれませんが、そのときもビジネス全体が一変せざるを得なかったのです。

例えば、いまの日本の流通業は全面的に変わると思います。流通における色々な非効率はなくなるはずです。日本でそれがなくなるのにどれだけ時間がかかるかわかりませんが、いずれにしろ今後は、流通が常に三段階を経るとは考えられません。ある製品を最終的に末端にまで届けるときに、現在あるような三段階の非効率性は当然なくなっていくでしょう。ということは、多くの人々が職を失うなどの様々な変化が出てきます。そういう意味で、私たちはこれまでの生涯を通じて、経験したことがなかったほどの革命が進行中ですし、それに対応しなければなりません。これからはまったく新しい形の対応が必要だし、まだ私たちが理解していないような手段を編み出す必要があるかもしれません。

関口　政府の役割について言及されましたが、政府に何を期待していますか。現在は数多くの産業活動が政府の手の届かないところにあります。例えばGEのソフトウエアは三〇パーセントをインドで製造していると聞いていますが。

ウェルチ　私たちが政府に何を期待するのかというと、一連の法令・法規だけです。私たちは一つのビジネスの場において、政府が何をできるかというバウンダリー（境界）を設定してくれることを望みます。政府が規制したいのは何で、いつなのか。私たちは規制がない国で事業展開するとき、規制を望むときもあります。例えば知的財産権を擁護できないとき、あるいは破産に関する法律がなく、自らのビジネスを守れないとき、市民的な活動に対する保護がない場合も法令・法規を望みます。

結局、政府に対して何を望むのかと言えば、一貫性のある強力な法体系です。私たちが理解できる法令、人間が気分でさっと変えてしまえないような法律です。だからこそ、この危機の最中において私どもは日本に大いに投資しました。日本にはきちんとした道徳観があり、法令が整備されているので、基本的には健全な国である。同時に、次の世紀において必ず成長するという見通しに自信があったからです。そのプログレス（進ちょく）はすでに始まっています。

私たちはロシアには一ドルたりとも投資しませんでした。ロシアに対する信頼感が全くなかったからで、そこでのルールに対して安心できなかったからです。だからこそ政府に大きな役割があることは明確です。政府が公平、オープンな環境づくりをしてくれることが大事です。

関口　しかし民間部門あるいは民間企業の利益と国家の利益の間に矛盾があるときもあるのではないでしょうか。

ウェルチ　頭のいい指導者は「私の国に進出して国民を雇用し、国民の夢が達成できるように利益を挙げて下さい。私たちが税収を得られるようにして下さい」と言うでしょう。単純明快なことです。明晰な指導者はそのことを理解しているし、実証してきています。私の国に投資して下さいと言って、外国からの直接投資を誘致しようとします。そして国民を雇用して下さい、利益をあげて下さい、それで我が国政府に税を納めて下さい、その税金を使って若者の教育ができるようにして下さい、と言うでしょう。

GEのキャリアは年功を待つ必要はない

関口　ここで少し会場の皆様から頂いた質問にお答えいただきたいと思います。まず、日本のビジネスのトップに対して何が必要なのか。何が欠けているのか。いまの不況を脱却するために、日本の企業に対して何か提案できることはありますか。

ウェルチ　私は魔法の公式を有しているわけでもないし、日本に対してどのようにして物事をやれと言う気もありません。しかし一つだけ自分の心の中にある感情を言います。

それは冒頭に述べたように、私が日本企業を相手に、どのようにやろうとしているかということです。私は若い日本人に対して、ぜひGEに入社しなさいと言います。年功序列で順番を待つ必要もないし、私の歳になって初めて要職に就くまで辛抱する必要もない。GEにはあらゆるところにチャンスがあります。ストックオプションもあげるし、会社のオーナーシップにも参加させてあげる。もし三十歳でビジネスを経営したいなら、うちならばできる。女性であっても色々なチャンスがある、ということです。

私はそういった形で人を採用しています。果たしてそれが役立つのかどうかわかりませんが、とりあえずはうまくいっています。非常に若いエキサイティングな、エネルギッシュな人間が入社してくれて、いろいろな仕事をしてくれています。

いまGEの日本の社員は一万七千人います。彼らに対して、素晴らしいキャリアがあるから、五十歳になるまで待つ必要はないと言っています。それは日本にとっていいことかどうかわかりませんが、少なくとも私たちが成長するには役立っています。

関口　GEの高度成長は海外によっている部分が多いと思います。その場合、現地の人々に対してGEの価値観なりGEの哲学をどのように理解させていますか。国によって文化、慣習も違いますが、どのように説得していますか。

ウェルチ　私たちが標榜しているものは二つしかありません。社員が声を出せる場を与え、人間としての威信を与えることです。ばかげた仕事をさせることはしない。卑屈になるような仕事はさせない。昇進をするのに歳を取るまで待つ必要もない。エキサイトメントを与える。どの国の人でも——米国人であっても、インド人であっても、中国人であっても、日本人であっても、自分の属する組織の中で発言権を持ちたい、人間としての威信と仕事に対する誇りを持ちたいと思っていると思います。このことを私たちは毎日売り込んでいます。別にお偉いさんではなくて、どの社員も平等です。いろいろなアイデアや、最善のプラクティスは何かということを、私はどこに行っても対等に話し合います。

何か文化的なものがあって、それを置き換えようと思えば難しいかもしれませんが、現地のそれぞれの文化を尊重しながら、働く人に発言権と威信を与えるのです。

厳しい品質向上プログラム

関口　GEは品質管理手法のシックスシグマを導入し、完璧に実行したことで有名です。その利点と実施する時の難しさをご説明下さい。

ウェルチ　シックスシグマの利点は、当初の予想を超えてはるかに大きなものでした。私はある海岸に座って、シックスシグマがいかにGEを変えたかをジャーナリストに話したとき、当時のGEはまだ完璧ではありませんでした。顧客満足度をもっと改善したいし、品質を改善したいという気持でした。見回すと、TQCなど色々とスローガンになる運動はありましたが、シックスシグマはそれを定量的なものとするために実践しました。

非常に厳しい訓練を必要とするものです。どんな大企業も誇張をしがちですが、私たちは最善の人を雇っているし、ストックオプションを与え、会社のオーナーにもなれる、と言います。

私たちは、どんな品質向上プロジェクトにも会計経理担当の人を入れました。品質向上で経済的な成果を挙げたいと思ったからです。品質向上のための品質向上プログラムだけではなく、会社の実績も挙げたいと思ったのです。

最初の落とし穴は、このプロジェクトに最善の人々を割り当てなかったことです。「品質向上のプログラムなんだな」という程度の認識で、たいして重要視しなかった。ストックオプションを与えるとき、私は品質担当の人にあげることにした。ところがストックオプションを与えるのに十分なだけ評価できないという電話を受けた。品質担当に最善の人を当てはめたはずではないかと言ったが、そうではなかった。三年ぐらいかけて社内のカルチャーを変えるようにしました。すなわちシックスシグマの栄誉を担うのは最高の人たち――最高のセールスマン、最高のエンジニアなのだというふうにしました。組織全体の意識が変わったわけで、組織にとって象徴的な動きだったとも言えます。

シックスシグマの結果は、品質向上プログラムをはるかに超えたマネジメントのプログラミングになりました。より厳しい考え方をマネジメントのプロセスの中に組み込むことになりました。そして単に品質向上プログラムだけではなくて、最高のマネジメントのツールになり得たのです。

これがなぜ起こったかと振り返ってみると、この全体のプロセスをうまく計画したからなのだ、と手柄話にしたいところですが、そうではなくて、最高の人材が手掛けるべきプロジェクトを考え、色々な機能の境界線を超えながら実践をしたからです。私たちが導入したマネジメントのプロセスのなかで最もクリティカルなツールであり、それが最大の成果を生んだのです。

社員こそ生きがい

関口　会場から面白い質問を頂きました。会長は世界のビジネスで素晴らしいリーダーであることは承知していますが、ご自身の人生の目標は何ですか。

ウェルチ　私にとって何がエキサイティングなのかというと、優秀なGEの人たちにとってどんなことが起きているかを目にすることです。当社の社員はかなり株式を保有しており、いまの時価で二百五十億―三百億ドルに相当します。ということは会社の一〇パーセントを社員が所有していることになります。GEの社員の三万人がストックオプションを有しています。

ＧＥは数多くの人たちの人生を変えてくれました。社員の子供たちが良い学校に行けて、別荘も持つようになりました。親の世話もできるし、想像もしなかったようなおカネを持ち、夢にも思わなかったようなことを家族のためにできる。それが私にとっていちばんの報いになります。

私には十二分におカネがあります。しかし私だけではなく社員も同じです。何千人もの人たちが何百万ドルもストックオプションなどでもうけたし、こういったことに参加しているのです。その家族にとってもメリットがあり、それだけのインパクトを多くの社員とその家族に対してもたらすことができました。私にとってこれ以上の報いとなることはありません。

インドネシアに、大きな経済問題が起きている さ中に行きました。その際、インドネシアのＧＥの人たちは、ほかのインドネシアの人たちにできないことができました。素晴らしいことです。ＧＥは数多くの人たちの人生を豊かにできました。これ以上この仕事で報いのあることはないと思います。それは皆さま方にとっても、全く同じことではないでしょうか。

関口　会長は色々なプレッシャーを、経済界あるいは社会から受けていると思います。その場合、あなたの健康はどうやって維持していますか。どうやってストレスを解消していますか。これは会場に来られているお医者さんからの質問です。

ウェルチ　私は仕事をしながら素晴らしい気分になっています。素晴らしいチームを得ていることは嬉しいことです。私は一人、壇上で質問に答えていますが、私の下には素晴らしいチームがいる。例えばゴルフの成績がいいと、どうやったらゴルフがうまくなるのかと聞かれますが、それは私がしょっちゅうゴルフをやるからです。ＣＥＯになる前からゴルフをやる機会が増えていました。私は気が変になったように仕事をして、楽しむときも一生懸命にやる。十年後も同じことを質問されたらいいなという気がします。

関口　もう一つの質問は、ゴルフはどうやったらうまくなり続けられるのですかということです。

ウェルチ　私はグレートプレーヤーとまではいきませんが、しょっちゅうゴルフをするし、競争心旺盛です。ゴルフもやるときは一生懸命にやる。その結果、良いスコアを挙げ楽しむことができます。

後継者に望む四つのE

関口　私からの質問に戻ります。会長はCEOを二〇〇〇年に退任すると公表しています。六十五歳になられたときに退任するということですが、退任する前に何を達成したいですか。また後継者としてどんな人をお考えですか。

ウェルチ　私自身、会社をトップの状態で維持し、利益も二ケタの伸びを今後とも続けさせたいと思います。また色々な人に色々なことをして頂きたい。私自身、これを一つやりたい、あれを一つやりたいというターゲットがあるわけではありません。数多くの人たちが色々な仕事をしてくれているので、色々なアイデアがあるからこそ、会社がさらに成長を続けている。だから特に何か具体的なことがあるわけではありません。

私が後任をお願いする人は、すべてのマネージャーにとって必要な四つのEを実現する人です。第一はイノーマス・エネジー（大きな活力）。十二―十四日で八―十カ国に出張できるようなエネルギーのある人です。このように変化の激しい時代に、あらゆることに対応するためには、とてつもないエネルギーが必要です。

第二のEは、他の人たちをエナジャイズ（やる気に）させることです。この世においてはみんな同じ情報を有しています。どんなCEOであっても、次の世紀には、みんなをやる気にさせることが、大きなチャレンジになると思います。

三つめのEはエッジ（明快な決断力）です。イエス、ノーをはっきり言う。もしかして、ということではなく、例えば十二カ月間で百二十八件買収する場合、もう一回見直したいから一カ月後に検討しよう、などと言うことはできません。結局はいま、動かなくてはいけないのです。必ずしもすべての買収が正しいわけではありません。私が承認した六十四件の買収全部でトップの会社になるか、リターンが完璧になるか、そんなことはあるはずもありません。いくつかがつぶれるし、いくつかはうまくいくでしょう。そんなものです。しかし、イエス、ノーをはっきり言って、先に進まなくてはいけない。それが後からみて必ずしも正しかったわけではなかったとしても。

ビジネスについて私がいつも言うこと、また私たちが考えるべきことがあります。それは素晴らしいレストランに行くようなものです。素晴らしいレストランに行って料理が出てくる。それが日本料理だったら、盛り付けも素晴らしい。完璧に調理されて、準備も完璧です。しかし、どういうふうに作っているのかと厨房に行ってみると、厨房では何がなされているのか。色々な試行錯誤をしている。それがまさしくビジネスです。すべてが完璧ではないのです。

マスコミの方々が書いてくれる際には、私たちは自分たちのことをよくわかってやっているように見えます。しかし純粋科学ではないのです。

四つめのEは最後までやり抜くエクセキューション（実行力）です。例えばシックスシグマのプログラムを始めた。しかし社員全員をエネルギッシュにして素晴らしい成果を得るまで実行していくには、全社的に大変なエネルギーが必要であると同時に、何度も繰り返して実行する必要があります。

子供たちに情報技術を

関口　最後の質問です。子供たちこそ二十一世紀の立役者ですが、教育が非常に重要だと思います。子供たちをどのように教育すべきか、子供たちに何を期待していますか。

ウェルチ　これは世界の飢餓問題を解決しろと言われるぐらい大きな問題です。最終的には明らかにより良い教育、そしてより情報を中心にしたものを与えていくことが必要です。

工場の労働者と話したとき、自分の子供たちは自分たちと同じ仕事を続けるのだろうか、いまと違うのであればどんなアドバイスをしたらいいのか、と聞かれました。そこで、ちょうどあなたが読み書きに習熟したのと同じように、子供たちに情報技術を習熟させることが重要だ、と答えました。

情報技術が最終的にはイネーブラー（可能性）になる。私たちのあらゆる取引、ビジネスを可能にするツールです。子供たちにそれを与えることが必要だし、そうなるでしょう。そして今後、人々はヒエラルキー（階層）の中に置かれるのではなく、みんな同じ情報を手にするわけですから、より一般的な参加型になるでしょう。頭もより良くなるだろうし、すべてが情報ベースになるでしょう。皆さんご自身の子供やお孫さん、三歳、五歳でもコンピューターを操る姿を見てほしい。これは私たちが小さな子供のころに本を読んでいたのと同じことですが、それが全く別のコミュニケーションという形で、日常の生活の在り方になる。これまでと違ったチャレンジで、もっとエキサイティングなものです。

さらによりグローバルな相互対応型の、相互作用をするような社会になっていくと思います。そこでは人々がより大きな機会を得て、すべての人の生活水準を向上させ、自らの夢を実現する大きな機会を得ることになると思います。より良くなるのです。より悪くではありません。より同質化が進み、お互いに遊び、お互いに生活し、お互いに理解し合うほど、より多くの人々が平和裏に建設的な形で、より良い生活水準を確保することができるでしょう。

日本の景気も回復しつつあります。いままでの三年間よりも陽光燦々とした日を迎えることになるでしょう。素晴らしい日本の回復の実績について、三年後に話し合うことが必ずできるでしょう。

3　人間尊重の経営

トヨタ自動車会長／日本経営者団体連盟（日経連）会長　奥田　碩

悪魔のサイクルを断ち切る

日本の自動車産業にとって、グローバル経営は今や必然的な流れになっています。その第一の理由は貿易不均衡の問題です。自動車は輸出に占める割合が大きいこともあり、貿易不均衡の元凶とみなされてきました。これは自動車が非常に高価で、農産物や牛肉の輸入で相殺できるものではないという宿命を背負っていたからだと思います。貿易黒字の拡大によって円高が進む結果、メーカーは一段のコスト削減を迫られるといった対応を繰り返してきました。また、完成車の輸出増は現地での失業を招きます。そういう「悪魔のサイクル」を断ち切り、為替変動に左右されない企業体質を作るために、現地生産化は必然の流れでした。

二つ目は、日本の自動車産業が国際市場の中で成長するには、グローバルな展開が不可欠だったことです。自動車産業は成熟化したと言われますが、全世界的にみればまだ八人に一台の普及率で、自動車の便利さや走る楽しさを知らない人がたくさんいます。自動車産業には膨大なポテンシャルがあります。それを現実のものとするには環境、安全、リサイクルへの対応、交通渋滞の解消など、問題解決への画期的な技術革新が要求されます。その意味で自動車産業は今、成長の新たな局面を迎えているといえます。

私どもは現在、百六十カ国、五千四百拠点でトヨタ車を販売しています。海外販売はバブル期を除き、七五年の八十七万台から現在は三百万台に達し、国内販売を上回っています。現地生産も一九六〇年代の東南アジア地域でのノックダウン生産を皮切りに、八四年にはカリフォルニア州フリモントでGMとの合弁事業を立ち上げました。

その後も世界諸地域で本格的に取り組み、昨年末時点で二十四カ国、三十四地域で工場が稼働し、生産台数も約万台に達して、海外販売される三百万台のうち、二台に一台が現地生産車になっています。中でも北米は昨年、約百五十万台の販売に対して九十七万台と、三台に二台が現地生産車です。従業員数も日本国内の約七万人に対し、海外工場の従業員は約六万人と、現地の雇用促進にも貢献しています。

グローバル経営を進めるうえで最も重要なことは、企業としてどのような価値を実現するかという企業哲学、企業理念の実践ではないかと思います。トヨタグループには、創始者・豊田佐吉の遺訓をまとめた五項目の「豊田綱領」があり、トヨタの企業理念の基本となって今日まで受け継がれています。

その中に企業の役割について「上下一致、至誠業務に服し、産業報国の実を挙ぐべし」とあります。つまり企業は社会の公器であり、目先の利益を追求するだけでは存在意義はない、社会貢献を果たしてこそ存在意義がある、と明確に述べ、モノづくりについても「研究と創造に心をいたし、常に時流に先んずべし」と、常に研究に努めて創造性を磨き、時流に先駆けたモノづくりに励むことの重要性を強調しています。

奥田　碩

トヨタ自動車会長　日本経営者団体連盟（日経連）会長

「資本の論理」に軸足

豊田達郎社長の後を受けて一九九五年八月に昇格。就任当初は創業家の豊田家ではないこと、「（社長になる年齢が）十年若かったら」という率直な発言に注目が集まったが、九九年六月までの社長在任中にトヨタグループを大きく変えた。

ダイハツ工業の子会社化や日野自動車工業株の買い増しなどでグループ一体経営を推進。「資本の論理」にトヨタグループの経営の軸足を移した。来年にも導入が予定される持ち株会社の社長に就任するとの見方が強い。

日本を代表する企業のトップとして、「欧州通貨統合に参加しないのなら英国への投資を控える」などの発言が国際的に注目された。米ビジネスウィーク誌が世界の最優秀経営者二十五人の一人に選んだこともある。

九九年五月に日本経営者団体連盟（日経連）会長に就任。今夏の経営トップセミナーでは「長期にわたって人材を確保し、企業を存続・成長させることが株主や会社全体の利益にかなう」と主張、グローバルスタンダードに名を借りた安易な雇用調整に警鐘を鳴らした。目下、日本企業の目指すべき経営スタンダードの提示に取り組む。

地球規模で考えて行動

企業の社会的貢献として、まずお客さま第一主義で、現地・現物主義に徹し、常に良品・廉価の商品を提供し、従業員には生きがいと働きがいのある職場を提供する。株主には適正な配当を、国にはしっかり税金を納め、よき企業市民として地域社会とともに発展することにより、豊かな社会づくりに貢献する。私どもは創業以来、この理念を企業活動の基本としてきました。現在のグローバル化の時代にあっては、私ども一人ひとりが地球規模で考え、行動しなければならない、という観点から将来、目指すべき方向を明確にするため、九六年初めに全社員に「二〇〇五年ビジョン」を発表して、徹底を図っていますが、これも社会への貢献こそがトヨタの成長の糧になる、というこれまでの基本理念を踏襲したものです。

グローバル化の進展や、情報技術革新で社会は激しく変化しています。この変化のスピードに合わせて、絶えず変革を図っていかなければ企業は生き残れない時代に入ったと思います。実際、あらゆる分野で産業の国境がなくなり、文字通りボーダーレスな競争が加速度的に進展しています。その中で競争優位を確保するには、変化を的確に把握し、これまで培ってきた強み、競争力の源泉をしっかり見詰め、環境や状況の変化に合わせて、最適なシステム改革をスピーディーに実行する努力が何よりも重要です。

こうした観点からヒト・モノ・技術・カネ・情報に触れてみたい。

日本企業の競争力の源泉は、人間尊重の経営の実践にあるのではないか。特にモノづくり企業では製造現場、技術開発、販売など広い分野で優れた人材の育成が経営の基本であり、競争力の源泉は人材にあると考えています。昨年、ムーディーズがトヨタの終身雇用制の維持を理由に、債券の格下げを発表しましたが、これは終身雇用の問題点のみに焦点を当てた、あまりに近視眼的な分析、評価です。

日本の終身雇用制には、雇用の安定をベースに労使関係の安定と効率的な人材育成、チームワークを発揮して組織へのロイヤリティーを高めるとともに、個人としても仕事を通じて成長、自己実現を図っていくというメリットがあります。こうした仕組みを採らず、企業が最適な人材を外部から多数調達するには相当な困難を伴い、調達コストも膨大なものになります。現に雇用慣行の全く異なる米国でも、ボーイングやヒューレット・パッカードなどの優良企業では、従業員の働きがいや人材育成面でメリットありとして、長期雇用が定着していると聞きます。

半面、長期雇用システムの中でなれ合い、もたれ合い、あるいは閉鎖的な仲間意識が生じれば、組織の活力を低下させるだけでなく、しばしば腐敗の源泉ともなります。こうした弊害を排除するには、公平で透明な競争のルールに基づく実績評価主義の導入によって組織の活性化を図ることが重要です。

しかし、単に競争ルールの導入だけでは不十分で、自分の持つ能力をフルに発揮できてこそ、一人ひとりが働きがいを感じ、企業の活力も保たれます。そのためには、その道のプロを目指したい人には専門職の道を、新たな可能性に挑戦したい人には、社内でベンチャービジネス（ＶＢ）を起こしたり、社内公募による新プロジェクトに参加できる仕組みを、いろいろな企業を経験して自己の能力を高めたいと望む者には、契約社員や中途採用の仕組みを、といった多様な選択肢を用意し、それを企業の風土に合ったシステムとして導入する必要があります。

外国人を経営幹部に

グローバルな企業として生きていくには、人種や学歴に関係なく、その仕事に最も合った、能力のある人物を選ぶという視点が必要です。日本人だけで経営する純血主義には限界があります。すでに日本の自動車メーカー二社の実質的な経営トップは外国人です。トヨタ車で好評のプリウスやヴィッツは米国とギリシャ出身社員がデザインしたもので、外国人社員が大いに活躍しています。今後とも外国人をどんどん採用して経営幹部にするつもりです。

モノづくりを通じた社会への貢献については、いつの時代も技術革新が新たなブレークスルーを生み、経済の発展、成長に貢献してきたように、モノづくり企業としての存在価値を高めるのは、時流に先駆けた革新的な技術開発です。足元の状況が悪いからといって、将来の成長の糧となる技術開発投資は絶対手を抜くべきではない。日本の今日までの発展は、企業の旺盛な技術開発意欲に支えられてきました。オイルショック後、収益確保もおぼつかない状況のとき、当時の豊田英二社長は、これを「天与の機会」ととらえ、省エネを中心とした先端技術開発に大号令をかけました。その決断が今日のトヨタの競争力向上に大きく貢献しています。

冒頭、自動車産業は今、成長の新しい局面にあると言いましたが、それは先端技術の開発により地球問題、環境問題に対応して高度情報化社会に適応した次世代のモビリティーを開発し、二十一世紀の新たな車社会を作っていけるかどうかにかかっています。これは投資額、期間、要求される技術水準など、いずれをとってもこれまでとは比較にならないチャレンジングな課題ですが、何としても乗り越えていかなくてはなりません。

九七年末に世界で初めてハイブリッド車プリウスを発売したのは、私どものこうした決意の表明です。しばらくの間、このハイブリッド・システムがクリーン・エネルギー車の世界のスタンダードになると思いますが、将来的には燃料電池自動車が登場してくるでしょう。これは基本的には水素と酸素の結合時に生ずるエネルギーで走り、排気は水蒸気だけという究極のエコ・カーで、各メーカーとも開発にしのぎを削っていますが、これが実現すれば自動車に限らず、電力事業用の発電機をはじめ、家庭用電源など応用分野は極めて広く、しかも、エネルギー効率がよく、騒音、振動も発生しないという利点を持っているので、現在の石油や電力消費のあり方を根底から変える可能性があります。

リサイクル技術の向上も重要です。何十年も同じものを使うことは、環境に優しいと思うかもしれませんが、それでは新しい技術は普及しないし、内需も増えません。その結果、企業の生産活動が低下して経済は停滞する危険性もあります。リサイクル技術によって有限な資源が一〇〇パーセント再利用できれば、新しい環境技術を駆使した製品への買い替えも促進され、さらに新しい技術革新も起こるという好循環が生まれます。

世界最適供給を基本に

こうした好循環社会を実現すべく、開発→生産→販売→使用→廃棄のあらゆる段階でリサイクル技術の向上に取り組んでいます。今後はこうした環境関連をはじめとした技術のデファクト・スタンダードを握った企業が、リーディング・カンパニーとして大きく成長する時代です。そのためにはグループの総合力の結集はもとより、自前の技術にとらわれず、業界の枠を超えて幅広く先端技術の吸収に努めていきたい。

製造技術も新たな進化の時にあります。日本は高齢化・少子化が急速に進展し、女性や高齢者にも働いてもらう機会がどんどん増えてくるでしょう。それには、だれでも簡単に扱える機械の開発と、効率的に運用するノウハウの向上を図るなど、女性や高齢者にも優しい、同時にリサイクル技術も組み込んだ新しい製造技術の確立が必要です。

モノづくりを通じた社会貢献では、進出先の国・地域の発展に寄与する視点で経営に取り組む姿勢が重要です。お客さま第一主義、現地・現物主義を実践するため、現地に合った商品を市場に一番近いところで作る「世界最適供給」の考え方を基本に取り組んでいます。自動車産業は裾野が広く、どの地域でも産業振興の柱として育てていきたいという意向を強く持っています。こうした意向を大切にしつつ、関連産業の育成を含め、その地域の発展に寄与するために取り組んでいます。

例えば、米国では九二年にサプライヤー・サポートセンターを設立して、品質や生産性向上の手伝いをしています。ここでは米国の有力大学や研究機関での各種講演、レクチャーをはじめ、現地企業への改善指導も、取引先はもちろん、取引関係のない、あるいは自動車とは直接関係のない企業でも、依頼があれば実施しています。他の地域でも基本的にはすべて同じ姿勢で臨んでいます。

アジアを中心とした発展途上の国々が順調に成長していくには、成長のタネをまく努力が求められます。関連産業や人の育成を図るなど、息の長い産業協力の姿勢が今後ますます必要になってきます。場合によっては二十—三十年あるいは五十年という視点で取り組む必要があります。途上国を単なるマーケットと見るのでなく、途上国の産業と経済の発展があってこそ、はじめて二十一世紀の世界経済の調和ある成長が図られ、それが同時に私どもの成長につながると信じています。

次にカネという経営資源に関して、長期的成長を前提とした経営の観点から話したい。

モノづくり経営は長期的視点で先を読み、先端技術開発に思い切って投資することが基本です。その決断こそ経営者の役割です。しかし、資金の調達面でメインバンク制や、株式の持ち合い制が崩壊し、各企業が自己責任の原則のもと直接、市場から調達する時代になりました。それには従来以上に株主重視、ROE（株主資本利益率）重視への転換が求められます。しかし、目先の収益確保にのみとらわれて、本来やるべき投資を抑えたり、再建の努力もせずに企業を売却するなどは本末転倒です。株主は大切だが、成長を持続してこそ株主や従業員への責任も果せます。長期的成長を前提とした投資と、短期的な収益のバランスをとるのが経営者の役割と考えています。

こうした視点から最も重要なのは、絶えざるコスト削減努力で、これはモノづくり企業にとって永遠のテーマと言っていい。今後は先端技術開発や海外プロジェクトなど膨大な投資を必要とします。一方、商品価格はお客さまが決めるものです。コストがかさむからといって価格転嫁は困難です。また適正な収益を確保できなければ株主に迷惑をかけ、従業員の努力にも報いられません。こうした二律にも三律にも背反する難題をクリアするには、これまでにない画期的なコスト削減、経営資源の有効活用が必要となります。二〇パーセント、三〇パーセントの大幅なコスト削減は従来の延長線上での発想では困難ですが、源流から改めて発想し直し、仕組みを根本から変えれば可能になります。現在のヴィッツやファンカーゴはそうした取り組みによって生まれた成果です。今後ともさらなるコスト削減に知恵を絞っていきたい。

マネーゲームより正業で利益

バブル時代、余裕資産の運用を考えない企業は化石だ、と批判されましたが、企業は成長継続を前提に、正業で利益を出すことが基本原則と思います。マネーゲームに参加するリスクを取るより、むしろ先端技術開発や、その周辺のベンチャービジネス、さらには今後拡大が予想されるアフターマーケット事業への投資など、モノづくり分野でリスクをとるのが正道と思います。グローバル経営の理想は、ヒト・モノ・カネは可能な限り現地化することです。資金も現地で調達し、収益も現地に再投資していく。要はその国の企業としてしっかり責任を果していくことです。こうした理想の実現を目指して、一つ一つ着実にステップを踏みながら、為替変動にも左右されない企業の体質作りを目指していきたい。

以上のような取り組みを進める一方、グローバル経営を展開するうえで、それぞれの国や地域の実情に合った制度、仕組みという視点が重要です。現地の法制度や社会的仕組みは、その国の歴史や文化、環境、あるいは個々の業種、企業によっても異なります。特にコーポレートガバナンスにおける昇給、昇格、評価などの人事管理諸制度は、現地の法規や労働慣行を尊重し、実情に合ったものを取り入れていくことを基本として展開しています。そうした基本原則に立ちながら、私どものよいところは付加し、逆に現地のよいものは日本でもどんどん取り入れていく努力が必要です。

最近、日本でも競争力強化と称して、米国流のリストラ手法や社外取締役、執行役員制度を採用する企業が増えていますが、これらは日本と歴史や文化、法制度などが異なる背景の中から生まれた経営手法であり、役員や従業員を減らして形式だけ整えても、必ずしも事態が根本的に好転するとは限りません。一つの制度はそれを補完する様々な制度との関係から成り立っています。雇用一つとっても、セーフティーネットや流動化市場が整備されていない日本で、外国企業のように大幅なリストラを自由に行えば、現在以上に深刻な事態となり、社会不安を引き起こすかもしれません。

企業はだれのものかというコーポレートガバナンスの問題も同様です。私どもも米国の現地事業体では米国流のコーポレートガバナンスに則った制度、仕組みで経営しています。しかし、日本は日本の状況に応じた自己責任経営をいかに構築すべきか、という幅広い観点から改革を図っていくことが必要です。そのためにはグローバル化にも耐えうる情報開示や監査役の強化はもちろん、株主総会、取締役会、労使協議会、組織横断的な会社の機能会議、諸外国の有識者を集めたアドバイザリーボードなどの活性化に努め、健全なチェック機能と実効性の向上にバランスよく取り組むべきだと考えています。

時を超えて強さを維持

私は企業経営の理想は、時を超えて強さを維持する企業を目指すことではないかと思います。時を超えて強さを維持する企業とは『ビジョナリー・カンパニー』の著者であるスタンフォード大学のジェリー・ポラス教授によると、企業を漂流から守る揺るぎない経営理念を持って組織を鍛える経営者と、現状に満足しない、失敗を恐れないチャレンジングな企業風土を持つことです。そして彼は「長期的に業績を上げられるのは、変化を促す経営理念が組織の中に浸透している企業」と言っています。

私どもはグローバル経営のほんの入り口に差しかかっているに過ぎず、ヒト・モノ・カネそして全体の経営の面で、従来の延長線ではとても飛び越えられない高いハードルが前面に待ち構えています。私は社内に対しては「成功の囚人にはなるな。変えないことが一番悪い」と常に言ってきました。また私自身、パスツールの言う「プリペアド・マインド（いざ、鎌倉）」といった気持で、常に情報のアンテナを高く巡らせ、アルビン・トフラーの『第三の波』ではありませんが、五十年、百年単位の超長期的な変化の趨勢も視野に入れながら、常に組織を鍛える経営者としての役割を、多少なりとも担っていきたいと思っています。

質疑応答

問　ウェルチ氏は「リストラは職を全く失わせるのではなく、本人がよりいい条件で働けるところに場を移すことだ。その意味では、同じ会社が雇用を続けていく必要はない」という趣旨のことを言われましたが、どのようにお考えですか。

答　私が強調したいのは、すべて人のクビを切るなと言っているのではありません。米国と違い、労働の移動が潤滑に行われる市場がまだ確立されていないし、受け皿であるベンチャー企業などの育成が十分できていない日本のいまの環境の中では、外に出ていく人に非常な苦痛を与えます。その人たちの生活が破壊されるわけで、経営者はそうした個別の事情もよく考えて雇用に対処していただきたいと申し上げたのです。

問　再建の努力もせずに事業を売却するのは本末転倒だとおっしゃいましたが、再建の努力をする一方で、社員に対して、新しい会社に移れるだけの力を身につけさせる努力をしても、なおそれだけの力を身につけられない人に対しては、どうお考えですか。

答　残念なことですが、日本の企業は各会社固有の、またその業界の専門的な技術やスキルを身につけさせる企業教育を行い、労働が自由に移動するという前提で教育をしてきませんでした。米国のある会社では、人件費の二五パーセントをそうした教育のために使っているといいます。私どもの販売会社では、トヨタ・ユニバーシティーを作り、そこでどこの企業に行っても活躍できるような知識をつけさせる制度を作っています。

日本が国際化していく中で、これはおそらく出てくる問題で、私どももそうした形で社内教育をやっていきたいと考えています。

問　この四月に日経連は「エンプロイアビリティー確立を目指して」という非常にいい提言をされました。業界としてどのように進めていくお考えですか。

答　あの提言は、私も実によかったと思っています。ただ、実際のことを考えると、そうした教育を行うにしても先生がいない。どうやって探し出すのか、いま考えているところで、日本人にいなければ、外国の方に来てもらって教えてもらうことが必要ではないか、と個人的には思っていますが、まだ具体的なところまで発展していません。

2章

企業統治の新世紀

1　企業統治の展望

東京大学法学部教授　神田秀樹

いまなぜ「企業統治（コーポレートガバナンス）」か

ここ数年、日本だけではなく世界的な規模で「企業統治（コーポレートガバナンス）」をめぐる議論が非常に活発に行われている。先進諸外国のみならず、途上国も含めて盛んに議論が行われている。それはなぜか。

コーポレートガバナンスという言葉は、なかなか日本語にならない。「コーポレート」とは、普通は上場企業などの大企業を念頭に置く。「ガバナンス」の方の意味は、いっそう難しい。英語本来の意味は、中立的な単語であり、大企業における「意思決定の仕組み」といったような意味である。あるいは、人を中心として言えば、企業を取り巻くさまざまな関係者（最近では「ステークホルダー」という）がその企業にどうかかわるか、さまざまな関係者のかかわり方といったような意味でもある。これが元来の一番中立的な意味であるが、実は近年、コーポレートガバナンスを議論する時の「ガバナンス」という概念は、もう少し突っ込んだ意味である。その突っ込んだ意味には、アメリカとヨーロッパでニュアンスの違いがある。

アメリカでは、経営あるいは経営者に対する監視、「モニタリング」という意味でガバナンスという言葉を使う。これに対してヨーロッパでは、経営者あるいは経営から見て「アカウンタビリティ」、経営者が会社にかかわるさまざまな関係者に対してどのように「アカウンタビリティ」（昨今では「説明責任」と訳す）を果たすのかという意味である。アメリカでは企業経営をチェックする、あるいはモニターするという意味であるのに対して、ヨーロッパでは経営者あるいは経営が外に対してどのように「説明責任」を負うのかというように定義をする。実際には、コーポレートガバナンスとい

神田　秀樹　東京大学法学部教授

商法改正などの議論にかかわる

政府関係の審議会委員を数多く務め、先の国会で成立した株式交換制度創設などを含む商法改正、企業分割の法制化の議論などにかかわった。法整備に伴って予想される企業の再編やコーポレートガバナンス（企業統治）にも深い関心を寄せる。株主の権利や取締役の役割、執行役員制度や社外監査役制度の実効性について、法律専門誌などで発言している。

研究対象は税法や経済学にまで及ぶ。株主に対するアカウンタビリティー（説明責任）を重要視し、ディスクロージャー制度についても、早くから問題提起していた。

シカゴ大学法学部客員教授やハーバード大学法学部客員教授を務めた経験もある。最近の著作に「コンパラティブ・コーポレート・ガバナンス」（オックスフォード・ユニバーシティ・プレス、一九九八年、英文・共編著）、「会社法の経済学」（東京大学出版会、九八年、共編著）、「商法2―会社（第三版）」（有斐閣、九九年、共著）などがある。

う単語は柔軟に使えるため、それがかえって議論を活発化させている面もある。

そこで、次に、「企業統治」が世界的な規模で盛んに議論される背景は何か。日本だけではなく諸外国を含めて大きく三つの背景がある。

第一は、各国とも大企業においてさまざまな不祥事が起こり、不祥事の再発を防止するためにはどのような「企業統治」が望ましいかという議論である。

第二は、前向きと言うか、地球が狭くなってくると国境を越えた企業の競争が盛んになる。したがって企業の競争力を高める、あるいは国際競争力を高める、そして企業のパフォーマンスを高めるためにはどのような「企業統治」が望ましいのかという形での議論である。

第三は、ヨーロッパに特有であるが、EUでは以前から加盟国の間の法律制度を調整しようという作業があり、この法律制度の調整の中には各国会社法の調整も当然その対象になっている。したがって、EUでの会社法の調整はどうするのかということで「企業統治」が議論される。

以上のように「企業統治」が盛んに議論される背景には、複合的な要因があるが、最近では、とくに第二の点が重要である。すなわち、「企業統治」のありかたいかんが企業の競争力やパフォーマンスに影響を与えるらしいということが世界共通の認識となりつつある。ここに「企業統治」がいま世界的な規模で議論される一番の背景がある。

各国の動向

まず、アメリカは「企業統治」を議論する際に、問題意識が非常に明確である。それは、アメリカにおいては大企業はその所有者である株主の利益を最大化するために経営されることが望ましいという考え方がほぼ定着しているからである。したがって、「企業統治」の問題とは、株主の利益を最大化するためにどのように経営者をチェックしたらよいかという問題である。一九六〇年代には株主民主主義などと言って、株主自ら経営者の行動をチェックするのだということで、株主総会の活性化や株主提案権の役割などが非常に重視されたが、なかなか株主総会ではうまくいかないということで、一九七〇年代と八〇年代にはいわゆる企業買収による経営者のチェックという機能が非常に重視された。すなわち、きちんと経営されていないような企業は買収されてしまう、そして、買収した会社がより良い経営をして株価を高め、株主の利益を最大化するというメカニズムが非常に評価された時期がある。一九九〇年代に入ってからは、企業買収は一九八〇年代に比べれば下火になり、機関投資家の役割というものが注目をあびるに至った。ただ、機関投資家も経営を監視するということは普通はしない。ごく一部の公的年金基金、例えばカリフォルニアのカルパースというのが有名であるが、そういうところは例外として一般には機関投資家は気に入らなければ株を売るという行動をする。したがって、とくに議決権を行使したり経営陣に対してモノを言ったりすることは一般的にはまれである。いずれにせよ、株主民主主義から企業買収へ、企業買収から機関投資家の役割へという議論を経て、アメリカは今日に至っている。

その中で、ここ十年から十五年くらいの間に、アメリカの実務として非常に特徴的なことが起きている。それは三点ある。第一に、取締役会のメンバーの少人数化という現象がある。アメリカの取締役会のメンバーの数は、ここ十五年くらいの間に、上場会社の平均で大体十名から十二名というあたりになっている。第二に、社外取締役の普及ということがある。十名から十二名の取締役の三分の二はその会社で働いていたことがまったくない、外部の者がなっているのが現状である。そして第三に、その取締役会の中に各種の委員会を置くというのが定着した実務になっている。一番有名なのは監査委員会と呼ばれているものであるが、その他に役員の報酬を提案・決定する報酬委員会とか、あるいは役員の候補者を株主総会に提案するための候補者指名委員会、その他には経営陣からなる経営委員会といったものもある。そういったいろいろな委員会というものが取締役会の中に置かれるのが昨今の実情になっている。これらは、基本的には会社法という法律が要求しているものではなく、主として取引所の規則などで要求されてきたものである。しかし、何も要求されないでも実務の中から出てきたもので定着しているというものもある。

次に、ヨーロッパはアメリカほど単純ではない。国の数も多いし、「企業統治」論議の背景も、前述した三つの背景がそれぞれある。したがって、議論の内容も多彩である。しかし、一九九〇年代に入って、とりわけヨーロッパで議論が盛り上がったきっかけは、ひとつには、イギリスとドイツで、ごく一部の大企業ではあるが、不祥事が起きたという事情がある。昨今は、その後、大きく分けて二つの傾向で議論が進んでいる。一つは外部監査の強化。とくに公認会計士の監査を強化して、それに「企業統治」を期待しようという問題意識。もう一つは、日本で言えば取締役会、ドイツで言えば監査役会になるが、そういう取締役会や監査役会の機能を強化して「企業統治」を改善しようという議論である。とくに近年では、「企業の繁栄」すなわち企業のパフォーマンスと競争力の向上のためにはどのような「企業統治」が望ましいかという観点からの議論が盛んである。

そのような議論を集大成した有名な文書というか報告書というものが、イギリスで一九九九年の一月にまとめられている。「コーポレートガバナンスに関する委員会」という名前のもので、財界のトップなどをメンバーとする委員会であるが、その委員長を務めたのがハンペル氏で、通称「ハンペル委員会」として著名である。この委員会がイギリスの上場企業の「企業統治」の在り方についての報告書を出し、それを受けて、ロンドン証券取引所が一九九九年の六月に「コンバインド・コード」（統合規則）を制定し、上場会社に対してその遵守を要請するに至っている。そのコンバインド・コードでは、グッドガバナンスの諸原則と、ベストプラクティスについての原則のようなものを制定している。その内容は、非常にバランスのとれた良いものである。

もう一つ、最近の重要なものとして、OECDのプロジェクトがある。OECDが数年前からこの問題の重要性を重視し、先進国のみならず途上国も含めて、「企業統治」のあり方というものを議論し始めている。一九九八年の四月にOECDが依頼しましたエキスパートのグループの報告書が公表されている。日本からはオムロンの立石さんが日本代表として参加されたビジネスセクター・アドバイザリー・グループというものである。これをベースに、その後OECDでは各国の関係者などとの精力的な議論・調査などを経て、一九九九年の四月に「コーポレート・ガバナンスに関する諸原則」という最終報告書を制定している。

その他にも、お隣の韓国でも、経済危機があって外から援助を仰ぐことになったなどの事情があり、「企業統治」の改善ということで、証券取引所の規則という形で上場会社には社外取締役を導入するなどの非常に重要な変化が起きている。

最後に、日本でも、近年は「企業統治」をめぐる議論が活発化している。戦後の高度成長期以来の企業を取り巻く環境が変化しつつあるということも背景にある。第一に、従業員主権という言葉が使われることがあるが、戦後、日本の企業は従業員の利益というか、従業員を中心に運営されてきた。

これはその分株主が軽視されていたかどうかという点については、学界では意見が分かれているが、終身雇用制度の下で従業員というものを重視した経営が行われてきたことは事実である。また、株主構成という面では、金融機関の株式保有の割合が多い、あるいは、いわゆる株式持ち合いというものが行われてきた。こういった戦後の高度成長期を支えてきたようなメカニズムが徐々に変化しつつあるというのが今日的な状況ではないかと思われる。また、ごく最近では、執行役員制度というものを導入する企業が急速に増えている。このような中で、商法そのものも改正が必要ではないかという議論も盛んに行われている。自民党政務調査会法務部会の「商法に関する小委員会」は、平成九年の春ごろから議論を始め、その後、徐々に案を絞り、一番新しいものとしては一九九九年の四月十五日に「企業統治に関する商法などの改正案要綱」というものを公表している。このような議論が盛り上がる中で、その他の場でも盛んに議論がされてきた。経団連では、特別の委員会を設けて議論をしてきているし、また、コーポレート・ガヴァナンス・フォーラムという民間団体では、コーポレート・ガヴァナンス原則というものを策定し、一九九八年に公表している。

企業統治の展望

「企業統治」を世界的な視点で考えると、いくつかの点がポイントとなると考えられる。

第一に、「企業統治」の議論は、法令遵守などと言われている、いわゆるコンプライアンス体制の確立と並んで、前向きというか、企業の繁栄・競争力の強化・パフォーマンスの向上のためにはどのような「企業統治」が望ましいかという議論として位置づけるのが適切である。このような視点に立った場合、望ましい「企業統治」システムは、世界でひとつではなく、それぞれの国においてそれぞれの望ましい「企業統治」システムがあると考えられる。ただし、世界共通のポイントがある。それは、どのようなシステムであれ、公正さと透明性を備えている必要があるということである。すなわち、いうまでもなく企業は利潤を追求するものであるが、その利潤追求のプロセスは、公正さ（アカウンタビリティ）と透明性（トランスペアレンシー）の二つを備えたものでなければならない。これが、現在のグローバルスタンダードである。

第二に、「企業統治」においては、「ボード」（日本では取締役会）と言われているところの役割、英語で言うと「オーバーサイト」の機能が、企業の中で非常に重要である。それが「企業統治」の鍵であるとよく言われる。そうだとすれば、企業の中での「オーバーサイト」機能をどのように確保するのかということが一番大切な問題である。この「オーバーサイト」という言葉はうまく訳せないが、これはコンプライアンスと同時に企業のパフォーマンス向上のためにはどのような監視メカニズムのようなものが企業の中に存在しているべきかという意味である。

第三に、ディスクロージャーの重要性である。透明性という観点からも、ディスクロージャーの拡充ということは、「企業統治」にとって極めて重要である。この意味では、会計制度については、その統一ということがいま世界的に求められている。

むすびに代えて

「企業統治」のありかたいかんが企業の競争力やパフォーマンスに影響を与えるらしいということが世界共通の認識となりつつある。ここに「企業統治」がいま世界的な規模で真剣に議論される一番の理由がある。ＩＴ（情報通信技術）の革命的な変化により、地球は狭くなり、企業は世界的な規模で活動を展開している。その結果、地球規模での競争が激化しつつある。このような状態は将来も一層激しくなるものと予想される。「企業統治」をめぐる議論は、二つの示唆を与える。第一は、企業統治は、それぞれの企業でそれぞれのやり方があるということ。第二に、しかし、グローバルスタンダードとして、どのような企業統治システムであっても、公正さと透明性との二つを備えていなければならないということ。今後も、企業統治のあり方をめぐる議論は、果てしなく続きそうである。

〈参考文献〉

●「上場会社のコーポレート・ガバナンスを考える」とうしょうれぽーと一九九九年九月号（東京証券取引所）

●ハンペル委員会報告書 :Committee on Corporate Governance Final Report（January 1998）

● OECD Principles of Corporate Governance（1999）

● Hopt, Klaus J., Hideki Kanda, Mark J. Roe, Eddy Wymeersch, and Stefan Prigge（eds.）, Comparative Corporate Governance（Oxford University Press, 1998）

● Berglof, Eric and Ernst-Ludwig von Thadden, "The Changing Corporate Governance Paradigm: Implications for Transition and Developing Countries"（draft）（June 1999）

● Bebchuk, Lucian A., and Mark J. Roe, "A Theory of Path Dependence in Corporate Ownership and Governance", Stanford Law Review, Volume 52, Number 1（1999）

2　人を治める

京セラ名誉会長　稲盛　和夫

社長の独善的な企業運営

日本においてコーポレートガバナンス（企業統治）がどのように行われているかをみると、企業間の株式の持ち合いが大変多い一方、個人株主の割合が一〇パーセントを切ると言われるほど低い結果、株主が企業の経営陣をチェックするシステムがうまく働かず、現業役員に経営のすべてを任せる方式が一般的にとられています。そのため本来、企業統治の権利を持つはずの株主が、その権利を十分行使できないような仕組みになっています。例えば株主総会で業績不振を理由に、現業役員の更迭を株主が要求した場合、一般にその株主は乗っ取り屋か悪徳株主ではないか、と言われる風潮が社会的にあるため、株主が現業役員の不信任を求めることがほとんどないのが日本の現状ではないかと思います。

一方、社長の在任期間が十年以上という場合、取締役の大半は社長が任命した元部下だから、役員会で社長に真っ向から反対できない。そのため、社長による取締役会の独善的な運営、専制的とも言える取締役会の支配、独裁的な企業運営が大きな問題を引き起こす例を私たちは多数見聞してきました。

経営の主体である社長や役員が、株主のチェックなしに専制的な会社運営をする典型的な例は、役員の退職慰労金問題です。退職慰労金は一般上場会社の場合、株主総会で株主の承認を求めることになっていますが、実際には「贈呈方法並びに金額については、社内規程に従い取締役会にご一任願いたい」と提案されるのが普通です。

本来、株主から承認を得るのであれば、退職役員のだれに、いくらの退職慰労金を、いつ贈呈するかという具体的な提案について承認をもらうべきですが、実際はすべて取締役会一任という極めて自己本位な、つまり株主のチェックが全くきかない運営がなされているのが普通ではないでしょうか。特に上場企業は株主不在の経営がまかり通っているために、社長や役員による専制的な経営に陥る場合が多いが、これをチェックし、制御するシステムは、現在の日本の企業にはありません。こうした不完全な企業統治を改革、改善しなければならない、との声が多くの有識者の間で高まっています。

この際、まず必要なことは、企業統治の権利を有する株主の意見を、企業経営に反映できるシステムを作ることです。そのため最近は株主の代理人として、会社に利害関係を持たない社外取締役のようなメンバーをできるだけ加えた取締役会の下に現業経営者を置く、執行役員制度の導入が考えられています。取締役会は会社の基本的な経営方針、経営戦略を定め、それに基づいて執行役員がヒト・モノ・カネなどの経営資源をフルに活用して企業経営を行い、その結果を取締役会が再度、管理、監督します。そういう取締役会と執行役員会を分離した企業統治制度を、日本も早急に導入すべきであるという意見が多くなっています。現に執行役員制を採用する企業が日本にも出始めています。これは大変いい方向だと思います。

自主経営ができない海外子会社

こういう企業統治の考え方をベースに、日本企業における親会社と子会社、関係会社のあり方をみると、株主である親会社が取締役会に、子会社の経営陣が執行役員会に相当し、親会社が決めた経営方針並びに経営戦略に基づいて、子会社の経営陣がヒト・モノ・カネなどの経営資源をフルに活用して事業を行って業績を挙げるという図式が成立します。この関係はまさに企業統治における取締役会

京セラ名誉会長
稲盛　和夫
規制緩和進める屈指の起業家

日本屈指の起業家の一人。一九五九年に京都セラミック（現京セラ）を設立、京セラグループを連結売上高七千億円以上のグローバル企業群に成長させた。歯に衣着せぬ物言いでも有名で、規制緩和の推進者。九一年から三年間、臨時行政改革推進審議会（第三次行革審）の「世界の中の日本」部会長を務めた。八四年に第二電電企画（現ＤＤＩ）を設立し、通信自由化に伴う市場参入の先鋒となった。日米の有識者や経済人で構成する「日米二十一世紀委員会」でも中心的役割を果たした。

八四年には私財を投じて稲盛財団を設立した。科学を中心に学術に貢献した人物に京都賞と称して、各五千万円の賞金を贈る。また、中小企業経営者を対象にした勉強会「盛和塾」も主宰し、後進の指導にも励んでいる。

九五年からは京都商工会議所会頭も務める。九七年に臨済宗円福寺で得度を受け、僧籍を持つ。現在京セラ、ＤＤＩの取締役名誉会長。

と執行役員会の分業体制を示しており、子会社経営の成否が、自社のコーポレートガバナンス・システムがうまく機能しているかどうかを知る指標になるはずです。

実際に日本国内における親会社と子会社の関係をみると、いくつかの統治の方法があります。一つは子会社を親会社の意向に沿った形で管理するため、トップはもちろん幹部の大半を親会社から送り込む方法です。この場合、子会社の経営方針、経営戦略から幹部の人事に至るまで経営の細部に親会社が干渉することになり、子会社の経営陣は常に親会社の指示に従って経営しなければならないので、自主性、自発性は期待できません。

次に子会社のトップを子会社のプロパー社員から選び、経営のすべてを任せるという極端な方法もあります。これがうまくいくと自主性と自発性を大いに発揮して、親会社をしのぐ大会社に成長することもありますが、逆に、勝手な経営をして会社を消滅させてしまう例もみられます。こうした極端な方法は、成功とともに失敗の可能性も高く、大きなリスクを伴う管理方法と言えます。

この中間のケースももちろんありますが、日本の場合は形の上では親会社と子会社が、欧米の取締役会と執行役員会のように役割分担制になっていても、実際は必ずしもそのように運営されているわけではありません。しかし、日本国内の場合は経営陣が日本的なメンタリティーを持っているので、よほど子会社にひどい統治がされない限り、問題が表面化することはありません。

一方、グローバル時代を迎え、日本企業も海外に多くの子会社、関係会社、合弁会社を持つようになりましたが、これら海外子会社の企業統治も、国内における子会社と同じような経営を行っているケースが大変多いように思います。

日本企業の大半は海外子会社、合弁会社の経営トップや幹部社員を親会社から送り込みます。これは親会社との意思の疎通をよくし、信頼関係を作り、親会社の経営戦略に基づいて経営が着実に行われることを期待した人事だと思います。この場合、経営上の重要事項は稟議書によって日本の本社で決済する方法をとっている例が多い。その結果、現地経営陣の自己責任に基づく自主的経営はほとんど不可能な状態です。こういう経営方針、経営戦略はもちろん、日々の細かなことまで親会社が管理する方法は、意思決定が遅く、迅速性に欠けるだけでなく、経営効率が非常に悪いのが通例ですが、半面、本社の監視の目が常に光っているため、海外のトップが暴走して巨額の損失を出すようなリスクは比較的少ない。

親会社から一部の経営幹部を派遣するが、経営には干渉せず、現地経営陣を信頼して全面的に経営を委託する方法もあります。この場合も、大きな成功の可能性と同時に、現地経営陣の暴走により、破綻をきたす危険性も内包しています。我々はこの種の経営が成功あるいは失敗したケースを多数見聞しますが、大変大きなリスクを伴う企業統治の方法だと思います。

企業統治は人を治めること

従来、日本企業では親会社が派遣する日本人トップや幹部が中心になって海外子会社や関係会社を経営するケースが大半でした。この場合、トップや幹部を日本人が独占するため、現地の人々をもっと起用すべきだとの批判が出てきたために、最近は多くの日系企業が経営陣を現地化するようになってきました。また、海外で買収した企業のトップから従業員に至るまで大半が現地人の場合、どのように統治していくか、トップ及び幹部をどうすればより活用できるか、日本の経営者に改めて問われています。

このような時代には、親会社が子会社に基本方針を与えると同時に、成果をチェックするシステムによって海外子会社を統治していく、欧米のような合理的手法が必要であることは間違いありません。そのようなシステムでは子会社への経営方針、経営戦略というマクロの面だけでなく、必要に応じて詳細な指示を出す必要がありますが、日本人は今まで往々にして経営を任す手法をとってきたため、そうしたやり方に慣れていません。特に米国などで工場を経営する場合は詳細な指示書、作業手順を記載したマニュアルをベースに、経営や製造の指導をしていますが、日本ではマクロな指示だけを与えて自主的に経営してもらったり、細かい作業手順などは製造に従事している従業員に自主的にやってもらうことが往々にしてあります。

そういう文化的な違いをよく理解したうえで、日本の親会社から海外子会社に出す経営方針、経営戦略など、これからは欧米でも通用するような、ある程度詳細なものが必要になってくるだろうし、親会社が経営の成果を監督する方法も、今まで日本でやっていた以上にシステマティックで、精緻なものにしていかなければなりません。そうすることで海外子会社の経営上の大きな誤りを防ぎ、現地の自主性と独立性も保ち、活力ある経営ができるようになると思います。

グローバル時代の海外子会社のコーポレートガバナンスは、まず企業統治における執行役員制と同じような制度を適用し、米国流のシステマティックな管理手法を応用する必要があります。しかし、優れた制度や管理手法がありさえすれば、企業統治がすべてうまくいくわけではありません。国内の場合と違って、日本の親会社と海外子会社の間には文化やメンタリティー、言語といった目に見えない違いが介在するからで、企業統治においても、制度やシステムだけでは超えられない心理的な壁があり、それが子会社と親会社の相互理解を妨げていることを知らなければなりません。この問題を解決しない限り、グローバル時代における真の企業統治は行えません。

企業統治とはつまるところ人を治めることであり、制度やシステム以上に人心の掌握が不可欠です。人を治めるうえで最も大事なことは、治める側のリーダーを、治められる側が信頼、尊敬をしてくれているかどうかだと思います。権力や権限で部下を従えようとすれば、面従腹背で、いざというときだれも付いてこない。助けてくれません。

人の心は大変移ろいやすいものですが、ひとたび信じ合えばこれほど強いものはありません。企業グループ全体がひとたび信頼と尊敬によって結ばれる関係になったなら、これほど強い集団はありません。親会社と海外子会社の関係でも同様です。海外子会社が日本の親会社に信頼と尊敬の念を持つならば、自然に本社のリーダーシップに従っていくはずです。それが最も理想的な企業統治の姿ではないかと思います。

普遍的な価値観の企業理念を

そういう信頼関係は、親会社が尊敬に値する経営理念を持ち、それを信念にまで高めて、実践しているかどうかで決まります。GEのウェルチさんも、トヨタの奥田会長も理念の大切さを話されました。子会社、関係会社が信頼と尊敬を寄せるに値する経営理念を親会社が掲げ、ビジョナリーな経営をしているかどうかが子会社統治の要です。子会社トップや幹部が、自分たちの親会社は素晴らしい経営理念の下に経営をし、自分たちもその経営理念に賛同、共鳴するという思いを持てば、企業統治のシステムは有効に機能し、素晴らしい経営ができるのではないでしょうか。

世界にはさまざまな文化や歴史、生活習慣があります。特に東洋と西洋では大きな違いが存在します。そういう異なった環境で育った人々の心を結び付けるには、世界中の人々から信頼や尊敬、共鳴や感動を得られる普遍的な経営理念がなければなりません。そのような経営理念を世界各地の従業員が共有してこそ、文化の壁を超え、一体となって事業を推進できるのではないでしょうか。GEやIBM、ヒューレット・パッカードなど、真のグローバル企業と呼ばれる会社は、全世界の従業員が共有できる普遍的な経営理念を持ち、それを実践するために最大限の努力を払っています。

私の知っているある会社は、わが社は従業員一人ひとりをどのように信頼し、尊重しているかという内容を、社員研修で具体例を挙げて詳しく説明し、徹底を図っています。また、お客さまが満足を得るために行っているサービス内容の具体例を挙げる会社もあります。さらに誠実さや完全さの追求、あるいはチームワークを大切にし、チーム全体の成功を望んでいると掲げ、その内容を具体的に詳しく教える努力を積み重ねています。このように万人が共鳴する経営理念を高らかに掲げる企業がグローバルな舞台で成功しています。

こういう理念に加えて、企業は世のため人のために貢献してこそ存在価値があるという崇高な経営理念、経営哲学、または企業そのものを律するコーポレート・モラルを形成するような、立派な倫理規範を伴った経営理念を持って企業統治を進めることが最も重要なことではないかと思います。人間として何が正しいのかを原点に、どのような状況に置かれようと社会的正義、公平、公正、勇気、博愛、努力、謙虚、誠実など、大変プリミティブではあるが、普遍的な価値観を貫いていこうとする企業理念が大切だと思います。

京セラはそのような普遍的価値観をベースに、具体的な行動指針を持って経営を進めています。そのいくつかを紹介すると、我々は公明正大に利益を追求するという指針があります。世の中には不正な行為や投機によって暴利を貪り、一獲千金を夢見るような経営がまかり通った例もありましたが、当社は公明正大に事業のみを通じて正しい利益を追求します。

ガラス張り経営という指針もあります。企業経営はトップから一般従業員に至るまで、透明な経営でなければなりません。これは社外に対しても同じで、フェアなディスクロージャー、透明な経営によって社内で不正が起こりにくく、風通しのよい企業風土が作られると同時に、従業員の経営に対する参画意識も高まります。

お客さま第一主義を貫く、独創性を重んずる、高い目標を持つ、利他の心、つまり思いやりの心を判断基準にするという理念もあります。まじめに、一生懸命に仕事に打ち込む、フェアプレー精神を貫く、公私のけじめを大切にするなどなど、実践的な経営哲学や倫理規範を経営トップから従業員に至るまで共有するようにしています。

日本人はえてして欧米の経営手法を形だけ追いかけるケースが多いが、経営の原点であるこのような経営理念をベースとした企業統治が行われてはじめて、コーポレートガバナンスのシステムや制度が生かされるのではないでしょうか。二十一世紀はグローバル化がさらに進展すると思いますが、このような時代に日本企業が信頼と尊敬に値する企業理念を持ち、それを共有することで、世界の子会社、関係会社を治めていくことができるならば、日本企業の真のグローバル化は一気に加速され、世界規模でさらなる発展を遂げることは間違いないと確信しています。

対等合併はマイナス

世界市場が大競争時代を迎えるとき、厳しい競争に打ち勝つためには、企業の合従連衡がますます重要になってきます。企業の国際競争力強化を目的に、今まで考えられなかったような合併・統合が一層増加すると思われますが、その際、コーポレートガバナンスはいかにあるべきか。わが国における企業合併の歴史をみると、両社が健全な会社であればあるほど「対等の精神で合併する」という文句が枕詞のように使われてきました。だが、実際に対等の精神で合併をした結果、両社の組織や人事システムなどがそのままの形で残り、「たすきがけ人事」と称される慣行で、合併後も二本立ての昇進・異動が行われるケースが数多くみられます。

そもそも企業合併は二つの会社が一緒になって効率的経営を行い、1プラス1が2ではなく、3にも4にもなるのが目的のはずですが、経営の合理性を全く無視して組織も機能も二重にしたのでは、合併による効率化は期待できず、むしろ二つの組織間の調整などむだな仕事が増え、以前より非効率な組織が出来上がってしまいます。これでは合併がかえってマイナスになり、国際競争力を低下させる危険さえあります。

日本企業がグローバル競争の中で生き残っていくためには、1プラス1が3にも4にもなるような合併でなければなりません。今こそ過去の慣例にただ従うのでなく、改めて考え直す必要があるのではないでしょうか。合併後の企業をより強固なものとするには、存続すべき強い組織が他方をすべて吸収・統合することが不可欠です。強い組織の方が優れているのであれば、それに同化・吸収されることによってのみ、合併企業は強くなれるはずです。

ところが日本の社会には「和をもって貴しとなす」という風土があり、勝敗をはっきりさせることを好みません。これは強者が勝利者として傲慢不遜になることを恐れ、勝者が生まれることを忌み嫌う社会的感情があるためだと思います。その結果、企業合併という経済的行為でも対等の精神が吹聴され、どちらも勝者でも敗者でもなく、対等ということになってしまいます。吸収する側とされる側がはっきり強者と弱者となったのでは、たとえ両社が一体化しても、真の協調が生まれないのではないかと心配するあまり、あくまで対等の精神で遇すべきだ、ということになってしまったのだと思われます。

こうした形だけの合併をすると、長年にわたり両社のシステムが残り、かえって効率の悪い企業になってしまいます。実際に対等の精神で合併した会社の経営がうまくいった例はほとんどないのではないでしょうか。今後ともこのような形でしか企業の合併・統合ができないなら、日本の企業はこれからのグローバルな大競争時代にますます苦境に陥るのではないかと懸念されます。

二十一世紀に日本企業が再びグローバルな舞台で活躍しようとするならば、まずこの問題を解決しなければなりません。これは外国企業の日本への進出を促進するためにも不可欠なテーマだと思います。冒頭にグローバル時代のコーポレートガバナンスに対する私の考えを述べましたが、日本企業が生き残るための最初の試金石は、日本企業の合併・統合における過去の慣習を改めることだと考えています。

質疑応答

問　世界に通用する普遍的な経営理念を持ち、それを見える形、透明性のある形で実践していくところがポイントだと思いますが、そのことと、日本の企業では社長の力が強いということとの関係をどう整理したらいいのか、いつも悩んでいます。

私なりに整理してみると、執行役員制度の導入に関連して、経営と執行を分離し、経営の方はできるだけ詳細な指示を出し、執行の成果をチェックするという関係で言うと、社長は執行の責任者の座を降りて、経営の方の責任者として普遍的な経営理念を提示していく。その責任者としては、むしろリーダーシップを発揮していいのではないかと思います。

答　おっしゃる通りだと思います。日本ではほとんどの会社で、取締役会と執行委員会がわかれていないことを、私は危惧しています。社長が大変独善的、専制的な経営を行って失敗した例を、私はたくさん知っています。

日本では実際、執行委員会しかないと言っていい。その場合、社長が普遍的な経営理念、つまり立派な理念を持っていれば、企業統治の権利を持っている株主のことについても十分考えてくれます。社長がそれほどの人間的魅力を持っているのならば、理念でそれを示してくれます。ただ、どうしても専制的、独善的な経営に陥りがちなので、リーダーシップを持った社長を律するためにも、普遍的な理念が要る、と私は思っています。

問　米国系の会社はストックオプションに代表されるような仕組みを持っていて、現地人をがむしゃらに働かせる仕掛けで進出するのに対して、日系企業はそうした仕組みを持っていかない。必然的に現地であまり質のいい社員、特に経営者レベルの人材が集まらない。そこに日米でギャップが生じているような気がします。

答　確かに能力のある者が多くの報酬をもらうことに対して、もともと日本の企業や社会の中に罪悪感みたいなものがあったので、日本ではストックオプション制度が育ってきていません。ごく最近、税制や商法などの改正で、若干国内でもストックオプションが役員の間でできるようになってきました。それでもなお、そうした法制度などの整備もできていなかったためにまだ遅れていますが、海外で仕事をする場合には、欧米の企業と同じように、ストックオプション制度はどうしても採用しなければならないでしょう。

私どもの場合は、米国の子会社をニューヨークに上場し、その株式を幹部社員から従業員にストックオプションで渡すように動機付けをしています。未上場の子会社の場合は、親会社である京セラの株式をニューヨークに上場しているので、その株式を使って若干のストックオプション制度を採用しています。

いずれにしろ、これは避けて通れない問題です。講演では言及しませんでしたが、特にグローバル時代における企業統治の中で、このストックオプション制度をどうやって早急に採用するか、非常に大きな、緊急の課題でしょう。

3　対談　日米欧の企業統治

スピーカー

英ユナイテッド・ニュース・アンド・メディア会長（ICI前会長）　ロナルド・ハンペル

英コーポレートガバナンス委員会委員長

米アンダーセンコンサルティングアジア太平洋地域統括責任者　トーマス・E・マッカーティ

三井物産社長　上島　重二

モデレーター

東京大学法学部教授　神田　秀樹

コーポレートガバナンスに公式はない

神田　簡単に講師の皆さんを紹介します。ハンペルさんは大変に著名な方で、今さら言うまでもありませんが、最近では英国のハンペル委員会という委員会の委員長としてコーポレートガバナンス（企業統治）についての原則、それまでの色々なレポートの取りまとめとなった最終レポートをまとめられました。ロンドン証券取引所の統合規定「コンバインド・コード」として採択されております。私もこのハンペルレポートの大ファンで、ここ一、二年はあちらこちらで話をするときに宣伝してきました。

マッカーティさんはアンダーセンコンサルティングの日本代表として日本におられましたし、アジア全体にも大変詳しい方です。日本とかアジアということを超えて米国的な視点からのコーポレートガバナンスについて指摘されると思います。

上島三井物産社長は、言うまでもありませんが、日本を代表する経営者です。これまでの経験に基づいて、パネル討論に加わって頂きました。

ロナルド・ハンペル

ユナイテッド・ニュース・アンド・メディア会長
英コーポレートガバナンス委員会委員長

企業統治ルール、点検委で尽力

一九九九年四月、四十三年余り勤めた英化学最大手インペリアル・ケミカル・インダストリーズ（ＩＣＩ）を退職、七月にユナイテッド・ニュース・アンド・メディアの会長に就任した。五五年にＩＣＩに入社。営業部の見習いから始め、九五年に会長職まで上りつめた。

九三年には最高執行責任者として医薬品・バイオ部門「ゼネカ」の分離・独立に深くかかわり、会社分割後、ＩＣＩの社長に昇格した。その後は株主の利益を優先し、景気変動の影響が比較的小さい特殊化学品メーカーへの変身を進めた。九七に食品大手ユニリーバから特殊化学品部門を買収、九九年三月までに基礎化学部門の大部分の売却を決めた。

九五年にはコーポレートガバナンス（企業統治）のルール点検のため、ロンドン証券取引所の委託を受け「ハンペル委員会」が発足。非常勤役員の権限強化を訴える一方、過度な規制は企業の繁栄を犠牲にすると主張した。

パネル討論の進め方としてまず、ハンペルさん、マッカーティさん、上島さんの順番に若干話して頂きます。その後ディスカッションし、最後にフロアの皆様からも質問、意見を頂きます。ハンペルさんから、よろしくお願いします。

ハンペル　まず申し上げたいのは、コーポレートガバナンスというのは、私にとって単純な、これで成功するという公式はないということです。その点で認識して頂きたいのは、あくまで私は実務家としてこの問題を考えているということです。私は学者ではなく、ビジネスマンです。私はあくまで自分の経験の囚人です。

五つの英国の委員会で仕事をしました。ドイツ、フランス、イタリア、それから米国では二つの取締役会、そして英国と米国の証券取引所の役員会、さらに最近では日本企業のアドバイザリーボードにも名を連ねていますが、この問題というのは特に革命的な思想の展開は不要であって、進化的な考え方が必要だと思います。あくまで伝統に根を置いて、そして各国の前例、先例を踏襲した進化的な変化が必要だと思います。私が委員長を務めた英国の委員会について、背景として若干紹介します。

不正行為による破綻がきっかけ

その作業の源泉となったところをご理解頂きたいのですが、一九九〇年代に入って英国では、色々な不正行為で企業が破綻するという例が続きました。その財務的な側面、特に企業の財務報告について検討するということで、キャドベリー委員会ができました。九〇年代の半ばには今度は国営企業の民営化が進みましたが、その際、報酬の額について色々と問題がありました。政治的に、またマスコミを巻き込んだ問題となったため、今度はグリーンベリー委員会ができました。そしてイングランド銀行（英国の中央銀行）、あるいは政府、そして証券取引所、さらには産業界全般にとって、一般論でなく具体的に、もう少しこの問題を見る必要があるという認識が生まれ、私はこのガバナンスの全体的な問題を、英国という枠の中で検討する委員会の長に任命されました。委員会のメンバーには六人のビジネスマンがおり、三人は株主を代表し、また三人は専門家で、弁護士事務所のシニアパートナー、会計士事務所のシニアパートナー、そして財務担当の取締役で構成しましたが、作業はあくまで実務的な内容で、学術的なものではありませんでした。

その内容には三つの要素がありました。第一はあくまで企業では繁栄が必要であること。これは株主のために、そしてすべての利害当事者にとって繁栄が必要であり、それなくしてコーポレートガバナンスそのものが不要だろうという考え方です。しかしガバナンスはあと二つの要素が必要です。ひ

アンダーセン　コンサルティング
アジア太平洋地域統括責任者

トーマス・E・マッカーティ

十二カ国・地域でのコンサルティング

十二年間にわたり世界最大のコンサルティング会社、アンダーセンコンサルティングの最高経営執行委員を務め、アジア・太平洋地域の統括責任者としてコンサルティング業務を執行する。一九八六年に来日し、日本をはじめとするアジア・太平洋地域でのコンサルティング・ビジネスの基盤を確立する。自ら率いる地域は日本、豪州、中国、香港、韓国、シンガポール、台湾、マレーシア、ニュージーランド、タイ、インドネシア、フィリピンなどを数え、約五千人のコンサルタントを抱える。これらの地域でのコンサルティング対象は、大手企業や政府機関のあらゆる領域におよんでいる。

とつはアカウンタビリティ（説明責任）という考え方です。検討したのは上場企業ですが、すべての公開された企業では、株主に対し、さらに一般大衆に対して説明できなければならないということです。その責任は、完全な情報公開によって達成されるという考え方でした。ひとつのガバナンスの公式があって、しかも取締役会の構成もこれというものがあって、それで成功が約束されればよいのですが、人生はそういうものでもなく、英国におけるガバナンスの考え方としては、やはり柔軟に解釈すべきであるというものでした。もちろん原則やガイドラインはあります。それについても話しますが、その背後にあるのは、株主その他が判断すべきであるということです。ガバナンスについてはビジネスに照らして、企業の公開内容に応じて決定し、判断すべきだという考え方であり、ガバナンスの一義的な目標は企業の繁栄を約束するというものです。英国の見方としては、バランスのとれた、独立した取締役によって構成する取締役会こそが、繁栄を約束する最善の手段です。非業務執行取締役、すなわち外部の非常勤取締役は、戦略とかパフォーマンスを試験し、チェックする役割だということです。

もうひとつは非常勤取締役が明確な役割として、取締役会に対しアカウンタビリティの完全な責任を果たすことを求めることです。社外取締役の責任として明確に規定すべきなのは、アカウンタビリティをしっかり示すことです。立証を求め、もしそれに欠落、欠陥があるならば、それを取締役会に対して知らしめるということです。

グローバルに共通な仕組みはない

コーポレートガバナンスでは、グローバルに共通な仕組み、構成はあり得ないと思います。経営環境によって、歴史も文化も違います。しかし私たちの考えでは、取締役会の構成では、会社から独立した役員が必要です。独立した役員には、内部の経営陣を適切にチェックする役割が期待されます。英国では、会長（取締役会議長）と、経営の最高執行責任者であるＣＥＯの役割を分離すべきかという議論がありました。多くの場合、役割を分ける方が好ましいと考えられていますが、会長は取締役会の議長役に、ＣＥＯは会社運営に、それぞれ徹すべきだという考えです。しかし、それだけが成功の秘訣ではありません。そうでなくても企業として非常に成功している多数の例があります。会長がＣＥＯを兼任している場合もよくあります。米国ではその形態の企業が多数を占めています。ただ、

上島　重二　三井物産社長

改革第二段階、実力主義を浸透

南アフリカや米国での勤務を挟んで、鉄鋼関連の海外での資源開発を約二十年手掛けた。経営計画を手掛ける業務部長などを経て九六年より現職。

商社各社が大胆な事業再編や人員削減を急ぐなか、三井物産は「リストラは一段落した」として、経営改革を次のステージに乗せようとしている。

九九年四月に発表した今後十年間の経営指針となる「長期業態ビジョン」では、本業であるトレーディングの再強化を打ち出した。金融技術（ＦＴ）と情報技術（ＩＴ）、物流を三位一体として仲介取引を拡大する考え。「情報集約型の価値創造商社」をコンセプトに据え、より利益の上がる組織を目指す。同年七月には、年功序列型の賃金体系を全面的に改めた新たな人事制度を導入。年齢や入社年次で決まる資格制度を廃止し、実力主義を浸透させつつある。

三井グループへのこだわりも強い。「三井グループを大事にするのは経営の基本」と話す。

そういう組み合わせ（会長のCEO兼務）の場合には、独立した非常勤取締役の集団が経営を精査し、場合によってはCEOにチャレンジすることも必要でしょう。「独立した」という言葉の定義ですが、私たちが色々と試された問題でした。これは概念、考え方の問題であって、背景とか、任期とか、出身とかで、独立的かどうか決めるべきではないと思います。しかし、いかなる取締役会でも、独立した取締役を十分な数有することが必要です。その独立性を対外的に明確にする必要があります。

続いて、株主と利益当事者の区別について考えてみたいと思います。企業の所有者は当然株主ですが、しかし企業の運営を成功させるためには、すべての利害関係者に配慮しなければなりません。これは雇用者、被雇用者、そして顧客、納入業者、あるいは私は化学産業に永くいたのですが、環境団体、あるいは地元の団体などに対する配慮も大切です。私たちの意見では、取締役会の責任として、経営陣に対する明確な目標を設定すべきです。その目標は、すべての利害当事者に資するものでなければなりません。経営陣が利害当事者の利益に適切にこたえるならば、株主も、経営も、繁栄が約束されるのであり、私たちは、その意味で利害当事者が取締役会に参加する必要は、必ずしもないと考えました。

英国における二つの重要な問題についても申し上げておきます。ひとつは役員報酬の問題です。マスコミでも取りざたされ、政治問題化もしましたが、私たちの委員会の見解としては、グリーンベリー委員会の意見を支持し、報酬については完全な情報公開が必要です。株主その他が、報酬が適切であるかを判断すればよいという考え方であり、自由市場経済においては、報酬を規制、コントロールすることはできません。それが適切かどうか、そして企業としてのパフォーマンス、実績がよければ報酬も高くあるべきだという考え方は容認できます。英国のマスコミ、株主側の懸念としては、業績がよくない、成績がよくない経営者に対する報酬が高いという問題です。特に、成績が悪いのに退職したときの報酬が高いという問題があります。

もうひとつは、大きな機関投資家と小口の個人株主との間のバランスの問題です。英国では伝統的に、年次株主総会が利用されています。情報を小口個人株主に伝える場は年次総会であるということですが、必ずしも成功していません。英国の制度では、主要な決議案は年次総会で、挙手で表決することになっています。しかし実際の表決の多くは、挙手ではなく機関投資家が事前に委任状を提出する形でほぼ決定しており、それを事前に知らせているのが実情です。こういう状況を改善するために、年次総会では、決議内容にかかわる実際の票の構成を公開することになっています。予見できる将来の変化としては、こういった年次総会では表決がほとんどなくなるでしょう。年次総会の役割はこれに代わって、小口の株主に対して企業の状況を伝える場に、株主が経営陣の実績についてチェックする場になるでしょう。大口の株主と小口の株主の間で、行き渡る情報量に不均衡があるというのが、私たちの意見です。しかし英国は現在、コーポレートガバナンスについて、バランスのとれた考え方を持つようになったと思います。私たちの作業の結果、統合コードができました。私の委員会は、その前のキャドベリー委員会、グリーンベリー委員会それぞれの報告書を受けて、新たに報告書をまとめることになりました。これはロンドン証券取引所の上場基準にかかわるものですが、最低要件を規定しています。これは会計および情報公開についての要件ですが、情報公開については明確な規定があります。株主あるいは一般人、そしてマスコミに対して情報公開することによって、その企業の成績、あるいはコーポレートガバナンスの実情が適切かどうかを判断してもらいます。不適切であるならば措置、対応策をとってもらうことができるようになりました。

私としては、これ以上の立法措置は不要であると考えています。一部の議論では、社内の執行取締役と社外の非常勤取締役の役割について、法律上明確に区別すべきであるという考えがあります。しかし会社の役員におさまったからには、法律上の責任は平等であるべきだと考えています。行為し、企業に対して責任を負うという意味では平等であるべきであり、少なくとも英国においては、裁判所にゆだねられれば、そこからは裁判所が解釈して判断すべきです。社内取締役と社外取締役は、例えば入手できる情報量は違うわけですが、ではその意味で責任に違いがあるかというと、それは裁判所が判断すべき問題です。英国ではこれまでの制度で成功しています。これ以上、社内取締役と社外取締役の責任を分離する立法は不要だと考えています。

私はこの委員会の委員長を二年間務めてきましたが、もう議論は十分に尽くしました。企業からも、関心を持つ当事者のすべてからも、議論に参加してもらいました。今後もイングランド銀行あるいは英国政府が、こういった委員会をまた設置するかもしれませんが、現在は英国企業が、できあがった報告書の内容を実行するのを待っている段階で、これまでのところその実行状態はよい状況です。

米国と日本の特徴

神田　どうもありがとうございました。続いてマッカーティさん、よろしくお願いします。

マッカーティ　私からのメッセージは、コーポレートガバナンスに対する企業のグローバル化の影響です。グローバルな企業の取締役会はより共通なモデルが採用されるようになるだろうということです。このテーマを説明するにあたり、米国と日本の取締役会の特徴を比較したいと思います。

いくつかの前提から始めます。第一の前提は、いいコーポレートガバナンスは、企業にとっていいことだということです。これは投資家からの信任をあつくし、資本コストを低減し、さらによい経営のパフォーマンスにつながるということです。反対にいいコーポレートガバナンスがない場合には、非常に深刻な帰結をもたらすということです。みなさんはすでに、そういったことを目の当たりにしていると思います。これはアジア経済危機のときです。もちろんそれが危機の唯一の原因ではありませんが、アジア経済危機のひとつの原因はやはり、いいコーポレートガバナンスがなかったということです。腐敗、縁故主義そして身内主義が、いくつかのアジア諸国の経済にみられたわけであり、これはいいコーポレートガバナンスを実施している企業には生じないことです。

ここでコーポレートガバナンスについて定義したいと思います。これは非常に広範な意味を持つもので、色々な定義、色々な意見があると思います。私は、コーポレートガバナンスは企業にかかわっている人と人との関係だ、と思います。すなわちマネジメントとボードと株主です。それからその企業に対して対外的に影響を与える様々な参加者です。コーポレートガバナンスを考える場合、大部分はやはり取締役会がどういう役割を果たすかということにかかってくると思います。

ここで四つのことを申し上げたいと思います。まず、取締役会は事業戦略をつくることに対して責任を持っているのではありません。戦略をつくるのは執行役員、管理職の責任です。ただ、企業が十分に有効な事業戦略を持っているかを担保するのは、取締役会の役割です。第二に、取締役会の役割というのは、企業が非常に優れたＣＥＯ（最高経営責任者）を持ち、さらにその下に執行担当者、管理職として有能な人々が集まり、さらに幹部候補生から将来、十分責任をとれるＣＥＯを育て上げることです。第三に、取締役会として担保しなければならないのは、企業が十分な情報を持ち、コントロールと監査システムを持っていて、ビジネス、事業目的の達成ができるように運営していくことを担保することが必要です。第四に、企業は法的なまた倫理的な規律を守り、企業自身の目的も十分に果たしていくことです。取締役会の責任は、危機を予防し管理することです。換言すると、リスク管理の責任です。

取締役会によるCEO解任

米国と日本の取締役会を比較してみると、法律的ないわゆる定款にある取締役会の使命という点では、非常によく似ていると思います。米国であろうと日本であろうと、取締役会のメンバーに対してその役割や責任を説明してほしいと質問すれば、会社にかかわるすべての利害関係者の利益を守ること、すなわち従業員、管理職、株主、顧客、調達先、そしてその地域社会全体の利益に対して責任を持つこと、と答えるでしょう。しかし実際には、利害関係者に対する取締役会のとる行動は、両国の間で違いがあると思います。米国の取締役会は明らかに株主の利益を守る側に傾き、日本の取締役会はもっと他の利害関係者に焦点をあてると思います。特に社員に対してです。米国の株主重視は、非常に株価重点的なコーポレートガバナンスのシステムが発達しているところに顕著に表れています。上級管理職の報酬も株価に直結しています。さらに四半期ごとに事業収益の目標を達成しなければならないことに直結しています。これはまさに米国の企業が、リストラをするに当たって非常にスピードが速かったということ、さらに米国ではCEOが非常に頻繁に代わるということにもかかわってきます。九〇年代に米国の取締役会がCEOを代えるにあたってとった行動に、それは如実に現れています。具体例として、色々な会社名を挙げることができます。DEC、GM、Kマート、シアーズ、IBM、デルタ、アップジョン、ボシュ・アンド・ロム、ウエスト・マネジメントなど、最近ではコンパックです。それぞれの最高経営責任者は、取締役会の決定によって辞めていきました。

変わりつつある日本の状況

両国間の違いは、取締役会の構成です。日本の取締役会は米国よりもかなり規模が大きいのが特徴です。米国の取締役会はおよそ十人から十六人ぐらいで構成していますが、多くの日本の取締役会はおよそ三十人から四十人ぐらいで構成しています。最近では、日本でも取締役会を小規模にしようとする動きが出ています。二百以上の上場企業がすでに取締役会の規模を縮小し、人数を減らすことを発表しています。ソニーは三十人から十一人に減らしています。そのほか、日商岩井、オリックス、ダイエー、日本火災、こういったところが取締役の人数削減を公表しています。取締役会の構成の大きな違いというのは、日本の取締役会は、主に内部の管理職者からそのメンバーになるのが一般的だということです。これに対し、米国の取締役会では、メンバーの大多数が非業務執行取締役だということです。しかしこれについても最近、日本で変化が現れており、一部の企業ではすでに非常勤の社外取締役制度を導入するようになっています。

もうひとつの違いが、株式保有の形態です。米国では、企業の株式は主に個人投資家、年金基金によって保有されています。企業の株式のほとんど半分近くを個人が持っており、二〇パーセント程度を年金基金が、一〇パーセントぐらいをミューチュアルファンドが保有しています。それに対して、日本では個人投資家の株式保有はかなり少なく、金融機関、企業間の株式持ち合いが非常に大きな部分を占めています。グローバル化の役割が顕著に表れているのが、日本企業の株に対する外国人保有の割合が非常に増えているということです。この会議のために調べてみたのですが、日本企業の上場株式の約一〇パーセントを外国人株主が保有していることを知り、私は大変に驚きました。さらに驚いたのは、この比率は米国企業の株式の外国人保有と比べて、倍の比率だということです。米国では大体五パーセントぐらいです。日本の企業における外国人株式保有は、非常に劇的な変化を遂げています。一九九〇年代には三・四パーセントでした。それが今日、一〇パーセントかそれ以上になっています。

もう一点、グローバル化がもたらすインパクトはM&Aの状況です。これは日本で最近、相対的に顕著になってきた傾向です。今はどんどん増えています。日本で一九九八年に、八百三十四件のM&Aがありました。五年前と比べてすでに倍になっています。米国と比べると、全体としての数はまだ少ないのですが。ウェルチ氏がこの会議のはじめに言いましたが、GEは昨年すでに百社以上のM&Aをしました。歴史的な展望からみれば、M&Aの件数は日本でも非常に大きく変わってきていることがわかります。これまでの実際の案件では、例えばGEキャピタルが日本リースを買収し、ルノーが日産自動車を買収し、ブリティッシュテレコムとAT&Aが日本テレコムの株式を買い、そしてC&WがIDCを買収しました。日本でもやはり、こういう状況が起きており、グローバルな企業がどんどん統合しつつあります。

グローバル化によって刺激を受けているのが、日本における規制の変化です。例えば訴訟手続が非常に簡易化されるようになってきました。米国に類似してきており、残念な傾向とお考えかもしれません。日本ではなかなか抵抗し難いのかもしれません。しかし手続の緩和によって訴訟件数もかなり増えてきています。さらに、企業は情報を開示しなければならないということで、株主の権利が非常に強化されてきています。

会計部門での改革もグローバル化によってかなり進んでいます。連結財務は二〇〇〇年には完全にすべて実施に移されます。資産価値を市場価格で評価すること、企業の年金基金の評価で、赤字あるいは余剰資金があれば、それを明確に反映するようにしなければならないことなどです。

日本では、監査基準がどんどん変わってきています。これまで日本では内部監査が一般的でした。これは日本独特の伝統です。しかし法改正があって、監査役の任期が延長される一方、監査役のうち少なくとも一人は部外者でなければならないということになりました。より広範な外部の人々の監査を求めるようになっています。この傾向は今後さらに強まると思います。

インパクトを増す機関投資家

もうひとつ、米国で起きている非常に興味深い現象として申し上げられることは、機関投資家の果たしている役割です。これは、機関投資家に対して非常に大きなインパクトを与えています。すなわちシェアホールダー・アクティビズムと言われているもので、株主が非常に積極的に活動するようになってきました。ある投資機関で、カルパーズというのがあります。これはカリフォルニア州公務員退職年金制度と言われているもので、米国で最大の退職年金制度で百万人以上のメンバーを持ち、千五百億ドル以上の資産を持っています。このグループは、株式を保有している企業の活動に対して、付加価値を加えるべく積極的な役割を果たしています。長期にわたって企業に対して投資しているわけで、企業のパフォーマンスが高いことを要望してくるわけです。そして毎年、自分たちが投資している企業の中から事業実績が芳しくないところを十社選び、こういった企業の取締役会に対しては、シェアホールダー・バリューを改善すべく大変な圧力をかけてきます。しかも、こういったことをやっていると、公けにします。これは機関投資家たちがより活発になってきているという現象であり、このような現象は、日本にもいずれやってくると思います。

最後にコメントしたい点は、一般的にはコーポレートガバナンスという観点からはあまり議論されていない問題ですが、電子商取引についてです。電子商取引は米国の経済に対して非常に大きな影響を与えています。多くの識者たちはまさに、この十年間の米国の生産性向上に対して大きな貢献をしたと考えています。非常に高い雇用レベル、株式市場が非常に高騰している状況に大きく寄与しています。すべての米国企業はこの現象の影響を受けています。日本におけるインパクトも、やはり米国と同じようにドラマチックなものになっていくと思います。これは単に消費者たちがインターネットを使って買い物しやすくなるとか、シリコンバレー独特の現象ではありません。まさに新たなビジネスモデルが出現しつつあります。新たな競争相手が、まさにバリューチェーンの中でもより価値の高い、利益の高いところでの活動を得んとして努力しているということです。そして最初に動くところが利益を得ます。マーケットにおいてスピードはこれまで以上に重要になってきました。しかも若い人々はますます重要な役割を果たすようになってきています。伝統的な報酬制度が、リスクとリスクに対する報酬を組み合わせたもの、そして株価も組み合わせたものに変わってきています。興味深いことは、系列という言葉が、いわゆるハイテク企業の色々な企業間関係を表現するのにも使われるようになってきました。例えば米国の西海岸をみると、マイクロソフトの系列があります。サンの系列もあります。ソフトバンク系列もあるわけです。

電子商取引をあえてとり上げた理由は、まさにこれは取締役会が理解しなければならない現象だからです。マーケットは電子商取引を非常に価値の高いものとみています。市場はアクションが迅速に行われるということを高く評価しています。取締役会、そして企業の管理職は、十分に有効な電子商取引の戦略をつくっていかねばなりません。これは取締役会のメンバーも管理職も、米国でニューエコノミーと言われる現象の中で、何が起きているのかを理解しなければならないということを意味します。取締役会に対するチャレンジだけという意味では、日本でも米国でも同じです。取締役会は真剣に、非常に効果的に、このニューエコノミーの中でビジネスをしていくことができるように、十分に魅力ある人材をひきつけ、維持することができるような報酬制度を考えねばなりません。

今後はコーポレートガバナンスのなかで、より一般的で共通のものも出てくるでしょう。日本に対する影響としては、役員会の規模が小さくなり、社外取締役が多くなるでしょう。より透明性のある監査制度が必要になるでしょうし、株主収益性の重視ということも重要になっていくでしょう。

世界の単一市場化が加速

神田　続いて上島さん、よろしくお願い致します。

上島　ただいま、お二人の話を聞いて、大変感銘を受ける部分もございましたし、また皆さまから学んだことで、経営の参考として取り入れていくべき教訓もかなりあったと思います。

ただ私自身は、お二人とは立場が少し異なっていると自分で認識しています。三井物産というグローバルな仕事をなりわいとしている会社の現役の社長、CEOとしての立場で、私の実感をまじえた意見を申し上げたいと思います。

まず国際化時代の経営ということで、私を含めた日本のCEOがどういう基本認識を持ち、何と格闘しているかという点を二、三申し上げたいと思います。コーポレートガバナンスについては後ほど申し上げますが、まず基本認識のうえで私がどう考えているかをご理解頂きたいと希望するからです。

まずグローバリズムとは何か、ということです。これは世界の市場が限りなくひとつになる、そしてその市場の中では効率的で競争力のあるものが栄えていく。逆に言うと、その自由市場の中では効率的なものと非効率的なものが非常に容赦なく選別され、淘汰されていく世界であるという基本認識を持っています。この競争の激化は、企業の再編を促します。さらにＩＴ（情報技術）の革命的進歩が、グローバル化のスピードとその規模の拡大を後押しし、世界の単一市場化が加速的に進んでいくのが、今の根本的な現状ではないかと思います。

一九九七年には東アジア通貨危機の世界への伝播、伝染が起きました。いわゆる新興経済群（エマージングエコノミーズ）が市場に参入し、そこから生ずるより大きなメガコンペティションという世界の流れのなかで、私たちは企業の繁栄を達成していかなければなりません。その達成への挑戦というのが経営者に与えられた今日の命題であると、私は理解しています。

二番目に、それでは世界に共通する経営者の課題とは何か、ということです。企業価値の極大化であるということは申し上げるまでもないと思います。換言すれば、企業収益をいかに極大化するか。当たり前のことですが、これが命題です。しかも、その収益をいかにフェアに配分し、株主にその責任を果たしていくかということに尽きると思います。同時に、私が非常に重要なことと考えているのは、企業は当然のことですが、戦略として選択と集中を進めています。それを繰り返して発展しているわけですが、今日では企業自身が、マーケットからも、あるいはお客さまからも、厳しい選択の目にさらされている。このことを明確に認識して経営をする必要があります。私はこれが大変に大事な部分であると考えています。マーケットから選択され、評価されるような力をともなった企業に自らを改革していくということが、それぞれの企業にとってさらなる将来への企業の繁栄、そしてその力を相互的に、連鎖的につなげていく、こういう動きを注視すべきだと考えています。

国際化は同じルールのゲーム

三番目に、これが基本認識の最後の部分ですが、例えば私どもの会社は世界を相手にかなり手広い事業展開をしている会社に属する方だと思います。多かれ少なかれ今の日本の企業は、その流れの中にあると思います。国際化の流れの中で、同じルールでゲームをしていくという基盤を早急に構築していくことが大変に必要です。欧米にとっても必要であり、日本にとっても必要であり、アジア諸国にとっても同じことだと思います。このために必要な制度の導入は、諸手を挙げて歓迎したいと思っていますし、事実そういう方向への制度改正が進んでいます。そういうことに対し、私どもは社内の準備で極めて迅速に対応し、かなり勇敢な判断を必要とするとしても、その動きに適応していくため積極的に反応していく必要があると理解しています。

以上の三点、大変に簡単な部分だけを要約したことになるかもしれませんが、私の実感としてこれがコーポレートガバナンスの考え方、あるいは対応というものに、企業としてどう考えていかなければならないかということの原点だと認識をしています。その認識を共有して頂きたいと思います。

そこでコーポレートガバナンスの問題に入ります。ハンペルさん、マッカーティさんのお説のとおり、コーポレートガバナンスの充実は大変に重要な経営課題です。これはある日突然にAが起き、Bが起きというものではありません。理念を共有しながら日々の経営を通じて学ぶものは学ぶ、最善の実践というスクリーンで検討を加え、採択すべきものはスピードを持って採択する、あるいは採択にはなじまないものについては、米国ではどういう理由があるにしても、あるいは何がいいかという学説に賛同するとしても、最善の実践による検討を加えたうえでの選択があってもいいのではないか。私どもも現実的に、そういう検討は必ずテーブルの上にあげてやります。やった結果、やはりいいと思うものは実行に移しますし、今の時点ではこれはまだ私どもにはなじまないというものについては、その選択を現在はとらない、というような切り口で動きつつあるのが現状です。

私がまったくお二人の意見に賛成しておりますのは、究極のコーポレートガバナンスは、経営の透明性であり、あるいは説明責任であり、そしてフェアネス（公平性）、そしてそれをディスクロージャー（情報公開）の形で、株主、市場の目にさらしていくことです。表現に少し誇張があるかもしれませんが、それが究極の私どもが理念として追求すべきコーポレートガバナンスではないかと考えています。

透明確保のためにインフラ整備

ただ実践論として申し上げれば、外部マーケットあるいは株主に対して透明性と説明責任というものを確保するためには、当然のことですが、外見を整える必要があるという部分もかなりあります。しかしその形の問題よりも、まずは今、社内で経営に携わっている人、そして社内の私どもの従業員である各個人個人が市場に説明できる行動基準を徹底し、意思決定し、決定を実行する。私どもの組織として、その透明性を確保するためのインフラが整備されてこないといけません。それが現実です。先ほど理念を共有すると申しましたが、ほんとうに透明で、企業の繁栄という株主に対して負っている責任を全うするため、実践的に現実の姿としてしか動いていけない、こう確信しているわけです。

私どもが変革の仕組みをつくり、それを非常に意識して経営し始めてから、正直に申し上げてまだ数年です。当社では伝統的に三権分立といって、お互いの性悪説に基づく相互牽制が、戦前も戦後も続いており、それが様々な形で今も続いています。それでも、明確な意思を持って会社の仕組みづくりの舵を切りかえるというのは、ここ数年のことです。予期せざる収穫と言えばまことに不遜ですが、ひとつだけ収穫があったなと思うのは、市場に対して非常に透明な形で会社を運営し、インフラとして社員諸君並びに経営者一人ひとりが透明性並びに説明責任をそれぞれが持てるような仕事をやれと徹底する社内の実践の過程で、今までとちょっと異質の緊張感と危機感が生まれてきたことです。私自身ＣＥＯとして、経営の規律、品質管理とでも申しましょうか、これにインパクトを与えるという相互的な効果がありました。私が今申し上げた進め方は、少なくとも当社としては、このまま手を緩めることなく進めていきたいと思っています。

コーポレートガバナンスの理念は、多くの部分で共有するものがあります。米国なり、欧州なりの非常に優れた経営手法の中で、それぞれの経験とそれぞれの文化とその歴史から出てきて、私どもが学んでいくべきものは数多くあります。先ほど申し上げましたグローバリズムの中で、同じルールでゲームをするということについて、私どもが改革していかなければならないポイントはたくさんあると思っています。ただその採択する方法論、何を採択し、どうしていくか、どういう手法をとっていくかということについては、国別あるいは企業別、ここに特色と差異があってもいいのではないかと思っています。現実問題として、法的な応諾の観点から会社として対応が必須であるもの、しなければならないことと、会社としての裁量があるものがあり、これは方法論の話となります。それをきっちりと切り分けて、それぞれに対する自分の会社として最善の実践を物差しとして検討し、採用していくという姿が現実的であると思っています。

世界共通の原則、これはハンペルさんの言葉をかりるとプリンシプルとして対応が必須な部分、例えば国際会計基準にのっとった世界統一ルールでの透明性の確保ということについては、各企業ともしなければならないこととして、非常に迅速に対応する必要があり、私どもも実際そうしています。こういう動きは、グローバルな市場の中で同じルールでやっていくという極めて重要な行動であり、歓迎するものです。日本の会計制度も、連結決算、あるいは時価会計など、国際基準に沿った会計制度が、九九年度と二〇〇〇年度から実施に移されることになっています。他方、会社に裁量のある分野については、各国別、各企業別に、取り巻く内外の環境、文化、歴史、あるいは商習慣の違い、あるいは法整備の進展の違いなどなど、国ごとの状況を反映し、望ましいコーポレートガバナンスのあり方について違いがあります。違いがないということは非現実的だという考え方です。したがって、理念は共有する。しかしその方法論に統一性を求めることについては、現実性に乏しい、と考えるわけです。

環境が違う、例えば日本の環境では、まだこの点については、これを入れることが最善の実践、あるいは企業の繁栄に必ずしも貢献するとは思えないこともあるわけです。ただ、私どもの今のシステムと、習慣と、他との差異、これらが未来永劫に続き、今の環境だけが正しい、という認識はうぬぼれだと思います。絶えずフレキシブルな考え方を持っている必要があります。私どもの会社で今やっているやり方、これが未来永劫正しいとは思っていません。しかし今とり入れるべきものは何だ、今取り入れるとかえってまずいものは何だ、意味のないものは何だ、とその物差しはきっちり持って、それぞれ決定しています。

これから世の中はどんどん変わっていく。私どもの今やっていること、これからやろうとすること、市場との対話、こういう中で将来に必要な布石が出てきたら、それをとり入れていかなければいけない、今のシステムを改革していかなければいけない、と考えているわけです。

最後に、「私ども」と申し上げてきたのは、おそらく私の口をかりてかなり多くの日本企業の、CEOの代弁の部分も含んでいるとご理解頂きたいからです。それでは三井物産の場合にどういうことを紹介しておきたいかを二、三述べたいと思います。

ミニマムスタンダード

三井物産という会社は創業以来、事業部別の徹底的な独立採算制が、今日まで一貫して続いています。それぞれのビジネスユニットである営業本部の各部門長は、チーフ・オペレーティング・オフィサーとして、非常に大きな権限を委譲されています。経営の迅速性というものと、責任体制というものを整備してきましたが、その内容は時代の要請によってどんどん変わってきています。

日本では今回の商法改正で株式交換による企業再編が可能になりました。連結納税制度の導入を含めた商法の改正がここ一両年の間にリストに載ってきています。それぞれ法制化してきたときの実効性を見きわめる必要はあるとは思いますが、当社の経営の選択肢としては、独立採算制でずっと来ていることもあり、こういうことがほんとうに制度化され、ほんとうにワークしてくるとなれば、純粋持ち株会社の採用も極めて現実味が増してきます。独立採算で、それぞれがCOOの指揮下でやっているという会社の組織、システムは、このホールディング・カンパニー化ということに対してかなり近い距離にあると考えています。こうした経営形態の変化の過程で、コーポレートガバナンスの方法論、あるいは形式論も含め、その手法は、非常に大きく変わる可能性があります。採り入れることがかなりの確度であり得るのではないかと思っています。うちの会社が数年後に完全に純粋な持ち株会社に移行するということを、社長の立場でここで申し上げているわけではなく、そういうことになっていったときに、コーポレートガバナンスの手法はそれぞれの実効を求めて、最善の実践という物差しの中で導入していくだろうと思います。

収益の公平な配分という点について一言申し上げて、私の話を終えたいと思います。株主重視の経営、これはもとより経営の根幹であることについては論を待ちませんが、それに対して云々するつもりは全くありません。グローバル性、透明性、公平性、といったキーワードの中で、収益の公平な配分をどう考えていくのかは、色々な会社の色々な哲学があると思います。米国には米国の哲学があり、欧州には欧州の、日本には日本の、さらに日本の中でも会社によって色々あると思います。ただ私どもの哲学として、会社というのはやはり株主を筆頭に、お得意先、従業員、そしてコミュニティー、これらに支えられています。これらの関係者に対して、長期、安定的に適正な付加価値を、バランスをもって配分することが、コーポレートガバナンスの基本としていいのではないかと、かように判断しています。それぞれとの信頼を深めていくことが会社の成長につながっていく。これが私どもの持続可能な成長の原点であると考えています。私どもは二〇一〇年を視野に入れた三井物産としての長期業態ビジョンというものを二年間かけて研究して、それを社内にも、社外にも一九九九年四月に発表しました。二十一世紀にはどういう戦略と、どういうことを考えて会社をもっていけばいいのかを、今現在の知恵を集め、ひとつの指針として出したものです。株主、お得意先、私どもにとって最大の資産である人間、従業員、そしてコミュニティーというものにバランスを持って、リターンを色々考え、それらに対する責務を果たしていく。これが長期ビジョンの中で、私どもが貫いている原点のひとつです。

以上、私はコーポレートガバナンスの展開も、他の多くの問題と同様に、今後の市場の検証を重ね、検証された後で残ってくるものがグローバルスタンダードとして世界に広く認知されていく、その中でミニマムスタンダードが基本原則に適用される形で、市場の要請にこたえていくようになっていくだろうという予感がしています。こういう世の中ですので、今私どもが思っているよりももっと速いスピードでそうなってくるでしょう。私どももそれへの対応に遅れるわけにはいかないと申し上げて、私の話の区切りとしたいと思います。

日本の企業統治

神田　これで話が一巡しましたが、ハンペルさんからは、ご自身が取りまとめたハンペル委員会でのレポートの議論の背景、その中で英国での考え方、いくつか非常に重要な点の整理と指摘を頂きました。マッカーティさんからは、米国のモデルの特徴、日本との差異の話がありました後で、グローバル化のもたらす影響として、外国人の持ち株比率の問題、M&A活動の問題についての指摘、機関投資家の役割、いわゆるシェアホールダー・アクティビズムと呼ばれているカルパースなどの例の話、最後に電子商取引時代のコーポレートガバナンスという非常に新しい視点を示して頂きました。上島さんからは、グローバル化時代の経営についていくつかの重要な理念の話、特に同じルールでゲームをしていく基盤整備の重要性について指摘があり、コーポレートガバナンスの観点からみると、その理念についてはハンペルさん、マッカーティさんの言うことに全く賛成である半面、実際にそれをどう実現していくのかということでいえば、日本企業にとっては社内の者が説明責任とか透明性というものを意識してどう変わっていくかということがひとつのポイントではないかとの指摘がありました。一般的には、方法論は国により、企業により異なる部分が多いのではないかということであり、最後に三井物産での実際の取り組みの状況もコメントして頂きました。

三人のお話の中からいくつか重要な基本的なポイントが出ていたと思いますので、それを私なりに整理してパネル討論をさせて頂きたいと思います。その前に、日本の企業のコーポレートガバナンスをみて、今後こうなっていくのではないかとか、あるいはこうなるべきではないかと感じる点があれば、若干コメントを頂きたいと思います。ハンペルさんは日本のある企業の経営諮問委員会のメンバーでもあり、日本企業について、特にコーポレートガバナンスについて何かお気づきの点があれば話して頂ければと思います。

ハンペル　最初に申し上げたいのは、ガバナンスは新しい科学であると考えるのは危険だということです。ガバナンスはひとつのマネジメントの話で、常に存在した考え方です。今現在、企業の公的な責任を問う際、環境が変わったということでこの問題が注目されているわけですが、米国、英国では、公けに対する説明責任で先行している。日本はまだそこまでいっていないのではないかということです。つまり独立した外部の取締役の存在がある。彼らが責任をとることによって、例えば企業戦略が適切であるか、長期的な繁栄が約束されるかを確認します。そして説明責任や役員報酬が適切に行われているか。それらを監査委員会や報酬委員会などがチェックします。これらを通じて社外の株主、あるいは利害関係者、また一般市民に対し、しっかり示すわけです。そうした独立した人々が、企業の細かいところまでしっかり精査しているということです。

そういう仕組みが企業にいい影響を及ぼしてきていると思います。日本でもその方向で進んでいると思いますし、もっと進むべきだと思います。ただこれは進化的な前進であって、革命的にすぐに実施できるということではありません。漸次それを進めていくべきだと思います。帝人の諮問委員会に参加していますが、この会社も、それから今三井物産の話がありましたが、こういった会社はその方向に進んでいると考えます。

神田　マッカーティさんは、先ほど米国的モデルと比較して日本の特徴について、例えば取締役会の人数という点では最近日本の二百社以上の企業が取締役会の少人数化を実施したと話がありましたが、日本企業のコーポレートガバナンスについて、今後こうなっていくのではないか、あるいはこうあるべきではないかという点で、追加することがあったらお聞かせ下さい。

マッカーティ　ハンペルさんが特に米国、英国で、日本とどう違うかを言われたわけですが、それは全く同感です。日本が何をすべきかと言うつもりは全くございません。それは投資家、そしてマーケットが、いわば実績を求め、決めていけばいいことだと思っているからです。マーケットを通して発言してもらえばいいと思います。

私の話の要点は、これからどうなるかということです。色々なできごとというのはグローバルな経済によって引っ張られているからです。日本もやはり私どもが話してきた方向に変わっていくでありましょう。透明性も増すでしょうし、また社外重役も増えるでしょうし、取締役会の役割と経営者の役割がもっとはっきりしてくると思います。こういったことが確かに日本においても見られるようになっていくと思います。グローバルなマーケットの影響があるからです。

神田　今のお二方の議論でも、またハンペルさんが最初から非常に強調された点ですが、コーポレートガバナンスにとって取締役会の機能が非常に重要であることです。その取締役会のメンバーとして、独立的な取締役あるいは社外取締役の機能や役割が非常に重要であるという話がありました。アングロアメリカン（英国・米国）のモデルでは、取締役会の中に監査委員会とか報酬委員会を置いています。日本の大企業の中でも最近は、取締役会の人数を減らして執行役員制度を導入した結果、経営と執行の分離という形の整理が行われているという企業は多数あります。しかし社外取締役、監査委員会、報酬委員会は、日本の企業にとってはまだまだ遠い話だというのが現実だと思います。

それに代替する仕組みが日本にあるのかないのかという論点は別にあるのですが、私はむしろここで、社外取締役というのは何をするのか、ごく簡単にハンペルさんとマッカーティさんに聞きたいと思います。社外取締役は当然、色々他のことで忙しいわけですし、当然その会社の詳しいことまで知っているわけでもないし、また必ずしも知らなければいけないわけではないと思います。そういった社外取締役の役割が重要だというのは非常によくわかる半面、いったいどういう役割を果たすべきなのかという問いが、日本では繰り返し議論されています。導入した日本企業の中には、社外取締役には経営戦略のうえでのアドバイスを期待する会社が結構ありますが、同時に取締役会、コーポレートガバナンスの観点からみた説明責任の徹底、あるいはディスクロージャーの徹底、こういうものに責任を持つ取締役会のメンバーとして期待するという発想は、まだこれからのように私は思います。

ハンペル　マッカーティさんが言ったことを私も強調したいのですが、日本の中で仕事をしていない人間が日本の企業のパフォーマンスを改善するために、例えば海外で認められた基準によって改善することができるなどと申し上げるのは僭越だと思います。企業の効率が大切なのであって、過去五十年間、日本はその意味で重要な役割を果たしてきました。企業の効率は世界の他の国と比べても高かったのです。その文脈を忘れてはいけないと思いますが、質問に対する答として二つ例を挙げたいと思います。私はＩＣＩに四十四年間勤めました。一九四四年に入社したときは、取締役会三十四人のうち三人が社外、三十一人が社内でした。私が辞めた時にはそれが十一人構成で、六人が社外、五人が社内の役員でした。最初は三十一対三です。それだけ進歩があったという四十年間の変化です。特にこの二十年間の変化が大であったと言えます。そういう進化的な過程だったのです。株主の要求もありました。特に最近はそうです。企業は効率を上げるべきだという要求です。あらゆる手段でパフォーマンスを上げるべきだという声があったからです。

もうひとつ、私は今、米国でも取締役会に参加しています。米国と英国では同じ取締役会といっても内容が違って、そこが面白いと思います。英国の場合には、三十年前はほとんどが社内だったのですが、現在は社内、社外が半々になっています。私は英国の実務家としては、英国のやり方を好みます。理由は二つあります。ひとつには、非常に力のある会長兼ＣＥＯを持つ米国のやり方、つまり個人が兼任するということだと、会長が取締役会を圧倒してしまう。英国ではそういうことはあり得ません。取締役会に対する説明、発表は、同じ仲間、同じ地位の人間に対する説明として、しなければならないからです。またマッカーティさんが先ほど言ったように、取締役会の一義的な責任というのは次のＣＥＯ、次の会長、後任者選びをしっかりするということです。取締役会の責任のひとつは、すぐれた選択ができるように取締役会のメンバーに後任の候補者をしっかり紹介することです。英国、米国を比較して、どちらがいいとは言えません。ただ、私は英国の制度を好んでいます。それは私が英国人であり、経験があるからです。必要なのは、国の伝統、国の遺産、慣習、また個別企業の置かれている状況、あるいは経験に照らして考えるべきだと思うのです。

社外取締役の役割

今の質問に対する直接的な答として、社外取締役の役割あるいはそれを置くことのメリットは何かといいますと、独立した社外の取締役が、その企業のビジネスの内容を把握し、運営をすることはできません。そうあるべきでもないのです。しかし十分に経験と背景、バックグラウンドを持つ人間であれば、テストすることができると思うのです。企業が使っているような前提、戦略、あるいはそのパフォーマンス、履行状態をチェック、テストすることができるはずです。しかも株主よりも徹底的にそういったテストができます。株主、その他の利害当事者、関係者を代表して、チェックの役割を果たすことができますし、その会社の説明責任をテストすることもできます。例えばしっかり監査されているか、また報酬体系はしっかりしているか、これらをチェックする。これは従業員にとって、また株主にとっても優れたことだと思います。決してその機能、役割は簡単な、容易なものではなく、しかもそれをパートタイムですというのは難しいのですが、よりよいとは言えるでしょう。企業から距離を置いた株主にはこれはできない仕事です。したがって、その方がバランスはいいと言えるでしょう。全く社外取締役のいない取締役会、社内取締役ばかりの取締役会よりも優れているといえると思います。

マッカーティ　どの制度がベストであるかとやかく言うつもりはありません。それぞれの制度は環境の産物だと言えると思います。米国の制度では、社外取締役が通常の取締役会で、独立した監督のように、経営者に対して目を光らす、といった考え方はほとんどないと思います。株主構成から、機関投資家などが要求してこのような制度になったわけです。それによってチェック・アンド・バランスが機能しているわけです。

社外重役がいるがゆえに機能しない面もあります。例えばこの人たちがどの程度の時間を費やせるのか、どういった形で社外重役を選任すべきかといったことも、二つの方向があり得ると思います。会社において、例えばCEOと会長が同じ人物である場合もあると思います。だれを取締役会メンバーにするかということで、会長兼CEOはかなりの裁量権を行使するので、結局取締役会メンバーだろうとインサイダーだろうとあんまり違いがないということも出てきます。米国には社会的なプレッシャーがあるので、取締役会のメンバーは多岐にわたることが必要です。取締役会メンバーは多様性を反映する形で選任されるのであり、必ずしも厳しいビジネス云々で選ばれるわけではありません。

社外取締役が完璧な制度だと言うつもりは全くございませんが、米国を考えると必要な制度だと思いますし、また何人かの社外取締役がいることには価値があると思います。取締役会のひとつの役割は、CEOを選任することです。内部だけの取締役会では、同じような客観性、同じような能力で、必ずしも将来のCEOを選べないと思います。それはかなり難しいのではないでしょうか。逆に社外の重役の方が多分にそれをやりやすい。そういう意味で、この制度はメリットがあると言えると思います。特にCEOの選任過程で、社外取締役のメリットがあると思います。

ハンペルさんが言われた監査委員会についてですが、米国で典型的な場合は、社外取締役のみで構成しています。自主的に客観的に会社の財務をみるということは、かなり価値のある機能ではないでしょうか。

神田　多分日本でも将来は社外取締役は増えていく方向だと思いますし、現にそういう方向が望ましいという提言もいくつかあります。上島さん、社外取締役とか、あるいは監査委員会、報酬委員会といった話がありましたが、私などは日本企業にとってはまだ何かずいぶん遠い距離を感じます。今後、日本企業はどんなふうになっていくとお考えですか。

上島　私の会社には、もとより社外監査役はいます。また過去にはいましたけれども現在は、社外取締役はいません。ただ将来は社外取締役に参加してもらい、その数がインサイダー、社内取締役に対して、取締役会のなかでもう少し増えていくことはあった方がいいと思っています。

　ではなぜ今、社外取締役が非常に少ないのかというと、私の今の認識では、私の会社も含めて日本がちょっと遅れているからだと思います。先ほどハンペルさんが「この四十年の間、なかんずく二十年の間に社外取締役の数が非常に増えてきた」とおっしゃいました。日本では、社外取締役として他の会社から求められる色々な役割を果たせる人材が少ないということがよく言われます。しかし少ないから、いなくていいということにはなりません。実は私も探しておりましたが、確かに適任者がいなかった。だから今現在いないのです。けれどやはりスタートしていくべきだと思いますし、キャッチアップしていくべきだと思います。社外取締役が当初はアドバイザー的であっても、社外取締役としての経験を踏んでいく人の数が増えれば増えるほど、質の高い、会社が求める取締役の層は増えてきます。だから、やはりもう少しあっさりとスタートした方がいいと思います。

　執行役員制度については、私は少し意見が違います。社外監査役については、日本でも、当社もそうですが、複数でどんどん増えていますし、公認会計士による権限に基づく監査というのも、日本でもずいぶん進んできています。社外監査役についてはすでに着手しており、日本全体がそうなっていますから、どんどんよくなっていくだろうと思います。社外取締役については、私の自戒の念も含めてもう少し早く着手していくべきです。いないからやらないのではなくて、やるから増えるというように、層を増やしていくことが大事だろうと思います。

何を優先するか

神田　少し論点を移します。先ほどハンペルさんはコーポレートガバナンスの目標というか、だれの利益のために会社が経営されるべきか、あるいは経営されているかという問いに対して、すべての関係者、もちろん株主はその筆頭でしょうが、その他にも従業員、地域社会などなど、すべてのステークホールダーのために企業は経営され、利潤をあげると言われましたし、マッカーティさんは、米国のモデルは株主の利益を一番重視しているという点で多少違うかもしれませんが、株主の利益だけのために経営するのが大企業であるというわけでは必ずしもない、という示唆もあったように思います。そこで私の質問です。そのステークホールダーの間で利益が対立する場合、どちらかをとらなければいけないということがあり得ます。よく日本企業で言われた例ですが、企業の業績が悪くなり、人を減らすか、配当を切るか、どちらかをしなければならないという選択になったときに、高度成長期には日本企業の経営者の発想では、間違いなく配当を先に切ってきました。これは疑いのないことで、高度成長期には、企業経営の中で非常に重視されてきたのが雇用の安定でした。もちろん株主の利益を無視してきたわけではないと思いますが、株主の利益を採るか、従業員の利益を採るか、どちらかを選ばなければいけない場合、株主の利益を後退させる考え方が、日本の高度成長期にはあったように思います。ステークホールダーの間の利益がこのように対立する場合、今のグローバル時代の企業経営としては、やはり株主の利益をとる、と頭を整理すればよろしいのでしょうか。

マッカーティ　私は歴史あるいは聖書の話を思い出します。ソロモンという王がいて、二人の女性のいずれもが赤ちゃんをなかに、自分の赤ちゃんだと争い、ソロモン王の前に来て裁いてもらおうと思いました。そのときソロモン王が「では赤ちゃんを真二つに切って、半分ずつの赤ちゃんを二人の女性にわたそう」と言いました。一人の女性が「どうか、そんなかわいそうなことはしないで下さい」と頼んだので、ソロモン王はそう言った方の女性に赤ちゃんを手渡したという話があります。今の質問は、赤ちゃんを二つに切れ、と言っているような気がします。答があるとはどうも思えないのです。

ウェルチさんが非常に見事に表現したと思ったのですが、米国ではリストラについてどんな見方をしているかを説明しました。ウェルチさんはGEの社員に対して深い関心を払うと同時に、会社としても、会長としても、彼らの将来を重視しています。しかし、GEのなかでは将来性のないビジネスが出てきた際には、会社と社員の最善の利益のために、短期的には必ずしも社員の最善の利益でなくても、長期的には社員の最善の利益となるように、そういったビジネスから撤退し、GEは別の事業を手がけるのがベストだと言ったと思います。米国で尊敬されている多くの企業はそういった発想をすると思います。確かに社員に対して深く関心を持ち、懸念を抱いているわけですが、しかし長期的な会社の競争力のためにはこういった行動をとらざるを得ないことも出てくると考えているわけです。つまり大手の上場しているほとんどの企業の場合、収益に対するプレッシャーもあるのでリストラを実施します。しかしそれをするにあたっては長期的な最善のために、会社の健全さのためにやっているのだと思います。

ハンペル　私も同意見です。つまり質問に対して答はないと思うのです。ただ言えることは、現代では経営者にかかるプレッシャーというのは極端に大きなものです。経営は十年前に比べても非常に難しいものです。十五年前に、私が初めてCEOになったときよりも難題が多い。今日の経営者には非常に短期的なプレッシャーがかかっています。

英国の状況は米国と若干違います。機関投資家として、特に年金基金があります。英国の年金制度が持つ株の比率が大きいということです。そのため年金基金は株の投資、収益に非常に敏感で、経営者にも色々プレッシャーをかけます。運用機関から企業経営にプレッシャーがかかるのです。もちろん株主が企業を所有しているわけですし、CEOを排除するのも株主の権利です。それは英国でも簡単にできます。そういう状況ですから、米国と同じく企業には、短期的なパフォーマンスを上げようというプレッシャーがどんどん高まります。日本はその意味で過去の実績がよかったと思います。

企業というのは長期的な存在であるべきだという理念が今、攻撃されていると言えます。経営者としてはそのプレッシャーにさらされながらも、頑固に長期意識を堅持する必要があるのですが、そこで取締役会の役割が問われます。短期と長期をバランスさせる、株主の利益と他の利益当事者の利益をバランスさせるということで、その意味で部外者が大切だと思います。そういったバランスをとるという役割は、社内のインサイダーだけではできないはずです。私の経験からして、あるいは偏見からみて、インサイダーは企業の内部だけに目がいってしまうと思うからです。

私、家内と一年半ほど前にインドに行ったことがあります。当時はICIの会長で、インドで爆薬のビジネスがありました。もともと一九五七年にガルニアというところで始めました。非常にへんぴなところだったのですが、そのプラントでは七百五十人を雇い、学校をつくり、病院も建設しました。その学校が今千二百人。半数はICIの社員の児童なのですが、他は近隣社会の子供で、半径百五十マイルを見ましても、これだけの質の学校はないし、インドでもトップの学校になっています。また病院も半径二百マイルでは唯一の病院です。手術台や五人の医師などがおり、ICIの社員のみならず社会的にも医療という優れたインフラを提供しています。この爆薬のビジネスがインドでは赤字でした。コールインディアという上場企業が顧客なのですが、支払いがいつも遅れるからです。経営陣としてどう対応すべきか。直観的にはビジネスは閉鎖すべきでした。しかし、そうなればその社会的なインフラも崩れることになります。日本やアメリカでは必ずしも直面しないような事態かと思いますが、そういう状況が事実あるのです。この問題はすでに解決しており、今はビジネスが黒字に展開したのでよくなりました。またトラストを設置して、病院も学校も十年間かけて公営化するといいますか公的部門に渡して成功したのです。しかし公的な責任をどう果たすかという企業にとってのジレンマがあったわけです。したがってあらゆる状況で、これが答だとは言い切れないと思います。ただ、取締役会はやはり企業の長期的な繁栄を目指す決定をしなければ企業、ビジネスそのものが破綻してしまいます。企業が繁栄しなければ利益当事者、利害当事者からのサポートは何らなくなってしまいます。

私の後継者に、私よりも難題は倍増するだろうとよく言ったものです。今日ではこういったプレッシャーが公けの目にさらされています。マスコミも目を光らせています。企業の決定はすべて公けのものです。二十年前、五十年前は私的な、内部的な決定でした。私の答は以上です。

上島　私も、どちらを先に切るのだという二者択一の返事はないということではお二方と一緒です。やはりシェアホールダーとステークホールダーのバランスを考えて経営をやっていくということです。そういう観点でこれからもマネージしていくということになると思います。

株主総会のあり方

神田　次にコーポレートガバナンスのいくつかのポイントの中で、これはハンペルさんが指摘されたことですが、大企業における株主総会のあり方という問題があったかと思います。私も法律をやっているものですから、法律には、米国も英国も日本もそうですが、株主総会で意思決定をすると書いてあるわけです。ハンペルさんが先ほど示唆されたことは、株主総会の場を意思決定の場にするというのは事実に合ってないということです。大株主による意思決定は、すでに株主総会が開かれる前に行われている。したがって株主総会の場というのは、少数株主、あるいは一般株主に対する情報開示、あるいはその意思疎通、そこで少数株主、一般株主が経営をチェックというか質問をし、やりとりする場に変えていく、という方向観をハンペルさん自身のレポートでも指摘しています。では株主総会というのをもう無くしてしまったらどうか、という議論も法律家の中にはあります。この点についてマッカーティさんと上島さんのご感想をお聞かせ下さい。まずマッカーティさん、株主総会は何をする場なのでしょうか。

マッカーティ　私は株主総会というのは、一般的に言って米国では非常に形式的なものであり、あまり意味のあるものではないと思います。株主総会での表決はいわゆる代理人によって行われておりますし、ハンペルさんが言われたように総会の前にはすでに決定されているという状況になっています。いくつかの例外を除いて、実質的には会長が何らかの報告書を出し、そしてお茶を出して、場合によってはいわゆる企業のハエと言われるような人たち、総会屋的であって総会屋そのものではないのですが、それとちょっと似た人たちが出てきて、企業としては恥をかくような質問をする場でしかないということです。一般的に言って、株主総会というのは米国の大手の上場企業ではあまり意味のあるものではありません。私は、株主総会は法的な要件であり、この制度をやめるべきか否かということについての見解は持っていません。あまり目的を果たしていないし、大手の企業にとってあまり意味はないと思います。

神田　総会のあり方というのはなかなか難しい問題だと思うのですが、上島さん、もし感想を簡単に頂ければ。

上島　株主総会を止めたらいいのではないかという発想は私には全くなかったものですから、実は「はあ〜、どうかな」と考えながらうかがっていたわけです。今の日本の商法では株主総会をやめるわけにはいかない、まずそれははっきりしていると思います。ただ株主総会のやり方と、株主総会が唯一の機会ではなくて、その間にどういう株主に対する情報の伝達の機会をもっていくか、これは暫定的であろうが、定期的であろうが、もう少しやっていく必要があるでしょう。株主総会を止めたらどうか、イエス・オア・ノーかと言うことについては、残念ながら思ったことがないものですから返事はありません。むしろ止められないのではないかと思っています。

神田　私の言い方が悪かったかもしれません。私も株主総会を廃止すべきだという意見ではありません。ただ株主総会にどういう機能を期待したら、コーポレートガバナンスの観点から一層よくなるだろうかということです。

上島　現実の問題として、決算にしても、決算の利益処分にしても、あるいは取締役人事にしても、重要事項というのは株主総会で承認を得てはじめて、次の一年間の経営に入っていくわけです。そのためには会社として、一年間の総清算をやり、来年、何を株主に対して宣言してやっていくかという極めて重要な機会だと思いますし、正直言って、私を含めたうちの会社にしても、株主総会で一年に一回、会社の中をもう一度総ざらいしていくことを定期的にやっています。こういう意味が、まずひとつあります。もうひとつは株主に対して何を発信し、何を報告するかということについて、色々な工夫はこれからも重ねていく必要があります。それは株主総会の日だけではなく、ということだろうと思います。

神田　ハンペルさん、英国では年次総会のあり方について、先ほど説明があったように、変わっていくべきだというのは、一般に受け入れられている考え方でしょうか。

ハンペル　理論的には確かに、業績に幻滅を覚えているような株主に対して「ではなぜ株を売らないのですか」ということも言えるわけです。ＣＥＯがそんなことを言うことはあまり頻繁ではありませんが、株主というのは売る権利もあるわけです。では株主総会の役割はどうあるべきかということを最終的に考えたときに、そういったことも念頭に浮かびます。

米国でも英国でも日本でも、法的な要件であるということはそのとおりですし、英国では株主総会で議決をとるというのは法的な要件で、それを簡単に廃棄することはできないと思います。せっかく一年一回の株主総会をもう少し建設的に経営陣が活用することはあるべきなのではないかと思うわけです。あえて出席しようとしている株主に対して、会長なりＣＥＯがよりうまく説明し、発表するということです。重要な機関投資家に説明するのと同じくらいの形で、一般株主にも説明するということです。米国の場合には、あれだけ大きな国なので、株主総会を全国で開くことはできないわけですが、電子的な手段を活用すればもっと幅広くアクセスを提供することができるはずです。そう考えると、私自身の見方としては、株主総会の形として、経営陣が今までより以上にもっと詳細に企業の業績を一般株主がわかるように丁寧に説明し、質問をしたい人がするようにする、しかしそれは企業のマネジメントそのものだという幻想を抱くことはできないと思います。これはコミュニケーションの努力の一環なわけです。こういった方向は志向すべきだと思いますし、一般的に企業は、英国ではこういった方向を志向しています。

最も有名な米国の株主総会というのは、バークシャー・ハザウェイというところです。これはウォーレン・バフェットの会社です。ウォーレン・バフェットは、今一番お金持ちというわけではないと思いますが、世界で最も豊かな人の一人です。バフェット氏は、非常に長期的にビジネスを構築し、投資することで成功を収めた人です。彼はネブラスカ州のオマハに住んでいます。アメリカの真ん中の小さな町です。バークシャー・ハザウェイは一株が二万五千ドルという非常に高い株ですから、株主の数は多くないのですが、年一回の年次株主総会を開くと、何千人という株主がそこに集まって、野球のゲームに招待したりパーティーをしたりしながら、非常にわかりやすく啓蒙的にすべてをオープンにした形で、彼はスピーチをします。そこで意図しているのがそういうことではないでしょうか。年次総会というのは株主の民主主義を実行する場で、CEOが胸襟を開いて、会社についてすべてのことを話すということです。それが長期的に世界で最も成功を収めた会社のひとつのあり方だと思うのです。

もうひとつ申し上げたいことがあります。株主総会が英国では非常に対応しにくいものになってきている面があります。米国でも欧州でも同じ問題があるのですが、それはいわゆる特殊利益団体というのが、株主総会で問題を起こすためだけに株を買って乗り出してくることです。民主主義の場でそれを防止もできませんし、防止しようとしてはならないのですが、これが企業のビジネスができないところまできてしまい、株主総会での決議を邪魔する大きな阻害要因になっているとも言われています。それで、議決を郵送で採ることが起きます。それに代わるものとして、株主総会をするのであれば、こういった特殊利益団体に対しても株主が立場を明らかにする場を設ける必要があるでしょう。

Eコマースと企業統治

神田　マッカーティさんからM&A活動もひとつの重要なキーだとの話がありました。さらにEコマース（電子商取引）時代におけるコーポレートガバナンスのあり方という重要な問題指摘もありました。そこで、電子商取引時代におけるコーポレートガバナンスというものを考えていくときに、それは法律で決める必要があるのか、あるいは企業が自主的にこれは選んでいけばいいというものなのか、あるいは先ほどロンドン証券取引所の話がありましたが、証券取引所でこういうものを守って下さいというのがいいのか。私は法律をやっている人間にもかかわらず、なんとなくこれはむしろ企業が自主的に選んでいった方がいい、何か法律で押しつけるというような性質のものでもないように思います。かといって企業が自由にやり方を決めて下さいということになると、いつまでたっても、例えば社外取締役は入ってこないとか、そういうことにもなりかねない気もします。コーポレートガバナンスの改善は、法律でやるべきことなのか、あるいは取引所のルールなどでやったらどうなのか、あるいはこれはすべて企業の自主的な対応に任せておくのがいいのかという点について、簡単にコメントを頂きたいと思います。

マッカーティ　私もこのEコマースの影響、インパクトとして、新しく法律的な形でコーポレートガバナンスの仕組みを導入するニーズが出てくるとは思いません。Eコマースの影響というのはむしろ、企業は何が可能なのかということを認識し、それを活用できるような戦略を立てていくべきなのだというところにあると思います。どういった新しい傾向が出てきているのかということを把握し、経営戦略や経営方針をそれにあわせて変えていくということだと思います。

先ほど触れた報酬の問題は米国で非常に議論の対象になっていることですが、あまりに多くの企業が株式のオプションを通常の報酬の代わりに導入しているということです。特に若い人々はこういったオプションにひかれてその企業にひかれる。才能をひきつけ、その才能を保持するのは、特にEコマースの分野では重要なわけです。ガバナンスの問題というよりは、会社としてはこういう形で人をひきつけなければならないということ、そして取締役としては経営陣がそういった人をひきつけ保持することに対するノウハウをつけ、認識を持ち続けるということが必要になってきます。これは新しい現象ということではありません。例えば日本はバブル経済のときに株価が急騰しましたし、ここ九年間、米国の株は右肩上がりで伸び続けてきました。そういうときには問題ではないかもしれませんが、米国の企業にしてみれば、マネジメントシステムを変えて、この現象に対処しなければならないという圧力があります。

ハンペル　私はこの分野における法制化については非常に単純な見解を持っています。法制化というのは、適切な会計基準をつくるということについては必要だと思います。そうすることによって企業の報告書が共通の適切な基準にのっとったものになる必要があります。第二に完全な開示を要件とします。ガバナンスの分野での完全な開示というのは、取締役会をどういうふうに構成しているか、企業をどう経営しているか、新たな監査をどうやっていくか等々といったことについての制度です。そして株主から来る対外的な圧力。世論からの圧力もありますが、もし株主が満足しなければ、これが個々の企業のシステムに適切な変化をもたらすでありましょう。私はあまりにも形式的なアプローチというのは反対です。全く同じ形で、あらゆる状況で、すべての企業が同じやり方をしなければならないというのでは、いけないないと思います。

マッカーティさんの報酬についてのコメントについて一言申し上げたい点があります。十年程前、GMで三、四年赤字を出していたときがあります。私もGMの取締役をやっていました。そのとき中間管理職はほんとうに困った状況になってしまいました。報酬制度が株価の動きにリンクしていたからです。ですから株価が安くなったときは、報酬が十分でなくなったので止めてしまいました。その後、報酬制度を変えました。皮肉なことに現在の報酬制度は、特に米国に言えることですが、バブル化した株式市場の状況においては、それが崩壊したときには非常に急速に変化してしまうと言わなければなりません。

神田　上島さん、どうでしょうか。日本ではよく、法律で決めてくれないと横並びでなかなかやらないということが言われていた時期もあるのですが、私ははもうずいぶん時代が変わってきたと思うのですが。

上島　法律で決める部分というのは少なければ少ないほどいいと思います。ただガイドラインとして、例えば東京証券取引所のガイドラインに対して、皆がそれにどう対応していくか、どう適用していくか。これは法律ではないのですが、それを採用していく人は、それぞれの原則で採用し、あるいはやっていく。そのときに、ものによってはなぜこれを採用しないかということを、採用しない人は理由を公開することがともなって不思議ではないという気がします。

神田　ではここで、会場からの質問を受けます。

問　私どもの株主総会では、先ほど法律で縛られるという話がありましたが、同じようなことで、いろんな試みをしようとしていますが、一方で、会議を運営するスタッフなどから逆にストップがかかります。そのために、あえて株主総会の部と経営説明会の部と二つに分け、この経営説明会の部は法律の制約を受けないので、そういうものを設け、説明にあたるのも、議長である私が全部取り仕切るのでなく、実際に担当するスタッフにあたらせるということもしています。また株主総会から経営説明会の間の休憩時間に、お客さまの声ということで、同じ考え方ですが、株主の声を求めるためにアンケートを配るということをやりました。ただそれも総会の部では止めてくれと言われました。なぜなら、そこには株主以外の人間もいる。そういうことは法律で禁止されているからだと。いろいろと試してはいるのですが、実際には経営説明会の部でやっているのが実情です。このように株主総会と経営説明会とを分けて運営をしていくことについて、どのようにお考えになるかご意見を聞きたいと思います。

上島　私は大変に尊敬に値する運営の方法だと思います。先ほどらい、出ていますように、株主総会の持つ法的な要求、これは依然として現存するわけであり、なおかつ株主との意見交換、あるいは意思の交換をそういう形でより深く、より親密に、フェイス・トゥー・フェイスでやっていくという機会を持つということは、大変に尊敬に値する立派な運営でないかと思います。

神田　米国や英国でも、株主総会と併せて、そういう別個の説明会という形はあるのでしょうか。

上島　米国のことを日本人の私が返事をするのは変なのですが、私がニューヨークにいましたときに、例えばロックウェルという会社の株主総会に出席して、最初に株主の決議がありますね、いわゆる法的要求事項。これが終わった後で、月へ行ったアームストロングという飛行士からテレビを通じて報告があり、その他にロックウェルのやっているいろんな商品の展示など、それぞれに色々な説明者がいて、そこを出たり入ったりして、お茶でも飲みながら半日ぐらいそういうことがあった記憶があります。米国でも英国でもそういうことはよくあるのではないでしょうか。

神田　英国でもそういうことはあるのでしょうか。

ハンペル　英国での具体的な法律の要件としては、とにかく議決は総会でやるべきだということです。私は米国のアルコアで取締役をしていますが、同じようなことです。言いかえますと、決議そのものは会議の冒頭に提起され、それから委任票も含めて議決をとって、正式な会合は二分で終わり、その後は経営についての議論をします。そのときは議長の任に当たった人が説明を行います。その方がやりやすいということで、議長としても歓迎しています。ビジネスを記述的に説明することができるというわけですが、企業の戦略について一般の人にもわかりやすい形で説明するということがねらいのようです。

問　上島さんに質問です。先ほどのご発言の中で、執行役員制度に対してはちょっとネガティブなことがあるということをおっしゃっていましたが、それはどういった理由からでしょうか。

上島　私は執行役員制度が無意味であると申し上げているつもりはないのですが、やはり商法上の執行役員というものの地位がはっきりしていないということはひとつあります。それから執行役員を、例えば役員の数を減らすなかで、一方で実質的に役員を任命するための手段として導入するのではあまり意味がないと考えています。

本当の意味での執行役員というものが極めてワークしやすい業態もあるかもしれません。例えば製造業などはサービス業や私どもの会社よりもワークしやすいかもしれません。そういうところでやる場合とちがって、私どもとしては今の民法あるいは商法上の地位がはっきりしない形でそれをとり入れていくということは、あまりやる必要がないというか、やってはまずいかもしれない、そういった色々な判断の過程から、先ほどそう申し上げたわけです。

神田　それではパネル討論全体をまとめさせて頂きます。

グローバル時代の経営にとって、またＩＴ（情報技術）時代というかＥコマース時代の経営にとって、コーポレートガバナンスというのは非常に重要だという認識が世界共通のものになっています。なぜかといえば、それはコーポレートガバナンスのあり方いかんが、企業のパフォーマンスに影響を与えるという認識が世界で共有されつつあるからだと思われます。

いいコーポレートガバナンスとは何かというと、企業の利潤の追求、それは効率的なものであることは当然ですが、その利潤の追求のプロセスが公正さを備えている必要があり、説明責任と透明性を備えている必要があるということだと思います。具体的にどういうコーポレートガバナンスの仕組みがこれらを達成するのか、またどういうコーポレートガバナンスの機能がこういうものを達成するのかというのは、ひとつのモデルだけではなく、いろいろな複数のモデルがあり得る。現に世界においてもいろいろなモデルが存在し、共存し、これらが競い合っていく環境にある。そういう意味でハンペルさん、マッカーティさんがおっしゃったように、コーポレートガバナンスというのは、進化という状態ではないかと思います。

しかしコーポレートガバナンスが企業のパフォーマンスに、ひいては国の経済の状態に影響を与えるらしいという認識が世界共通のものになりつつあるという意味において、コーポレートガバナンスのあり方をめぐる議論というのは、今後もより多くなることはあっても、減ることはないと思われます。

3章

企業社会とネット革命

1　ネットワーク時代の経営

日本経済新聞社編集局産業部編集委員　野村裕知

米国で『ザ・ニュー・ニュー・シング』という本がベストセラーになっている。著者はかつて、ウォール街の雄、ソロモンブラザーズの内幕を鋭く描いた『ライヤーズ・ポーカー』で大ヒットを飛ばしたノンフィクション作家、マイケル・ルイス氏だ。

主人公はネットスケープ・コミュニケーションズの創業者ジム・クラーク氏である。クラーク氏は一九九四年、インターネットの将来性にいち早く着目し、ネットスケープを設立。翌九五年には早くもＩＰＯ（新規株式公開）を成し遂げ、世界のＩＴ（情報技術）産業に大旋風を巻き起こした。

ネットスケープはその後、マイクロソフトとのブラウザー（検索ソフト）戦争に敗北し、ＡＯＬ（アメリカ・オンライン）に買収された。独立会社としての寿命は五年にも満たない。だが、短命な企業が、世界の産業に与えた影響はとてつもなく大きい。インターネット革命がいつ始まったのか、起点を見つけるのは難しい。技術そのものは第二次大戦後にあった。商用に開放され、爆発的に普及を始めた九三年以降。だが、当初は娯楽主体のメディアという見方もあり、ビジネスの光景を変えたという意味で、多くの識者はネットスケープの株式公開を歴史的な出来事に位置づけ、九五年を「ネット元年」と呼んでいる。

ネットジェン（・ジェネレーション）企業という言葉がある。アマゾン・ドット・コム、ヤフー、Eトレードなどネットビジネスを手がける企業群の総称である。共通点は九五年以降、ビジネスの表舞台に登場した新興企業であること。当然、資産など帳簿上の価値は低い。売り上げ、収益など事業の実績は乏しく、中には創業以来、赤字経営という会社もあるが、株式市場の評価がとてつもなく高いのである。

米国には「フォーチュン500社」と呼ばれる企業番付がある。ビジネス雑誌のフォーチュン誌が毎年売り上げによって企業をランキングしてきたもので、かつては「500社」の仲間入りすることは大企業の代名詞であり、新興企業の目標だった。が、フォーチュン500の看板は完全に色あせた。今日の株式市場では、「売り上げ」はほとんど何の意味も持たないからである。会社の価値を表すのは株価に発行済み株式数を掛け合わせた株式時価総額。それでみると、今、米のトップ百社の四分の一は、七〇年代以降に設立された企業群が占める。

これを依然として、バブルが生んだ異常現象と見る向きはある。確かに、一部のネット株が説明の出来ないほど、超割高な水準にあるのは事実だが、産業の構造変化を反映しているという声が強いのも事実である。実際、株高をもたらしたネット革命がおよそ百年に一度という歴史的な変革であるとの見方はどうやらコンセンサスになりつつある。

では、百年に一度の変化は、なぜ米国のしかも西海岸で起きたのか。十三世紀末に始まったルネッサンス（芸術復興運動）の舞台はなぜ、英国やドイツではなく、イタリアだったのか。歴史家が長い間、問いかけてきたのと同様、米国ではここ数年、「シリコンバレー・モデル」とは何かがさんざん議論されてきた。

米国がネット革命で先行した要因を突き詰めれば、次の三つに集約される。起業家精神の風土。VC（ベンチャー・キャピタル）を軸としたリスクマネーの供給システム。国境や業種を超えて、優秀な人材が行き来する高い流動性である。「ザ・ニューニューシング」を教材に、その三点を検証してみよう。

まず、一番目の起業家精神。この言葉そのものは、すでに言い尽くされた感があるが、米国でも起業家がいつの世も称賛されていたわけではない。本格的に起業家の時代が到来したのはパソコン革命が起きた八〇年代以降である。

ネットスケープを興したクラーク氏は八二年、スタンフォード大学コンピュータサイエンス学科教授時代、三次元グラフィックスのアルゴリズムを開発、シリコン・グラフィクス（SGI）を創業している。いくら米国が起業家天国とはいえ一度ならず二度も、起業を大成功させるのは異例の快挙といえるが、クラーク氏の軌跡を見れば、米のネット経済の底流には、八〇年代から連綿と続く起業革新の積み重ねがあることがわかる。ちなみに、SGIの創業とほぼ同時期に生まれた企業には、コンパック・コンピュータ、サン・マイクロシステムズ、シスコ・システムズ、デル・コンピュータなどがある。

第二のリスクマネーはどうか。ネットスケープ創業を思い立ったクラーク氏がまず、着手したことがある。旧知のVCを訪問することである。そのベンチャー・キャピタリストの名前はKPCB（クライナー・パーキンズ・コーンフィールド・バイヤース）のゼネラルパートナー、ジョン・ドーア氏である。日本では知名度が低いが、八〇年代、サン、コンパックなどの創業に参画したシリコンバレーの伝説的なVCで、ニューエコノミーの理論的リーダーでもある。二人はSGIのIPOで手を組んで以来、懇意だった。

ドーア氏はクラーク氏などとの会談を通じて、「インターネット市場はパソコン市場より大きな巨大市場になる」と確信を深める。ネットスケープのＩＰＯは大成功を収め、ドーア氏は二億五千万ドルの個人財産を手に入れたといわれるが、話はそれで終わらない。ドーア氏はネット企業の発掘に精力を注ぎ、アマゾン・ドット・コム、アットホームなどネット企業のＩＰＯを次々と手がけ、再び旋風を巻き起こす。

優れたアイデアひとつで巨万の富を手に入れる……。米のベンチャーブームといえば、創意あふれる勇敢な起業家の存在ばかりが脚光を浴びるが、柔軟で分厚い資本市場があって初めてネットジェン企業の隆盛は可能になった。が、そんな起業家にとって理想的な環境が整ったのもやはり八〇年代のことだ。七〇年代までは米国も大企業が圧倒的に優位の時代で、起業家が資本市場から資金を調達するのは至難の業だった。ジャンク債の帝王と呼ばれるマイケル・ミルケン氏は、その変化を「デモクラタイゼーション・オブ・キャピタル（資本の民主化）」と呼ぶ。

変化のきっかけは、商業銀行が中南米の債務不履行により自らの資本増強に追われ、企業金融の戦線を縮小したことだった。銀行に代わって、台頭したのがジャンク債（信用度の低い企業の高利回りな社債）やＶＣなど新しい資金調達の経路なのである。テッド・ターナー氏が率いる二十四時間報道チャンネルのＣＮＮ。長距離電話でＡＴ＆Ｔに挑んだＭＣＩコミュニケーションズ。少なくともふたつの革新的な企業はジャンク債市場がなければ誕生しなかった。通信、放送などのインフラ産業は初期の投資負担がかさむ。事業のリスクが高すぎるとして伝統的な大銀行は資金提供を渋り、起業家にとっては参入が難しい分野とされていた。

ジャンク債市場と並行して、ＶＣも爆発的な成長を遂げる。八一年には二百社程度だった米ＶＣは八五年には五倍の千社に急増した。シリコンバレーでは経営のスピードが企業の盛衰を決める。事業拡大期には何より投資をするのが肝要だから、ほとんどの企業は資金流出を嫌い、配当をしない。マイクロソフトが配当を始めるのは創業から十年以上経過した後である。今、ネットジェン企業は収益基盤も確立しないうちに、高株価をテコに資金を集めて投資する。だから、経営の常識からはずれている、という批判が生まれるのだが、程度の差を無視すれば「明日の収益を株価が先取りする」企業経営の原型はすでに、八〇年代のシリコンバレーにある。

そして三番目の人材流動性である。クラーク氏がドーア氏に頼んだのは資金調達だけではない。新しい会社を運営出来る一流の経営者の斡旋だった。クラーク氏は自らがアイデアを生み出す能力には優れているが、日々の経営のマネジメント能力には欠けていることを自覚していた。ドーア氏が白羽の矢を立てのがジム・バークスデール氏である。バークスデール氏は当時、ＡＴ＆Ｔの無線部門のトップをつとめていたが、その以前には、大手物流会社、フェデラル・エクスプレスでＣＩＯをつとめ、最先端のＩＴシステムを構築した経験がある。

米国はもともと人材の流動性が高い社会だが、超一流の人材は報酬も高く、大企業を転々とするのが普通だった。新興企業への人材供給を可能にしたのがストックオプション（自社株購入権）である。クラーク氏のように報酬の高い人材を、ネットスケープのように実績のない新興企業がトップに迎えれば、ＣＥＯの人件費で倒産してしまう。

ストックオプションはいわば、報酬の後払いシステムで、それによって、大企業から中小企業へという人の流れが生まれ、産業の新旧交代を促した。今、シリコンバレーを歩けば、ＩＢＭ、ＡＴ＆Ｔ

など大企業の経験者がいかに多いか、気付くだろう。

こうして見ると、「起業家精神」、「リスクマネーの供給システム」、「人材の高い流動性」はそれぞれが独立した要因ではなく、相互に絡まり、連携し、機能していることがわかる。ネット企業といえば、誰もが自由に出入りできる「オープンな経営」のイメージが強いが、その一方で、濃厚な人的ネットワークで結ばれている。ドーア氏のような実力VCは、有力企業の黒子として話題のIPOに名を連ねている。それが一種の社会的「信用」になり、力になるのである。

実際、KPMGの下には「ケイレツ」という仮想企業グループがある。日本の企業系列をモデルにしたものだが、アマゾン、アットホーム、ライコスなど有力企業が名を連ねている。日本の系列と違い、企業同士で資本関係はないが、情報交換、人材交流など「知的」資本によって、ハイテク企業同士の結びつきが意外と深いことに気付くだろう。

こうやって見ると、ネットジェンを生みだした風土は、日本の企業社会の対極にあることがわかる。日本でも戦後直後こそ、ホンダ、ソニーなど起業家が活躍した時代があったが、高度成長期を経て大企業を頂点に下請け、中小企業がピラミッドを形成するという序列ができあがった。産業界は所轄官庁の指導の下で「業法」によって区切られ、同業他社との仕切られた競争はあるが、多くの業界で新規参入がなかった。

整然とした産業秩序は間接金融、金融系列によってより強固になった。日本の基礎産業が今、深刻な過剰設備・過剰雇用に直面しているのは、こうした産業秩序と、土地を担保にカネをだらだらと出し続ける間接金融が結合したからである。

年功序列、終身雇用など、日本的経営の下で、人材の流動性も低くおさえられてきた。企業のリストラが広がり、大企業が人材を囲い込む仕組みは急速に崩れつつあるが、社会全体では人材の流動性を阻害する要因が数多く残る。

先述したように、クラーク氏はスタンフォード大学教授時代にSGIを興したが、昨年、日本では中谷巌氏がソニーの社外取締役就任を巡るごたごたで一橋大学の教授を退官した。もちろん、スタンフォードは私立大学で、一橋は国立大学という決定的な違いはある。が、日本には、優秀な人材が大学と企業の間を自由に行き来するような仕組みがない。仮に、小手先の大学改革を実施しても、日米の差を縮めるのは容易ではないだろう。

孫正義氏が米店頭市場のナスダック設立構想をぶち上げ、それに触発される形で、東京証券取引所が十二月、新興企業向けの新市場、マザーズを開設した。日本でもリスク・キャピタルの供給システムが急速に整いつつあるが、企業評価のシステムは未整備。間接金融が圧倒的な優位にあり、起業家型経済への転換にはまだまだ時間がかかると見たほうがいいだろう。

ところで、若いネットジェン企業がリードしてきた米のネット革命に昨年ごろから変化の兆しが見え始めた。ＩＢＭのルー・ガスナー会長は年次報告書で「九九年はネット革命にとって大きな節目の年になる」と記した。パソコンが技術革新を引っ張った時代は終わり、ネット革命が本格的に開花する。それにつれて、主役は一握りのネットジェン企業から大企業へと広がると読んだからだ。

予測は的確だった。ＩＢＭがeビジネスと命名したネット・ビジネスが今、世界中で次々と立ち上がっている。新興企業ばかりではなく、伝統的な大企業がeビジネスの世界に次々と足を踏み入れている。ゼネラル・エレクトリック（ＧＥ）のジャック・ウェルチ会長はその勢いを、「まるで米企業はインフルエンザにかかったようだ」と話している。

大企業の経営者を突き動かしているのはネット革命によって、今までの産業モデルが根底から崩れるのではないかという予感だ。では、具体的にどん変化が起きるのか。業界によってその影響の現れ方は多様だが、変化は三つに集約出来る。コスト構造の劇的な変化。ディスインターメディエーション（中間業者の消滅）。消費者パワーの拡大。

ネット革命の衝撃が目に見える形で示されたのが、証券取引である。日本では十月、株式の売買委託手数料が自由化された。米国で株式の売買手数料が自由化されたのは七五年五月一日。その日付にちなんでウォール街では「メーデー」と呼ばれるが、自由化を機にチャールズ・シュワッブなどディスカウント・ブローカーが事業を急拡大。大手証券会社は一度、ディスインターメディエーションの洗礼を浴びた。固定手数料に依存した経営が難しくなり、各社は収益体質から脱皮を目指し、M&A（企業の合併・買収）や投資銀行業務へとシフトしていく。

ネット証券の登場は「メーデー」から二十年ぶりの衝撃を証券界に与え、「バレンタインデー」と呼ばれる。Eトレードがインターネットによって破格の低料金でサービスを開始したのが九五年二月十四日だからだ。金融自由化が遅れた日本では、日本版メーデーがバレンタインデーに重なり、価格破壊の衝撃はより大きなものになった。

これは実物経済とネット経済のコスト構造の違いから来る。電話、ファックスなど新しいメディアはこれまでもビジネスのコスト引き下げに貢献してきた。が、インターネットの場合、取引コストの下がり方が、これまでのメディアとは比べ物にならないほど劇的なのである。米商務省によれば、店頭での対人取引を電話取引に移すと、一件当たりの処理コストは十分の一に下がるが、ネットに移行すると百分の一以下になる。変化率のケタが、従来とはまるで違うのである。

ネット社会の特性を表す言葉に、スリーコムの創業者、ボブ・メットカーフがあみだしたメットカーフの法則がある。「ネットの効用は利用者の二乗に比例する」というもので、ネットの効用は普及が進むにつれ幾何級数的に上昇する特質をもっている。「乗数の変化」の波に乗れば、昨日は取るにたらない相手が明日には強大なライバルにのし上がる可能性もある。

二〇〇〇年一月、ＡＯＬ（アメリカ・オンライン）とタイムワーナーが合併を発表、世界の産業界を驚かせた。かたや、ネットを軸とする新興企業。かたや老舗の総合メディア企業。両者の対等合併は、メットカーフの法則の波に乗った企業がいかに短期間でパワーをつけたかの証明だ。

伝統的な証券会社も当初は、Ｅトレードなどネット企業を冷ややかに見ていた。正面から対抗するにはネット事業に参入するという手があるが、積極策は必ずカニバリズム（事業間の食い合い）に直面する。今、稼ぎをあげている部門を守ろうというのは、組織の防衛本能である。しかし、九九年、大手証券のメリルリンチなどがついにカニバリズムを覚悟で、ネット事業に乗り出した。

製造業では、変身組の代表がフォード・モーターである。フォードは九九年、欧州の自動車用品、修理チェーン、自動車修理会社を買収。秋にはマイクロソフトとインターネット経由の新車販売に乗り出した。フォードも当然、国内外で営々と築いてきた自動車販売のディーラー網があるが、その利益が相反するのを覚悟で、ネットビジネスの将来に賭けた。

ジャック・ナッサー社長は「これまで一台二万ドルの車を売って満足してきたが、顧客はその車に八、九年間乗り、保険や修理に約七万ドル払っている」と発言。伝統的な自動車メーカーの殻を破ると宣言している。

フォードといえば、Ｔ型フォードによって二十世紀の工業化社会の基礎を築いた企業である。フォーディズムという言葉は、今日の大量生産・大量消費システムを指すほどだ。その本家の変身は、自動車の完成車のビジネスが百年ぶりの全面改良期を迎えていることを示す。まず、製造では、組み立てから部品へと付加価値のシフトが進んでいる。完成車メーカーがピラミッドの頂点に立ったのはアッセンブリーが複雑で、高付加価値だったからだ。しかし、部品のモジュール化、標準化が進み、強い部品メーカーは世界中の完成車メーカーに供給できる時代がきた。

その変遷はパソコンに似ている。パソコンも初期はＩＢＭなど完成品メーカーの力が強かったが、標準化によって、ＭＰＵ（超小型演算処理装置）部品、基本ソフトなど中核の部品に付加価値がシフト。インテルやマイクロソフトに利益が集中し、ＩＢＭなど単なるアッセンブリーメーカーは凋落した。その一方で、製造と販売を一体化する新しい経営モデルを築いたデル・コンピュータが躍進した。

おそらく、二十一世紀には世界の完成車メーカーを相手にする強力な部品メーカーが出現する一方、ネット販売を巧みに取り込んだ自動車メーカーの力が強まり、変化に乗り遅れた旧来型の自動車メーカーは利益の空洞化に直面するだろう。ネット時代には、供給側と消費者のパワー・オブ・バランスが崩れるからだ。

ＭＩＴ（マサチューセッツ工科大学）教授のニコラス・ネグロポンテ氏はネット化で、「バイヤーズ・カルテル」が現実になりつつあるという。カルテルとはもともとは生産者が結託して価格を不当に引き上げることだが、今や、買い手が結集して生産者に対してバーゲニングパワーを高め、価格を引き下げ始めた。

こうした三つの変化は、伝播の時間差こそあれ、企業の国籍、業界に関係なく起きる。これまでも、企業は様々な変化に直面した。過去三十年間だけでも、ニクソンショック、石油ショック、日米貿易摩擦、バブル経済・崩壊、ＥＣ統合など、企業に変革を促した大事件は枚挙にいとまない。が、ネット革命はその衝撃の大きさ、広がり、スピード、どれをとってもケタはずれで、世界中の大企業はいやおうなく、「変化にどうたちむかうか」という共通のテーマに向きあうことになるだろう。

2　M&Aでグローバル展開

英ケーブル・アンド・ワイヤレス（C&W）最高経営責任者　グレアム・M・ウォレス

初のグローバル通信サービス

私はここでは通信事業に絞って、ケーブル・アンド・ワイヤレス（C&W）が、この分野でいかにユニークな立場にあるかを説明したいと思います。

電気通信事業の出発点は、各国ごとの政府が所有している公共サービス独占企業にありました。こういった組織の中では、規制とか政府との関係が、競争力や効率と同じくらいの重要性をもっていました。しかしながら電気通信の初期の時代においてさえ、あるいはC&Wがイースタン・テレグラフ・カンパニーと呼ばれていたときでさえ、私たちは追随者ではなくリーダーであり続けました。一八六〇年代の後半には、もうすでに国際ケーブルの運用をする最初のオペレーターのひとつでした。当社は世界で初めてグローバルな通信サービスを実施しました。

さて電気通信事業は、常に変遷を遂げてきました。しかしここ十五年の変化は、通信の歴史の中でも最も劇的な変化を遂げた時期だったと言えます。一九八〇年代半ば以降、各国は相次いで電気通信の市場に、競争原理を導入しました。そして各国の独占企業体が相互につながれているパッチワークの状態から、今日見られるような、真に競争が行われるグローバルな産業になりました。またグローバル化とともに、電気通信分野は音声の分野からデータ通信、インターネット分野へと急激な成長を遂げました。一方で、さらに顧客のニーズに焦点をあてるようになってきました。新規参入事業者は「すべての人にすべてのものを提供する」という従来のような形ではなくて、もっと特化するようになりました。特にデータ通信市場の伸びは、急速だと見られています。それとは対照的に音声需要の落ち込みが見られます。これは通信事業の世界的な変貌の主要な要因となっています。こういった急速な変化は、インターネット利用の拡大によって、促進されています。

それではC&Wが、二十一世紀の非常に競争の激しいグローバルな市場で、どのように対応しようとしているのか、についてお話したいと思います。

私が一九九九年二月にC&WのCEO（最高経営責任者）になった際に、私はいくつかの基本的な質問をしました。第一の質問は、C&Wの強みは何か。当社の年間収益は百五十億ドルです。私どもは、二つの点で、ほかの大手通信事業者と区別されると思います。一番目に、私どもの収益はかなりの部分がビジネスの顧客からきています。NTTを含めて、ほかの大手通信事業者の場合には、ビジネス顧客からの収益が半分、残りが一般世帯というか、個人顧客です。それに対してC&Wの場合は、収益の七五パーセント以上がビジネス顧客によるものです。二番目に、私どもは他社にないグローバルな展開を行っているということです。C&Wは収益の七〇パーセント以上を本拠地の英国以外から得ています。それに対して他の大手通信事業者は、収益の九〇パーセント以上を本国市場から得ています。だからグローバルと言いながら、真の意味でグローバルでないところが多いのです。

第二の質問は、ビジネスの顧客が何を求めているか、ということです。これに対する答は明確で、また意外なほど全世界共通です。すなわち一番目に、真にグローバルなエンド・ツー・エンドな能力の提供を求めていることです。二番目に、各地域のニーズに対しては、優れたローカルな対応が求められていることです。三番目に、ビジネスをサポートするアプリケーションの提供が求められていることです。私たちは個人顧客よりも、こういったビジネス顧客に対して、グローバルに、より大きな

ケーブル・アンド・ワイヤレス最高経営責任者

グレアム・M・ウォレス

事業強化へ再編策推進

英国の代表的な通信会社ケーブル・アンド・ワイヤレス（C&W）の社長に一九九九年二月就任した。

以後、国際デジタル通信（IDC）を買収。傘下の英ケーブル・アンド・ワイヤレス・コミュニケーションズ（CWC）のケーブルテレビ（CATV）事業や、携帯電話会社ワン・トゥー・ワンの持ち株を売却するなど、グローバル企業向けの通信事業の強化策を矢継ぎ早に打ち出し、一気に注目を集めた。

ワン・トゥー・ワン株の売却では、有利な価格で合意するまで引かない粘り強さを見せた。持ち株売却で負債が大幅に軽減される見通しで、堅実な実務主義者との評価が定着している。

英国の放送メディア産業への造詣も深い。九〇年には英メディア・レジャー大手のグラナダ・グループの財務担当役員として、衛星放送会社「Bスカイ B」の設立に関与した。

九七年には英CATV四社との合併でできたCWCの社長に就任。デジタル放送という新媒体を通して、通信と放送の融合した時代のメディアの可能性を探った。こうした先端分野での経営手腕を買われ、親会社のC&W社長に抜擢された。

付加価値を提供することができます。すなわちビジネス顧客が全世界で求めているニーズは、驚くほど似ていて、私たちは大きな相乗効果をあげることができたのです。

大規模なネットワーク投資

こういったことをベースに考えると、私たちの戦略的な優先順位は、きわめてはっきりしています。第一にビジネス顧客に焦点をあてること。第二に、将来の成長をデータ通信とインターネット志向型のサービスに基礎を置くこと。第三に、グローバルな運営と、世界中の主要ビジネス市場をカバーすること。C&Wの競争上の優位性は、各地域の拠点が、主要なビジネス市場をカバーしていることと、ネットワーク、技術、商品開発において、グローバルなオペレーションをしているところから出てきます。

優先順位の設定はできますが、より挑戦的な課題は、理論的なものよりも実践的な問題です。すなわち現在の立場から、将来求められている状況にどうもっていけばいいのか、ということです。

私たちの実行計画は次のように要約することができます。ネットワーク容量の大幅な拡大のための投資をすることによって、低コストで信頼性の高いグローバルなアクセスを求めている顧客のニーズを満たしていくことです。さらに、本当の意味でお客さまのビジネスパフォーマンスの向上につながるようなアプリケーションを開発することです。と同時に私は複雑な企業構造を単純化し、財務体質を強化しようと考えました。

以下、これらの計画の詳細を説明したいと思います。

まずC&Wは今後二、三年のうちに三十億ドル規模のグローバル・ネットワークへの投資を実施します。米国においては六億七千万ドルを投じて、最高速の大容量ネットワークの構築を進めています。これはインターネット、データ、音声、メッセージ・コミュニケーションをひとつのネットワークに、全面的に統合するものとなります。C&Wは現行ネットワークの能力を倍増します。これによって二ギガバイトのハード・ディスクの容量——これは二千五百五十ページテキストの二千冊に相当しますが、これをニューヨークからロサンゼルスまで七秒以内で送ることができます。また私たちの計画が二〇〇一年秋に完了すると、C&Wの米国のインターネットワークは、九・六ギガバイト秒のデータ伝送能力をもつようになって、先ほどの二ギガバイトのドライブをニューヨークからロサンゼルスまで、二秒で伝送することができるようになります。欧州では十億ドルを投じて、四十の主要都市をカバーする次世代の大容量ネットワークの構築を進めています。英国においても、私たちがいちばん最初に設置したオール・デジタル・ネットワークの大幅なアップグレードを行って、増大するお客様のニーズを満たそうとしています。また地域ネットワーク同士の相互接続を進めることによって、データ通信の急増に対応できるような信頼性とスピードを確保しようとしています。

私どもはグローバル・ネットワークを建設するにあたって、次世代に向けた世界的なインターネットベースのアプリケーション提供のためのプラットフォームを作成しました。その内容は電子商取引、インターネット上での音声サービス。これは技術的にもう確立しています。それからメッセージング、マルチメディア、ウェッブホスティング——などです。こういったアプリケーションで私どもの法人顧客のビジネスパフォーマンスを改善することができるので、私たちはこのビジネスを行おうと決意しました。

日本でも戦略的買収

一方、私どもの法人顧客に焦点をあわせるため、私たちは企業構造を単純化し、財務を強化しています。その中にはいくつかの企業売却もあります。例えば英国の移動体通信会社であるワン・ツー・ワンやフランスの移動体通信会社であるブイグを売却しましたし、海底ケーブル敷設会社であるケーブル・アンド・ワイヤレス・マリーンの株式を売却し、さらにケーブル・アンド・ワイヤレス・コミュニケーションズのケーブル電話部門、テレビ部門も売却しました。最新のニュースは、日本における移動体通信の株式を売却したことです。一九九九年九月二十二日にボーダホン・エアタッチに対してデジタルホン・グループの株式を売却し、また私たちはボーダホン・エアタッチと、私どもの持つ六つのデジタル・ツーカーの株式を売却するという最終合意に達しました。これは取締役会の合意を待って近く実施します。これによって私どもは、税引き前三億八千九百万ドルの売却益を得ることができました。こうした一連の売却も含めて、新たな戦略的投資に向けて百二十億ドルの資金が調達できました。同時に、私たちのマネージメントの目標をより明確にすることも必要です。すなわちこれまで様々なビジネスをやることによって、不可避的だった様々な妥協や対立を軽減し、さらにはビジネス顧客、データ、インターネットに対し、より明確な焦点をあてることを可能にしました。またこういった売却で、C&Wグループ内のオーナーシップベース（所有権構造）を合理化することができました。ワンカンパニーアプローチをとることが可能になるわけです。これは私どもがコントロールしている中核の事業に投資し、そこに必ずしもあわないものは売却するという方法で行っていきます。

次は戦略的な買収で、これは私どもの戦略の要になります。すなわち日本で私どものＩＤＣ株式保有比率を高めることによって、確固たるプレゼンスを築くことです。なぜこれが私どもにとってそれほど重要なのか。まず日本は、世界第二位の経済力をもつ経済大国です。全体としてのGDPは、電気通信能力および収益の基本的な駆動力になるので、日本は米国に次いで世界第二位の電気通信市場を有しています。また日本は、世界の企業法人が集中している国としても世界第二位です。こうした理由からC&Wは、日本に明確な存在を示す必要性を認識したわけであり、ゆえに私どもはIDCの株式を買収しました。C&WのIDC買収は、単なるネットワーク資産の買収ではありません。IDCには最も高いレベルの顧客サービスを提供することができると評判をとった従業員がおり、優良法人顧客と大変素晴らしい関係をもっています。私どもはその企業の株式の過半数を所有したのです。

日本はアジアのインターネットリーダー

日本はアジアでのインターネットの発展において、明らかにリーダーであり、その需要予測には驚くべきものがあります。日本のインターネットのネットワーク容量は今後数年間に五十倍から六十倍になると予想されています。さらに日本はアジアにおけるインターネット能力の五〇パーセントを、つねに維持していくと考えられます。

C&Wは米国を含む汎太平洋インターネットワークの能力を倍増します。これによって能力は四百メガビット秒になります。さらに今後一年間でこれを倍増し、一ギガビット秒にします。私の考えでは、いかなる企業も真にグローバルな企業になろうとするのならば、日本で確固たるプレゼンスがなければなりません。IDCを買収することによって、私どものネットワークやインターネットアプリケーションを日本にまで伸ばすことができただけでなく、非常に質の高い顧客ベース基盤をつくることによって、C&Wはグローバルな市場において、競争力を高めることができました。

私どもは、競争を高める事により日本の顧客にさらに利益をもたらしています。移動体電話という分野は、当然あるべき水準の競争による利益をもたらさないでいます。私どもが移動体電話ユーザー向けに提供している新規の海外料金は、日本市場において新たな標準的な価格となっています。現在、一部の移動体電話会社の海外料金はケーブル・アンド・ワイヤレスIDCの料金に対して最大48%割高です。また、他では提供されていないのが割安な海外固定回線電話料金です。家庭、会社のいずれにおいてもケーブル・アンド・ワイヤレスIDCほどの割安な料金設定はありません。

もちろん電気通信市場の健全な競争はいかに優越した企業を効果的に規制するかにかかっています。相互接続料金は、競争的な電気通信事業を運営する上で、単一のもっとも大きなコスト要因です。既存の優越的な通信事業者は、接続料金を人為的に高める事によって、その事業者に接続を依存している事業者の利益や競争力を管理できます。そうすることによって、当然のことながら、こうした相互に接続している事業者が、競争優位によって得た利益を顧客に還元する事も妨げています。したがって、私たちは、欧米市場の四倍も高額な日本での接続料金を引き下げるという動きを支持しています。しかし、現在検討中の中でもっとも低額の料金が採用されたとしても、日本の接続料金は米国、英国や欧州に比べやはりかなり高額となるでしょう。私どもも含め、事業者が競争力を持ちたいならば市場の開放はさらに必要です。私は日本市場にかかわらない者として申し上げているのではありません。むしろ、こうした開放こそが日本で私どもが競争力を高める鍵であり、また日本の顧客にもたらしたいと願う利益の鍵でもあると考えています。

私どもの新たな事業展開に向けた準備は完了しましたが、もちろんこれで終わるわけではありません。今後も、C&Wはネットワーク商品やサービスを、単にこれまでの伝統的な音声市場だけではなくて、非常にエキサイティングな、新たなデータ通信やインターネットの世界で拡大していきます。今後は欧米、日本、アジアなどのネットワークハブを通じて、私たちのグローバルな商品やサービスを提供する能力を、さらに強化します。

これまでの私の話で、C&Wが今後、どういう方向に進もうとしているか、十分にご理解頂けたと思います。さきに申し上げたように私どもの戦略的な優先順位は、法人顧客のニーズを満たすことにあります。また私どもの将来的な成長は、急速に成長しているデータ通信およびインターネット市場にあります。さらにアジア、欧州、北米の主要ビジネス市場において、ローカルなプレゼンスを強力に維持することにより、よりグローバルな運営を目指します。このローカル・サポートとグローバルな能力という、非常にユニークな組み合わせによって、顧客の方々に、真の意味の競争優位を提供していくことができます。これによってC&Wのためのみならず我々の日本および世界の顧客の方々に、非常にすぐれたサービスを提供していくことができるようになります。

今日は世界的な戦略展開上のC&W・IDCと、日本市場の重要性について説明しましたが、これまでの話で、C&Wの戦略の実施が、すでに緒についたことは、おわかり頂けたと思います。さらに私たちは、未来の総合的な電気通信市場の競争にチャレンジしていく用意が十分にできていることを、最後に申し上げておきたいと思います。

問　世界の通信情報市場を見ると、血みどろの買収合戦が繰り広げられていますが、これは究極のところまで続くのでしょうか。

答　この分野では、買収は不可避のものだと思います。それには二つの理由があります。まず電気通信では、規模の利益が効くこと。もうひとつは、この業界の性格によるものです。すなわちこの電気通信の世界では約八十年間にわたって、政府によって、いわば公共の独占事業体として、統合・買収が抑えられてきたからです。石油産業でも、金融業でも、長年にわたって統合・買収が行われていたのに、電気通信業界では、この十年くらいでやっと統合・買収が行われるようになりました。つまり今まで抑えられてきた企業買収をやろうという、一種のキャッチアップの時期に入ったのではないでしょうか。統合によりもたらされる規模の経済は大変大きなものがあり、また膨大な投資も必要なので、企業買収をして大きくなることの利点がある限りは続くと思います。

問　C&Wを含めた情報通信企業は、これからどうやってサービスの差別化を図っていくのですか。

答　私どもの法人顧客が何を求めているかを調べると、国や地域にかかわらずみな同じことを言われます。まず通信の事業者に、グローバルな能力を有していることを求めます。驚くのは、そういった答えが、大規模な多国籍企業から出るのは当然ですが、規模の小さな会社も同じことを言われる点です。すなわちいかに企業規模が小さくても、インターネットを活用することによって、行動そのものは大企業と同じになっているからです。だから電気通信事業者は、グローバルな能力でサービスの提供を行うことが必要です。そこが日本のＮＴＴと違います。ＮＴＴは非常に強力な企業ではありますが、国際的なキャパシティ、あるいは国際的な競争力という点では、まだ足りないところがあります。それに対して私たちは、英国でＢＴ（英国電気通信会社）からシェアを奪っています。これは私たちがグローバルな能力をもっているからです。国内中心の電気通信事業者は、そういう能力をもっていません。私たちは百年以上にわたって、それを行ってきたという大きな優位性をもっています。そしてこの点が、かつてより以上に競争上の優位性になっています。現在、多くの企業や産業界はグローバル化の方向に進んでいますが、私たちはよりよいサービスと、そのケアを提供できます。どこの電気通信事業者も、そういうことを言うでしょうが、ローカルなプレゼンスとグローバルなオペレーションが、真の意味で組み合わさっているという意味では、私たちは他に比類のないものをもっていると考えています。

電気通信は競争力の源泉

問　Ｃ＆Ｗは、日本市場に具体的に何をもたらそうとしているのでしょうか。

答　競争が行われている電気通信事業市場は、その国の競争力の源泉であり、競争的な優位性の根源だと思います。過去十年間の日本の問題は、先進国で電気通信市場の規制緩和がなされ、競争が奨励されたにもかかわらず、それが行われていなかったことです。つまり欧米で見られたような、本当の意味での技術革新的な電気通信事業者は出てきませんでした。そして高い電気通信料金を払い過ぎていいます。それが国の競争の不利さにつながりました。特にＥコマースのようなイノベーションを見ると、現在の米国の急速な展開に比べて、日本は本来もち得る競争力を、明らかに発揮できませんでした。またイノベーションに対してのシェアを確保するためには、電気通信における真の意味での競争が必要です。また規制緩和をして既存の支配的な事業者に対して、競争が認められるようにならなければ、真の自由化につながっていきません。このことは欧米では行われてきました。いずれにしろ電気通信のサービスが、今後とも、それぞれの国で企業競争力の源泉になります。つまりネットワークをどのように使っているのか。例えば安全性の高いインターネットを使ってサプライヤーとコネクションをつけることによって、サプライコストを下げ、通信サービスの質を向上させることができなければ、日本の内外において、その分だけ損をすることになります。

C&Wは、電気通信事業を真の意味でグローバルな産業であるととらえています。というのはグローバルと言いながら、一連の国内市場をつなぎ合わせただけのグローバルでない産業界もあるからです。そういう中で私たちのネットワークは、日本に対し競争力のある電気通信料金やサービスに加えて、ローコストでしかも高速で全世界とコネクトできる便益をもたらすことができます。つまりこういったネットワークによって、距離が無になります。英国では『距離の死滅』という有名な本がありますが、全世界が光ファイバーを通じて瞬時に通信できるようになれば、距離は意味をもたなくなります。私どもは、こういったグローバルな視点を日本にもたらすことができると考えています。

問　日本でC&WがIDCを買収したことは、かなり注目されましたが、それが成功したことについて驚いていますか。またC&Wのここ三、四年での最大のチャレンジは何ですか。

答　最初の質問についてですが、私は買収に成功したことに驚いてはいませんが、非常に嬉しく思っています。私たちは成功を求めて始めたのだし、成功すると思って始めました。また世界中から成功しないだろう、と予想されましたが、私はそういうふうに言われると、ますます成功しようと決意を新たにしました。だから喜んでいますが、驚いてはいません。

二番目の質問については、もちろん相互接続も今後解決されていくと思うし、また解決されなければ、日本が真にこの市場で競争力をもつことはできないと思います。私どもが直面している世界での主要なチャレンジのひとつは、日本でも同じだと思います。音声ベースのビジネスは、国際通信でやってきましたが、それがインターネットのデータ通信に移行していくためには、まったくメンタリティーを変えなければなりません。欧州では、これを〝ポニーテール・チャレンジ〟と呼んでいます。というのはこのインターネット分野の上級社員の多くが、髪をポニーテールにしているからです。つまりこの分野でアプリケーションを開発するには、若い頭の切れる人がいなければ、創造的で革新的な仕事はできないからです。だから私たちの企業に、そういった人を呼び寄せるだけの十分な魅力と、動機を与え、彼らをマネジメントする能力がなければなりません。

また私たちのゴールは、ナンバーワンのグローバルなデータおよびインターネットベースのサービスを法人に提供することであり、私たちはすでにその路線にうまく乗っていると考えています。

問　C&Wの成功の主要なファクターは、非常に高い顧客満足度にあるということですが、そのような顧客満足度を達成するために、他の企業と違うところはどんな点ですか。

答　もちろん顧客満足は、成功に必要な根本的な要素で、これは他の大多数のビジネスにおいてもそうです。C&Wにはスローガンがあって、取締役に言っているのは「私たちは常に顧客の身になって問題を理解し、考えよう」ということです。だから先年行った大改革は、当社の全世界のトップエグゼクティブのボーナスは、単に財務実績だけで決まるのではなくて、顧客満足度をベースに決めるということです。つまり上級取締役が顧客満足にどう対応しているかを、その上級取締役の報酬に反映させました。顧客満足に対する評価を役員の報酬に反映させれば、人々はそのことにより関心を払うようになると思ったからです。

3　対談　ネット社会の企業像

スピーカー
米リアルネットワークス会長　ロブ・グレイザー
東芝社長　西室泰三
米コマースネット社長　ランダル・C・ホワイティング
モデレーター
日本経済新聞社編集局産業部編集委員　野村裕知

ネットで有利な立場に立つには

野村　まずリアルネットワークス会長のロブ・グレイザーさん、東芝社長の西室泰三さん、コマースネット社長のランダル・ホワイティングさんの順でお話頂きます。

グレイザー　インターネットがグローバルコミュニケーション革命の一部に位置付けられる中で二つのことを話したいと思います。

最初に、インターネットがいかに真に新しいマス向けの媒体物なのかです。それはラジオ、テレビが過去において革命的であったのと同じです。その後に、いくつかインターネットの成功から得られる教訓を振り返ってみたいと思います。例えばアマゾンだろうとヤフーだろうと、こういった成功例を学ぶと同時に、それをインターネットベースの企業のみならず、インターネットを活用したい企業が競争上有利な立場に立つために、どういうふうに活用できるかを紹介したいと思います。それは日本であろうと外国であろうと同じです。

　インターネットは、ラジオが一九二〇年代に革命的であったのと同様であり、また四〇年代においてテレビが革命的であったのと同じです。九〇年代にインターネットを通じて、コミュニケーションのやり方がラジオ、テレビのときと同様に、大きく変わってきたのです。商業ベースでの成長時期をみると、これらの三つの媒体はまさに一夜にして大きく変化し、コミュニケーションの手段を変えていったのです。それでは、なぜインターネットはユニークなのでしょうか。どうしてそんなに特別なのでしょうか。一つ目は、それがグローバルな媒体だということです。初めての視聴覚的な媒体として、人々がどこにいても、世界中のどこのプログラムでも、見たり聴いたりすることができます。二つ目は、だれでもプログラムを構築できるということです。テレビ、ラジオの場合、チャンネル数も限られているし、帯域も政府によって規制されています。ケーブルとか衛星もやはりチャンネルの数が限られています。しかしインターネットになるとチャンネルの数を全く限定しないで放送できるのです。ネットを介しての放送は、世界中をかけめぐるのみならず、組織内でも別の部署に対してコミュニケーションしたいときに活用できるのです。三目は、インターネットのプログラムはカスタム化することができるということです。ネットワークが賢く、またパソコンを使う人も賢いからであります。インターネットを介してプログラム化することによって、ユーザーが望むものを見たり聴いたりする。同時に本人の望むとおりの順序で見たり聴いたりできるのです。プログラムは、生で放送のように伝達してもいいし、要求ベースでも構いません。一方向でもいいし、双方向のプログラムでも構いません。テキスト、グラフィックス、Ｗｅｂページといった、その他の諸々と組み合わせることによって、新しいプログラムを構築できます。だからインターネットがひとつの媒体として大幅に伸びてきたのです。いまや世界中でインターネットのユーザーは一億人を数えます。Ｅコマースは去年の実績で八十億ドルの収入を上げ、広告収入は二十億ドルの規模となったのです。これらの数字はどれをとっても大きな数字であり、短期間で伸びたと同時にまだ始まったばかりだと言えると思います。日本でもマーケットは大幅に成長しています。日本のインターネットユーザーは、一九九九年末まで

リアルネットワークス会長

ロブ・グレイザー

インターネットにおけるメディア、音楽配信のリーディングカンパニー

ロブ・グレイザー氏はリアルネットワークスの設立者かつ最高経営責任者（ＣＥＯ）であり、インターネットにおけるメディア、音楽配信のリーダーとして認知されている。一九九五年以来、リアルオーディオ、リアルプレイヤーそしてリアルシステムなどの製品を通じて、インターネット上でのストリーミング・メディア配信の先駆者として急成長してきた。九九年には、リアルジュークボックスとリアルシステムＭＰの発表により、音楽デジタル配信の動かぬ地位を確立した。リアルプレイヤーの登録利用者数は一億人以上に上り、リアルジュークボックスは発表後五カ月で一千万人を超える登録利用者を記録している。

グレイザー氏は、長年メディア、コンピューター、コミュニケーションに大変興味を持っており、テレビやラジオなどがブロードキャスティングからオンライン媒体へと移行するにつれ、インターネットが次世代のマスメディアとエンターテインメントのハブとなっていくであろうと考えている。

には二千万人になると予想されています。広告収入は米国と比べてそれほど早く伸びてはおりませんが、健全な形で伸びていると同時に、これからもっとそのスピードを加速すると予想しています。

インターネット放送として、私どもはリアルオーディオという初めてのバージョンを九五年に始めました。ほんの二年で私どもはユーザー数を千四百万人に増やせ、うれしく思っています。しかしさらにペースがアップし、現在登録済みのユーザーとして、七千九百万の人たちがリアルプレーヤーのソフトを使っています。これらの人たちは三分の一が少なくともビデオを週一回見ると同時に、四分の三が少なくとも週一回オーディオを聴いていることになります。なぜこの人たちがこれほど見たり聴いたりするようになったのでしょうか。それはひとえにインターネットにチョイスがあるということです。例えば二千の生のラジオ、テレビ放送局が一年を通して二十四時間放送しているのと同じだからです。これは一週間当たりプログラムとして三十五万時間がネットを介して提供されるということです。プログラムとして、その他の媒体物よりもはるかに多くのチョイスが与えられるのです。

成功する条件

それではリアルネットワークスやその他の企業の成功には、どんな要素があるのでしょうか。一つ目は、一番乗りにいかにメリットがあるかということです。最初に商品、サービス、アイデアを、ネットを介して導入した人が非常に有利だということです。二つ目は、いわばグローバルなベースにおいて遍在するということです。ネットにおいてウィルスマーケティング、バイダルマーケティングといったコンセプトが生まれています。これはネットを介して、短時間で色々なものが、あたかもウィルスが伝染するように広がるということです。ウィルスそのものは悪いのですが、ウィルスマーケテイングはいいことです。と申しますのも、ウィルスマーケティングを通じて新しい商品、サービスが提供できるのであり、それを極めて短時間に世界中に伝えることができるからです。ほとんどの成功企業がとったアプローチは、その商品を短時間に普及させ、そして世界中に遍在した後に、収入がついてくるというアプローチです。三つ目は、インターネットを介して、どんな企業であっても消費者との直接的な関係を構築できることです。法人であろうと消費者であろうと、直接的な関係を消費者との間に構築できます。四つ目は、将来はどういった形で技術がうまくいくのかということと、現在

西室　泰三氏　東芝社長

迅速な判断で大胆に事業再編

大学在学中にカナダのブリティッシュコロンビア大学に留学。一九六一年の東芝入社後も貿易部勤務や米国駐在など一貫して国際畑を歩んできた。真空管の売り込みから始まった米国生活は合わせて十数年に及び、英語にも定評がある。

役員就任後も、取締役兼東芝アメリカ副会長としてタイム・ワーナーなどとの提携交渉にあたった。専務昇格後は米映画会社などとの間でのＤＶＤ（デジタル・ビデオディスク）の国際的な規格統一に携わった。

九六年、東芝で本流と言われる重電部門を経験しない初めての社長に就任。「俊敏な経営」を掲げ、ＡＴＭ（現金自動預け払い機）事業の売却やモーター事業の再編などを矢継ぎ早に打ち出した。

米国流の迅速な判断で大胆に事業再編に取り組む経営姿勢を、米ゼネラル・エレクトリック（ＧＥ）のウェルチ会長になぞらえる向きもある。同会長ら海外のハイテク産業の経営者との親交も深い。

はどういうふうにテクノロジーを使えるかといったことのバランスをとらないといけないということです。あまりにも多くの技術面の変化があるがゆえに、とかく全部を将来にかけるといったミスを犯す人たちが多いのですが、それは過ちです。やはり、現在の技術でサービスがうまくいくようにしていかなくてはなりません。もちろん将来のことを考えるとしても、やはり現在が大事だということです。

それでは次に、「ファースト・ムーバー（一番乗り）」「世界中に遍在する消費者との直接的な関係」そして「どういうふうにして商品がうまくいくか」という属性に基づいて、三社の事例を見てみたいと思います。

三つの事例

一つ目の例が、アマゾン・ドット・コムです。主に本の小売店であったにもかかわらず、今やありとあらゆるものを、ネットを介して販売しています。一番乗りとして本を販売しました。初めてオンラインでリセールもしました。本から色々な商品に広げたということで遍在性を広げると当時に、欧州でも事業展開をしています。また消費者との直接的な関係では千二百万人の顧客を獲得しています。サービスだろうと商品だろうと、現在うまくいくものを編み出したのです。

二つ目の例が、ヤフーです。三つの属性すべてで極めてうまくやったと言えると思います。インターネットの検索サービスとして一番乗りであったと同時に、日本でもグローバルブランドとして名前を広め、世界のグローバルブランドとなったのです。顧客との直接的で強力な関係を構築すると同時に、早いしうまくいくといった極めて現実的な商品をつくり上げたのです。

三つ目の例が、当社、リアルネットワークスです。私どもの経験について少し詳しく説明し、どの程度他の会社に応用できるかを説明したいと思います。リアルオーディオを導入したのは、ほんの数年前の九五年四月のことです。これはインターネット上で初めてのリアルタイム・ストリーミングシステムです。これが成功したので、続いてリアルビデオを、次にリアルシステムＧ２を導入し、その後にリアル・ジュークボックスを導入したのです。インターネットからダウンロードすることで、ＣＤと同じように色々な音楽を楽しめるようになったのです。

ウィルスマーケティングというのは、私どもの要であります。消費者はＷｅｂ上で色々なコンテン

ランダル・Ｃ・ホワイティング　コマースネット社長

産官学共同で地域活性化図る

インターネットや電子商取引技術の開発・普及団体であるコンソーシアム（企業連合体）「コマースネット」は一九九四年に発足した。八〇年代後半から九〇年初めにかけて、シリコンバレーは株価暴落や半導体不況の余波による景気停滞に悩む。新産業の創出やインフラ整備を核とした地域再活性化を図る産官学共同プロジェクトの一つがコマースネットだ。

一地域で始まった産官学の活性化策に、世界の企業五百社が参加するまで広がった珍しい例だ。ホワイティング氏は九七年社長兼ＣＥＯに就任。通信技術会社の創業を経て、八〇年にヒューレット・パッカードに入社した起業家。八三年には双方向メディアと企業の営業活動に関するビデオを作製、これがエミー賞候補作にもなった。電子商取引関連事業の経験を生かし、同団体には創立当初から深く関与し、その活動は電子商取引課税に対するロビイングなどにも広がっている。

ツを見られます。いろいろなホームページを見ると「ここにクリックしろ」ということが指示されており、消費者はダウンロードできるのです。リアルプレーヤーは一日当たり十五万回ダウンロードされています。リアル・ジュークボックスを導入した際もウィルスマーケティングを採用しました。リアルプレーヤーとその他の音楽のホームページとを一緒に提供し、一日当たりダウンロードの回数は八万件以上でした。五ヵ月間で、千万ほどのコピーを提供してきたのです。こういったアプローチを日本、米国においてとってきました。

私どもの本社は米国シアトルですが、日本にも事務所があります。もう三年ぐらい日本で事業展開していると同時に、国際的な会社として頑張ってきました。日本でも強力なるプレーヤーだと思っています。六百万の登録済みのユーザーが日本にいます。しかし日本のスタッフの数はわずか二十五人です。それがインターネットの力を使うことによって、一週間当たりダウンロードの件数が、日本だけでも十四万回です。あわせてアドバンスプレーヤーとしてプレーヤープラスを販売しています。一週間当たりの販売が、日本において千件です。またリアルプレーヤーは色々なプログラムを楽しめます。そして毎週そのチャンネル要請が十八万回ほどあります。

消費者と直接的な関係構築

ビジネスの構築の重要性、それは言うまでもなく顧客との直接的な関係を構築することです。リアルプレーヤーのユーザーの、九〇パーセントの人たちが直接Eメールで連絡してもいいと受け入れています。私どもはEメールで新しい商品、サービスの紹介をしています。リアルプレーヤーG2を導入してから後、私どもは直接、プレーヤーを介して連絡できるのです。今や四千五百万のユーザーが、ソフトのアップデートを直接自分たちのプレーヤーで得ることができるような態勢が整ったのです。

最後に、現在もうまくやると同時に、将来の計画とのバランスを図るという点も、言うまでもなく私どもの戦略の一部です。九五年には音声から始めました。ほとんどボイスです。というのは、音楽ほど質がよくなかったので、まず人の声を、その一年後に音楽のオーディオにしました。九七年にはかなり小型のビデオですが小規模ビデオを導入し、一九九九年には、音楽のデジタル配送、リアル・ジュークボックスを導入したことを紹介したいのです。これはインターネットの環境において、うまくいくものをそれぞれの時期において導入すると同時に、あわせて将来の計画も持っていました。今は広帯域ビデオの準備をしています。ビデオの質がＶＨＳと同じぐらいの高品質になるようにしていきたいと思います。そうすることによって放送すると同時にデジタル配給をしていきたいと思います。

では要約させて頂きたいと思います。インターネットは新たな大衆向けの媒介物であり、テレビ、ラジオが過去においてあったと同じように大事なメディアです。また国境が関係ないのがインターネットです。インターネットの成功のためには、迅速に、理想的に言えば一番乗りであることがベストです。そしてインターネットにいま参入しないと、必ずや競合他社は参入するということを申し上げたいと思います。伝統的な競合他社だけではなく、グローバルなインターネットを考えると、世界中のどこからも皆様の競争相手が台頭することになります。

野村　次は西室さんにお願いします。

西室　今プレゼンテーションされたグレイザーさんとお会いしたのは、実は十五分ぐらい前ですが、グレイザーさんに褒められたことと、がっかりされたことの二つあります。

褒められたのは、私の名刺にＥメールアドレスが書いてあることです。「日本に来てから全部で十五〜六人、CEOという肩書きのついた人と名刺交換をしたけれども、ちゃんとメールアドレスがついているのはあなたが初めてだ」と褒められました。「米国ではどうですか」と聞きましたら、「米国でも、大企業ではまだ始まったばかりです」という話だったので、わりと安心していいかと思います。それが第一です。がっかりされたのは「もちろん、うちのシステムの音を聴いたことあるでしょうね」という話で、「残念ながらまだ聴いたことがない」と言うと、大変がっかりされました。申しわけないと思っています。しかし今発見したのは、隣で素晴らしいプレゼンテーションをしたエンジンが、東芝のパソコン、ダイナブックでした。非常にありがたいと思っています。

インターネット社会の特徴

さて私はもう少し原則論に戻って、先ほどグレイザーさんが要約したネットワーク社会、インターネットを利用した社会というものはどんな特徴があるかということ、そしてそれが経営にどんなインパクトを与えるのかという観点で、話をしたいと思います。

今、インターネット、インフォメーション・テクノロジーが、あらゆる変化の起爆剤になっていると言っていい世の中だと思っています。これこそがスピードを高める原動力になる。つまり第一の特徴は、極めて当然のことですけれども、距離、時間、そういうものを飛び越えた情報の伝達ができるというスピード、これが第一の特徴だと思います。もうひとつは、同時化と言っていいと思いますけれども、同時に非常に多くの対象に対してコミュニケーションできるということ。リアルタイムで画像を楽しむことができる、リアルタイムでメッセージを送受信することができる、何でもできる、ということの同時化の問題。それからバーチャライゼーション（仮想化）といったことです。物理的な空間を形成する社会はすでに確立されているのですが、そういう確立された社会と違った、時間、空間を超えた新しいコミュニティと言っていいものが形成されつつあるということだと思います。

こういう特徴を備えたインターネット社会、あるいはネットワーク社会というものは、そこでは情報の価値というものが増加しているという特徴を持っていると思います。これは全ての情報に価値があるかという問題もありますが、情報の収集、蓄積、それから分析、あるいは抽出というものが非常に容易で、かつ迅速にやることができる。そうするとマスから個に対して、あるいは個からマスに対して、アクセスが極めて容易にできるようになります。それから個から個、つまり個の情報をベースにしたワン・オン・ワン、ワン・トゥー・ワンといった対応ができるようになるということだと思います。

もうひとつは、先ほどグローバル化という指摘がありましたが、まさにボーダーレス化を可能にしている、むしろボーダーレスになってしまうことによって、既存の枠組みを簡単に打ち破ってしまった部分が出てきているということです。そのものの発展が、法律にも、税制にも、あるいは文化、慣習、こういうものに非常に大きなインパクトを与える。従来の法律、あるいは税制では全く対処しきれない状況になっている。同じように、産業の中でも、従来あった業界秩序、あるいは産業界の境界、そういうものが極めて不鮮明になる。不鮮明になると同時に、産業と産業との間の融合が起きていると思います。例えば、通信と放送は、昔は全く違ったカテゴリーであったと思います。似たカテゴリーではあっても区別できる違いがあった。しかるに現在は、通信、放送あるいは新聞、そういうものが全部一体化して、その区別がなかなかつかなくなってくる。別の例で言えば、従来あったパソコンというひとつのカテゴリーが将来にわたって存立するかというと、パソコンをつくっているメーカーがこういうことを言っちゃいけないのですが、多分相当に変わってくるだろうと思います。パソコンとテレビは、あるいは一緒になってしまうかもしれない。そうすると新しいカテゴリーが出てくるわけで、産業間あるいは製品間の融合というものが出てくると思います。

こういう特性を備えたネットワーク社会においては、優劣が極めて明確になってしまう。先ほどもグレイザーさんは、ファースト・ムーバー・アドバンテージという言い方をしました。まさにスピードを備えた企業、あるいはスピードを備えた個人が勝っていく時代になっていく。そうすると、取り残される人が確実に出てくる社会になるという可能性が非常に強いと思います。一番心配なのは、現在、経済の問題で南北問題が起きていますが、情報においての南北問題に等しいようなものができつつあるのではなかろうかという点で、非常に憂慮されるところです。そのネットワーク社会につながるためには、いろいろな基礎条件が必要です。まずひとつは、その人のいるところに何らかの形でエネルギーのパワーがなければいけない。電力が供給されていなければいけないとか、バッテリーがちゃんとあるかとか、何かそういうパワーがないといけない。次は、通信ネットワークそのものがそこまでリーチしなければいけない。ワイヤレスの世界も多分出てくるのでしょうが、ワイヤレスでもどこまでも届くわけではないという問題もあります。当然のことながら、コンピュータなり何なりのターミナルを持っている、持っていない、この違いだけでも格差が明らかになります。それから、それを使えるノウハウがあるかないか。こういうことで、今申し上げたいろいろな基礎条件があるところと無いところでは、情報の格差が格段に出てくる。そうすると、常に後に取り残されたところは損をし続ける、その格差はさらに広がる、こんなことになるかなという点で心配です。

ネット社会での優越言語は

日本にとって、あるいは英語以外を母国語とする国にとっての問題点は、インターネットを通じて、あるいはＷｅｂを通しての情報というのは、現在八〇パーセント以上が英語であることです。将来もこの形になるかどうかについては二つのセオリーがあって、ひとつは、全世界的にネットワーク社会になれば、英語は必ずしも優越した言語ではあり得ないだろうという考え方、もうひとつは、そうではなくて常に優劣がついていく社会である以上、英語は常に優越した言語だろうという考え方です。私自身は、英語以外を母国語としているという意味で、残念だと申し上げるのですが、残念ながら当分の間、英語はインターネット社会における優越した言語であり続けるだろうと思っています。この点で英語を母国語としない国民にとっては、非常に大きなハンディキャップを負ってしまうということになります。

こういう全体像を考えたときに、これから先企業としてどのように対応していかなければいけないかということについて、もう少し話したいと思います。企業としての対応で一番大事なのは、アジリティ（俊敏さ）ということだと思います。俊敏さを実現するためには、組織を簡素化するとか、あるいは意思決定の機構を簡素化する、そうすると結果的に経営のスピードが上がる、こういうことがひとつにはある。次にいわゆる自分のところで何でもやるという自前主義から脱却する必要があるのではないか。今、ネットを通じて利用可能なあらゆる情報以外のファシリティも、非常に大きなものがあります。これを全部自分でできると思ったら間違いです。外部から調達する。技術も、人材も、ノウハウも、そういうものを外部から調達する仕組みと、その仕組みをつくることによって、いわば時間を買うわけですからスピードが上がる。こういうことをしなければいけない。

そうすると企業そのものが変わっていく可能性がある。自前でやれるということではなくて、合併とか、買収とか、提携とか、あるいは投資、そういうことを真剣に実施していかないといけない世界なのです。それと同時に、外部からスペシャリストを呼んでくる力を、ネットを通じて使うということも必要だと思います。今の自前主義からの脱却という観点は、見方を変えれば、やはり、このネットを通じての価値連鎖（バリューチェーン）というものができてくるという考え方です。バリューチェーンの中でひとつの企業が自分でバリューチェーンを完結させるというのはほとんど不可能に近いということを理解すれば、外部からの調達ということが当然起こるわけです。そうするとこれによって形成される世界というのは極めて参入が楽になり、また退出するのも楽になると思います。結局、ネットワークの時代には何が起こるかと言えば、新しいビジネスのスタイル、新しいビジネスそのものが、事業分野にかかわらず起きてくるということであり、今まで箱をつくっていたメーカーというのは、箱をつくるだけではなくて、さらにそれに加えてサービスへの展開ということを真剣に考えなければいけないでしょうし、さらに新しいビジネスへの展開を必要としているということです。

ネットワーク社会の危険

グレイザーさんは先ほど三つの会社の例を引かれました。その中のアマゾン・ドット・コムについては、私自身は相当に違った目で見ています。明らかにネットワーク社会における成功例のひとつでありますし、現在の優越した地位を最初に築き上げたことも事実です。ところが残念ながら、これまででは一ヵ月だけだったでしょうか、それを除いて全く利益を出したことがなく、相変わらず赤字事業をずっと続けている。そういう事業がどうして継続できるかというと、米国の株式市場における資金調達が極めて容易だということによってできているわけです。これは将来の価値への期待を買っているのだということになりますが、果たしてそういうことが継続する世界が本当にいいのかどうか。私もそうだと思います。今、ネットワーク社会になったからといって、先に出たところがそれだけの理由で資金調達して、損益と関係ない異常な拡張ができる世界ができたということ、これが現実にあるというのがまさに今の世の中です。逆に言うと、アマゾンだけを責めているわけではなくて、例えばデルコンピュータのビジネスモデルというのは、同じネットワーク活用の企業の中で先ほどグレイザーさんが話されたほとんどの要件を備えている企業ですが、ここは明らかにデイ・トゥー・デイのビジネスで利益を出している。しかも資金繰りは極めて良好です。そういう企業構築ができるにもかかわらず、一方で違った企業のつくり方をしているということについて、非常な問題があるなという気がしています。

これから先、好むと好まざるとにかかわらずグローバルな展開が起きるわけですが、私自身の心配のひとつは、今申し上げたような市場独占というものが起き始めている現実に対し、そのままでいいのだろうかという全体に対する問題。もうひとつは、すべての情報が流通し始めることによって、特に英語以外を母国語にしている社会、文化というものが根底から壊れてしまいはしないかという危惧です。これは私たち日本だけのことを言っているわけではなく、世界のあらゆる国でそれぞれの文化を大切にしていくということも同時に必要なのではないか。これはネットワークの社会がワン・トゥー・ワンを可能にする、そして個からマスへの発信を可能にするという意味では、使い方によっては文化の確保はできると思います。しかしそれについての意識をしっかり持っていないと、気がついてみたら文化というものは全部の国で破壊されていたということになりはしないか、とその辺が私の心配です。

ネット企業を組織化

野村　ではホワイティングさんにプレゼンテーションをお願いします。

ホワイティング　インターネットについて、私の考え、そして現状について話します。これまでのお二方の大変すばらしいプレゼンテーションをたたき台にしながら話したいと思います。西室さんからは、インターネットが経済に対してどういう機会を与えるかを話されました。ビジネスをこの分野で新たな方法で行うことを可能にすること。それからグレイザーさんは、実際にご自分の会社がどういうサービスを提供しているかということを話されました。インターネットを利用して富を創出する、そして新たな市場、新たな機会を私たち全員に提供してくれる企業となっています。私はインターネットの技術あるいは企業を連結するネットワークの技術的側面について話すのではなく、ビジネスモデルで生じている基本的な変化について、また全世界の企業の組織そのものが変わり、新たな仮想企業を設立するという動きについて申し上げたいと思います。

第一に、電子商取引がもたらす新たな変化について私が何を考えているか、インターネットを使うやり方、私たちがビジネスを構築するやり方についてどういう根本的な変化をもたらすかということについて話し、第二にこの新たなインターネット企業がどういう形で組織化をし始めているかということについて申し上げたいと思います。インターネットをどういうふうに利用してビジネスをやるか、私たちがこれまでのビジネスを見てきたやり方とは全く違ったやり方をすることになると思います。

最後にいくつか、こういった世界中の組織が新たなサプライWebを供給するにあたって、どういうふうに協力を始めているか、バリューチェーンとしてサプライWebやいろいろな組織の構成のやり方などについて申し上げたいと思います。

まず私がなぜここに参加する機会を得たのかというと、私の運営するコマースネットが、進みつつあるインターネットビジネスのいわばひとつの象徴だからだと思います。新たなアイデア、新たなビジネスのコンセプトといったものがインターネットに関連して出てくるに従って、それを象徴化するものなのです。私たちは非営利の、いわゆる財団法人のような形で、新たなビジネスアイデアをインターネットについて出そうというものです。かなりの時間をかけて、全世界の加盟企業と今後どういったことが可能かについて検討しています。これは大変大きな課題であり、将来を予測しようというのと同じです。

非常に革新的な企業と一緒に仕事をしており、一緒にいろいろなアイデアを実験する機会を得ています。最善の予測方法というのは、それ自体をつくり出すということですので、そのためには非常に興味深いアイデアを持っている企業と一緒にやり、さらに協力と協調を組織間において図っていくうえで、私たちはそれを調整しています。私たちの将来の活動、方向を一言でいえば、非常に驚くべき変化と革新を、メンバー間の協力によってどういう形で実現化していくかということです。

全く新しいビジネス結合

疑うまでもなく商業のやり方そのものが全世界で変わってきています。グローバルマーケットは非常にアクセスしやすくなっていますし、ビジネスのペースがこれほど速かったことはありません。また私たちが日常対面しなければならない変化のかなりの部分、インターネットがプラス面でもマイナス面でも大きな影響をもたらしていると思います。もちろんこの変化というのは私たちにとって未経験、未曾有のことです。これほど大規模でこれほどの変化が生じたことは歴史上ありません。しかもこれほど急速に変化が生じているという事態もありませんでした。こういった変遷がどういう方向に行くかを考えてみますと、恐怖さえ感じます。明らかに私たちは未知の世界に入ろうとしています。インターネットのペースとともに、この未知の速度も非常に高まってきています。生まれたばかりの企業、数年前非常に小さかった企業、あるいは全く存在していなかったような企業が、急速に非常に革新的なベースのビジネスをやって、非常に有利な立場に立つようになりました。グレイザーさんが全くその典型的な例です。

今ここでどんな新しいアイデア、新しい事業が将来出てくるかということは想像もつかないでしょう。この急速な変化の中で、どんどん出てくるさまざまな要請や機会を十分に活用し得る企業が成功できると言わなければなりません。

こういった新たなインターネット企業の性質について申し上げたいと思います。基本的な変化が生じています。電子商取引です。ここで出てくるのは、インターオペラビリティーという概念です。電子商取引の分野において、今出ている多くのビジネスモデルは、今後とも続くでしょう。西室さんはアマゾンについて話しました。基本的には既存のビジネスモデルが修正され、改善され、そして、インターネットを使うことによってさらに変化していくでしょう。しかし基本的な変換はリテール（小売）の分野でしょう。今日の多くの企業がインターネットを既存のプロセス、既存のビジネスモデルに準拠してやっています。多くの企業はコンテントとアクセスを世界中に提供することによって、電子商取引のソリューションが出てくると考えています。しかし私はそうではないと思います。

今日私たちは色々な株式市場を見て、一部の企業がこういったことをやることによって株価を上昇させるのを目の当たりにしています。しかし長期的には新たな形でビジネスを組織化していかなければならなくなるでしょう。市場を構築するにしても、繁栄と富をもたらすにしても、これは単に株式市場に投資をするだけではできないでしょう。株式市場そのものの新たなモデルを考えていかなければなりません。今はまだ投機的な行動が多く、新たな価値、新たな富といったものが実際に出てきている状況ではありません。グレイザーさんの企業、あるいはインターネット上で、他の企業のようなところで真の革新が行われ、真の新しいサービスや製品が出てきて、本当の意味で富が構築されるようになるでしょう。今は、新たな段階が電子商取引の分野で出てきているということです。これはビジネスのインターオペラビリティーということです。

このアイデアというのは、単に私のＷｅｂサイト、あなたのＷｅｂサイトをリンクして、そのコンテントやパンフレットを見る、あるいはソフトウエアの注文を出すとか、あるいはハードウエアの注文を出せるようになるということではないのです。今、ここで実際に生じているのは、ビジネスを全く新しい形で非常にダイナミックに結合させるということです。これがまさにインターオペラビリティーの概念です。私どもが非常に強く信じているのは、こういった概念はまさにビジネスのやり方を変えるということです。この変化はさらに大きく劇的なものになっていくでしょう。今日の電子商取引よりも非常に大きな変化をもたらすでしょう。

大多数のインターネット関連の問題は、単一のWebサイトということでした。技術、Webサイトといったことをサーバーに入れ、みんながアクセスできるようにする。みんながWebサーバーを持ち、みんなが他の人々のWebサイトに行ってアクセスをするということでした。しかし今日の考え方というのは、このインターネットを企業間のスペースに適用できるモデルを探そうということです。これはサプライWebだろうと、バリューWebだろうと、こういった革新的な技術を使うことによって、組織を劇的な形で結合することができないかと考えることです。これは今、世界でだんだん出てきている考え方です。シリコンバレーでも、中国でも、オーストラリアでも、日本でも、企業はユニークな新たな方法で取引相手とリンクする方法を見出してきています。大変興味深く非常に劇的な変化です。

インターネット企業があり、そしてインターネットを使う企業がある。私たちが考えなければいけないのは、その両者間には微妙な違いがあるということです。例えばグレイザーさんのようなインターネット会社の場合、急速に動き、できるだけ順応できるようにする。一方、インターネットを自分の現在のモデルに適用するような方向を選ぶやり方もあるでしょう。どっちかを採るべきだと言っているのではありません。ただ提案したいのは、この点を考えなければいけないということです。もし皆さんがインターネットを使うメーカーであるならば、競争相手はインターネット企業でしかも製造をしている企業かもしれません。彼らと同じような考え方を持たなければ、競争できないわけです。

ここで私のアイデアを皆様に披露したいのは、こういったインターネット企業はどういうあり方をするかについてです。非常にオープンであり、彼らはインターオペラビリティーに大変重点を置き、基本的にビジネスのやり方でこれまでとは全く違った方法をとります。こういった企業は非常に敏捷で、順応性があり、協力を調整し、いわゆるひとつの共同社会のようなものをつくります。インターネット企業の多くは敏捷であり、本当に敏捷性そのものが命なのですが、それは単に何かを速くやるというだけではありません。すでに多くの企業が迅速に仕事をこなすことができています。それはかなりのコストをかけ、CEOが机をこぶしでたたいて「やれ」と言っているから、圧力をかけているからできているのです。しかし、新しいインターネット企業では、この敏捷性の概念は市場の変化を非常に早く予見し、容易に方向を転換できることです。どこに市場が動いていくかを早い段階で見通し、最小限のコストで転換していくことができます。これが新たなインターネット組織のいわば典型的な特徴でしょう。敏捷性というのは、こういった組織の基本的な側面であり、彼らの文化のひとつです。彼らの情報技術システムによってそれが可能になります。しかも、その企業の政策によって、また経営者の哲学によってサポートされ、単に経営者が何かを速くやれと命令をすることによって動いているわけではありません。

企業の新しいコミュニティ

二番目の点は順応性です。市場の変化や要求に対し順応性を持つということです。チャールズ・ダーウィンを思い出してください。科学的に信用できる理論を自然淘汰の概念のもとに説明し、進化論として構築しました。これはビジネスでも同じです。そこでの要となる考え方、進化論あるいは適者生存と言っていますが、それがまさにこの分野でも言えるわけです。私たちが生物学、そしてインターネットから学ばなければならないことは、企業の減量は必ずしも最も重要なことではないということです。そうではなくどれだけ効果的に変化することができ、順応することができるかということの方が重要です。自分の競争相手よりも変化を起こす能力があれば、彼らよりも存続する可能性は高くなるでしょう。世界的に例を見てみますと、非常に強力な安定した組織が、その根本のところでより小さな、より弱い会社によって揺り動かされている状況を多々目にしています。こういったことが、インターネット企業とこれまでの伝統的な企業の違うところです。非常に敏捷性があり、順応性があります。また伝統的に彼らは協力をする能力があります。これもまた根本的なコンセプトと言わなければなりません。彼らはだれとでも仕事をする意欲があるわけです。競争相手を最善の顧客にもしてしまう。そして、色々な活動に参加していくのがインターネット企業です。これもひとつの進化の形態です。生態系において他の種と協力をすることができる能力が高ければ高いほど相乗効果をもたらし、生存能力も高まってくるわけです。単独で生きる種よりも、その種の生存能力は高くなります。

最後に企業間の空間の問題です。これは一つ二つの会社が一緒になるのではなく、ひとつのグループの企業が社会をつくってしまうということです。この社会、コミュニティーは、進化の最終段階です。多くの企業や多くの組織が共通のサービスインフラストラクチャーをつくって、より大きな機会に順応していく能力を高めていくわけです。この商業コミュニティーのコンセプト、すなわち企業が必要に応じて一緒にやっていき、サプライWebにプラグインしていくやり方、これは非常に巨大で強力なコンセプトです。中国で生じていることですが、中国の国際投資信託公社は全中国のメーカーと一緒に仕事をしているわけですが、インターネットを使って彼らを結合させ、そして製造するに当たってさまざまな側面のビジネスをやるためにWebサイトで一緒に仕事ができるようにするわけです。オーストラリアでもいろいろな例があります。オーストラリアの企業、ワインメーカーたちが協力をし、フェデラル・エクスプレスと協力体制をつくり、ワイン製造業者たちがより効果的に、より競争力を世界市場で持つことができるように、インターネットを通じてその能力を身につけるということをやりました。これはまさにひとつのコミュニティーであり、こういったものがどんどん出てきています。インターネットをマーケティング、あるいは製品を売るために使うのではなく、新たなビジネスのプロセスをつくって、企業がより効果的、効率的に一緒にやっていけるようにするということをやっています。

この面での要となるのはデジタル協同組合の構築です。これは過去にも見られたような組織とそれほど違いはありません。それほど新しいコンセプトでもないでしょう。日本にも農協や農業団体の協同組合があります。いろいろな農業の共同体が一緒になって、いろいろなサービスや事業提供をするため、インフラをつくっているわけですが、これはそれぞれの力を利用していくということです。同じことがインターネットでも生じているわけです。非常に私が確信しておりますのは、近い将来このデジタル協同組合が出てくるであろう、それによって企業がさらに結合し、新たな取引関係が全世界的に生じていくようになるだろうということです。

共通のプラットフォームの構築

ではここでコマースネットについて申し上げます。コマースネットは、協力を調整する目的でつくられました。加盟企業がいろいろなリサーチをし、インターネットを今後どういう形で革新していくかを、一九九四年に調査しました。国際的な企業、大企業も中小企業も参加して、その革新の可能性を検討しました。新たな技術や、新たなビジネスモデルをシェアするだけではなく、自発的な関係を全世界でつくり、自分たちのビジネスのプロセスにリンクさせるということをやり始め、文字どおり新しいビジネスモデルをつくり、新たな企業をつくるというところにまで発展したわけです。多数の既存の組織を、しかも全世界のいろいろなところにあるものを結合していったわけです。そしてそのアイデアを拡張しています。さらに適応を広げていき、非常に膨大なインパクトを、富の構築やビジネスの新たなやり方に対してもたらしています。単にＷｅｂサイトだけではなく共通のビジネスプロセスをとることによって、自分たちのキーパートナーたちとリンクし拡大していくとどうなるかというと、世界市場で非常に強力な力を持つことになります。まさにこれがコマースネットで、今日生じていることです。

私たちが基本的な問題にぶち当たったことも事実です。これはまさに西室さんが言った言語の問題に似ています。Ｗｅｂサイトの英語と日本語の問題です。同じような問題がビジネスプロセスにおいても見られました。なぜなら企業の結合を始めると、それぞれが違ったビジネスのやり方をしてきているからです。例えば同じ製品に対して違う製品番号を持っているわけです。あるいは自分のビジネスプロセスについて違う説明の仕方をするでしょう。顧客も異なった名称で呼ぶでしょう。また顧客ナンバーなども違うでしょう。こういった根本的な問題があったわけです。そのためにコミュニケーションができないといったことがありました。コマースネットはこの問題に対応すべく、加盟メンバーと一緒に一年半ほど前から次の作業を始めました。どうすれば根本的な枠組みをつくることができるか、あるいはアーキテクチャーといった言葉のほうが適切かもしれませんが、この多様な電子商取引の世界がインターオペラビリティーを実現するにはどうすればいいのか。これをＥエコノミーと呼んでいます。

最初のステップは、共通のプラットフォームをつくるということです。市場にもすでにいろいろなスタンダードがあります。マイクロソフトのビストークから、国連のやっているEDラインS、その他、プロトコルなどのEDファクトなどがあります。そのなかで今、初期段階としていろいろなスタンダードをつくり、これについて初期の検討をし、何らかのグローバルなネットワークを結合し、インターオペラブルにし、それによってダイナミックな、自発的なビジネスをつくることができるようになると考えています。ひとつの例は私たちが開発したアーキテクチャーです。多くの世界の加盟企業と協力してやりました。日本からはNTTが参加しています。米国ではマイクロソフト、サン・マイクロシステムズ、ヒューレッド・パッカードといった企業と協力しました。私たちは七層からなるモデルをつくりました。それによってさまざまな商取引関係をカバーしました。一番下の層、すなわち製品番号をどのように表現するかというところから、ビジネスとは何か、どんなサービスなのかということについて、何を生産し、何を消費するのかというところまで、マーケット・レイヤーがあり、企業をどのようにグループ化し、製品やサービスを一緒にやっていくか。一番上はマーケットと市場を分類し、ネットワーク化していくというネットワーク・レイヤーです。そこで私たちがやろうとしたのは、インターネットにおいての根本的な能力を構築しようということです。いずれこれが、例えば日本のメーカーが特定の製品のために原材料のサプライヤーを探しているといった場合に、インターネットを手段として使って新たな取引関係をつくり、新たなサプライチェーンをダイナミックにつくっていくことになるわけです。なぜならそれは既存の関係に固執するのではなく、例えば便利だったとか、価格が安いとか、競争力が強いといったことで構築した関係ではない状況から、インターネットを使って最善の能力を一緒に組み合わせていくことができるような世界になります。

グローバルEエコノミー

こういった考え方を要約し、二、三、結論的に申し上げたいのは、新たなグローバルEエコノミーというのは、それぞれ個々に何をやっているかということによって成功できるのではなく、それぞれのインパクト、協力的な努力、そして相互接続した企業との間でどういうふうにそれが進展していくかということによって決まります。新たな企業が非常にダイナミックな、自発的な形で構築されていく。インターネットは単に企業間だけではなく、企業と企業の間のスペースをも接続し、それによって協力、協調をしていく。そして敏捷性と順応性があって、それによって企業がどう効果的に競争できるかを決めます。だれが顧客を保有しているかではなく、誰が最もスピードを持っているか、だれが最も変化に対して順応性があるかということにかかわってくるわけです。これは長期的、安定的な関係ではなく、非常にダイナミックな関係になります。また組織モデル、ビジネススタンダード、法的な取り決め、あるいは契約のコミットメント、また私たちが今生きている法的構造そのものが変わるかもしれません。新たな組織に移行していくでしょう。そして社会的なスペース、参加企業のコミュニティーのスペースを変えていくでしょう。

振り返ってみると、進化論をとなえたダーウィンは、インターネットの大変な起業家になれたのではないかと思います。彼はこの経済における基本的な成功のための原理を知っていました。どれぐらい迅速に順応していくことができるか、どういうふうな協力ができるか、どうやってコミュニティーをつくって、それによって自発的に協力し、そしてそのグループとして最善の機会をつかむことができるかということがかかわってくるからです。これは適者生存ではなく、ベスト・コネクティド、いわゆる結合がうまくいっていればいるほど、生存の可能性が高まってくるという状況です。

野村　私からいくつか質問させて頂き、その後会場の皆さんから質問を募りたいと思います。

本格的な議論に入る前に、日本と米国では、インターネットの普及度も相当違いますし、Eコマースの発展度合いというのも相当違うと思います。その前提として通信インフラの差があると思いますが、日本では通信料金定額性はまだほとんど実現していませんし、料金も非常に高い。ホワイティングさんに伺いたいのですが、米国の一般消費者を対象にしたネットワーク・インフラは今、どのような状況にあるのか、特に伝送を高速化するブロードバンド（広帯域）について、どういう拡大期なのか、簡単に説明して下さい。

米国のブロードバンド

ホワイティング　米国では、かなり大きく重要な投資が新しいネットワーキング技術に対して投じられています。大幅に体系を拡大し、コストを下げるということで投資が行われています。新しい広帯域技術が急速に展開しつつあり、その拡大が進んでいると思います。

しかし私たちが望むほどに急速には発展していないと言わなければなりません。世界の他の国と同様に、米国では多くのチャンネルがあり、同じような種類のチャレンジに対抗しています。新しいモデルや新しいアプローチを常に検討し、新しいネットワーク技術であるとか、ブロードバンドをどのように組み込んだらいいかということを考えているわけですが、技術やネットワークは色々なものがあります。そして、その進歩は非常に早いもので、私たちのビジネスモデルに対する挑戦となり続けています。相対的に低コストで、よいアクセスや接続が提供されていたとしても、米国でそれを十分に生かすほどに、あるいは必要な人すべてに帯域を与えるほどには、急速に前進していないと言わなければなりません。

グレイザー　それに対しては二つ答があると思います。現在、約百万人のユーザーがブロードバンド・アクセス用のケーブル・モデムを持っています。その数は一年前と比べて倍増し、二〇〇〇年はまた倍増ということになると思います。二〇〇〇年にはより高速のＤＳＬが導入されるかもしれません。まだせいぜい十万人程度のユーザーしか使っていないものが、ドラマチックに伸びるかもしれないということです。二つ目は、私どものユーザーの四分の一が、直接大学のキャンパス、政府の事務所、会社から接続している人たちです。これらが広帯域ユーザーの大半であると言えます。広帯域のインターネットを、例えば事務所で使う、オフィスで使う、そして自宅で使っているということですが、それによって新たな需要が増えると言えると思います。

米国でケーブル・モデムがなぜ五十万から九九年やっと百万になったのかというと、インストレーションがまだ手作業だということです。それをインストレーションするに当たって、せいぜい一日二、三軒しか回れないからです。消費者の需要が制約条件になっているのではありません。スタッフが足りないということで、インストレーションをやる人手不足の問題なのです。パソコンからもっと簡単に接続できれば、もっと容易になると思います。そのために技術的な作業が必要であると同時に、ネットアクセスがそれによってより簡単になると思います。人手不足こそが結局、ネットの成長における一番の制約条件です。

野村　先ほどファースト・ムーバー・アドバンテージ、すなわちスピードの経営の話をしました。三、四年前にさかのぼれば「インターネット電話はクオリティが低くて使いものにならない」とほとんどの人が言っていました。インターネット上での音楽配信もクオリティの面で聞く人はいないのではないかということを言っていたと思います。リアルネットワークスが、例えば製品を送り出すときの意志決定はどのようにしたのでしょうか。そういうクオリティと、市場の迅速さと、カスタマーの満足度との兼ね合いをどのようにして、一番乗りを目指されているのでしょうか。

俊敏さとクオリティー

グレイザー　いい質問です。ベンチャー・キャピタルがたくさんある環境で熱意いっぱいだと、商品を導入するにもきちんと完成する前に慌てて出してしまうことがあるかもしれません。これだけしかできていないにもかかわらず、すべてできるはずだということで出してしまうこともあります。

当社では、例えばある商品を設計する際に厳しいテストをすると同時に、実社会の環境で可能な限りテストします。いわばユーザーにも実際にテスト期間に参加し、使ってもらうわけです。エンジニアに対しても、そういった実社会のユーザーを念頭に入れて設計しろと指示しています。

私は今、日本にいて、まだテスト中の商品のひとつを使い、シアトルで放送されているものを取り込んで、この会場でトライしたのです。インターネットを使うことによって、ひとつのテスト手段にしたわけです。当社では、ただ単に設計すればいい、理論的にうまくいけばいいということではなく、実際に使うことを念頭に入れて設計しています。

新しいリアル・ジュークボックスをつくったわけですが、百—二百人の人々にテスターになってもらいました。初日には五万人の人たちがその商品をテストし、試しました。何か新しいことをするたびに、必ず優秀な百―二百人をテスターとして頼んでいます。人気があるとすぐみんなが欲しいということで、それもなかなか難しいのです。だから、試行錯誤でテストするということだけではなく、キャパプシティプランニングを十分に行う。つまりユーザーが最初の一週間でどのぐらい出てくるだろうか。初日、最初の月にどのくらい出てくるだろうかを想定し、システムとして例えば私どもが想像した五倍、十倍でもうまくいくかという自問自答式でやっていくわけです。必ずしも完璧にできるわけではないのですが、大半の場合、結構うまくやれてきたと自負しています。

野村　西室さんに伺いたいのですが、東芝も「俊敏な経営」という言葉を掲げています。今の話を聞くと、同じ「俊敏」という言葉でも、家電製品のこれまでの俊敏さとも相当違うと思いますが、何かコメントをお願いします。

西室　先ほどホワイティングさんの話の中で、インターネット企業と、それからインターネットを利用する企業と、その違いがあるということでした。私どもとしては、俊敏さを確保するためにはやはりインターネット企業という形まで行かざるを得ないのだろうと思います。ただ、すぐにできるというわけではないので、これがどのぐらい早くできるかというのが今、大企業の間の競争になりつつあります。GEのウェルチさんのところでも、非常に積極的に社内の構造改革まで含めてインターネット化というものを考えておられます。それはほとんどの企業で重要な問題として認識され、しかもそれをどうやるかということ、これから先がそれぞれの企業の知恵と俊敏さを発揮するところだと思っています。

確立した組織を破壊

野村　ホワイティングさんが先ほど言われたインターネットを使っている企業とインターネット企業の違いというのは、大きい問題提起だと思います。例えば新聞社だったら、新聞を出していてインターネットもやるという形ですね。日本の銀行のほとんどは店舗があって、そちらは大事にして、インターネットもやるというモデルだと思うのですが、デジタル社会の到来によって、アナログ時代のプレーヤーと全く違うプレーヤーがそこで入れ替わるのでしょうか。それとも新聞社のようにアナログの時代に生きていた会社も、何らかの形でデジタルのネット企業との競争に伍していけるのかどうか。そこら辺についてのイメージをお聞きしたいのですが。

ホワイティング　とても難しいチャレンジだと思いますし、いくつかの組織がまさしくそれに直面していると思います。東芝もその問題に組織的に全社を挙げて、取り組んでいると思います。

例えば銀行を例にとって話しましょう。米国にも大手銀行があって、インターネットを使っているところもあります。しかしインターネット企業ではない。インターネット企業的な思考をしていないし、新しい商品を立ち上げるのにずいぶん時間をかけている。また組織をばらばらにする発想はなく、あくまでも既存の組織にインターネットを取り込んでいるにすぎません。同時に米国の会社の中には、明らかにインターネット企業であって銀行業務をやっている会社もあります。しかし銀行がインターネットを使う場合と、インターネット企業が銀行業務をやっているのとの間には、大きな差がありま す。その違いは技術ではないと思います。思想というか、哲学というか、文化というか、それが組織において違うのではないかと思います。インターネット企業の場合だと、組織を再構築したり、ばらばらにすることを恐れないわけです。新たな機会を求めてやっていくわけです。既存の会社でインターネットを使っているところは、インターネットを既存のビジネスプロセスの中で使っていくわけです。銀行業務におけるいい例として、英国では例えば、八百屋さんも銀行として生まれ変わっています。インターネットを使っているから銀行業務をやる。そもそも八百屋さんあるいはグローサリ・ストアなのですが、それが銀行業務をやるインターネット企業になったということです。そういった意味では、本当の意味での八百屋さんではないかもしれませんが、それがインターネット企業的に考える第一歩になるわけです。銀行としてやるのか、あるいはただ単にお客さまのサポート、取引だけをやるのかということです。英国では、そういったプロセスを経てずいぶん考え直したわけです。そしてコアの能力が何なのかを洗い出していったわけです。アナログの新聞とデジタル新聞の違いというのは、どちらかというとコアの能力をどういうふうに分析するかということにかかわっています。出版するか、そして情報をどういうふうに合わせ、まとめるかということです。

西室　今のインターネット企業ということでもう少しつけ加えたいのですが、ウェルチさんが一九九九年一月に、GEとして全社的なネットワーク化、インフォメーション・テクノロジーの活用についてロールアウトすると決めたときは、デストロイヤー・オーガニゼーション、デストロイヤー・ビジネス・プラクティス、これがメッセージだったということです。これは何かというと、今まで慣習的にというか実際に確立している組織というもの、それはやはり新しいインターネット社会、あるいはインフォメーション・テクノロジーの中では全く通用しない部分がある。それをやっぱり壊さないといけないのだ、それから今までやってきた慣習というものもやはり変えなければいけないのだ、それをデストロイ（破壊）しろ、という非常に強いメッセージを出してきたということだと思います。日本の経営者はどちらかというとマイルドな表現が多いので、強い表現のときにはできるだけ英語を使ったほうがいいかなという気がしています。

インターネット企業の株価はバブルか

野村　先ほど西室さんからご指摘があったのですが、アマゾン・ドット・コム型の経営モデルをやや批判的に話されました。米国企業、ネット企業に限らず、売上高に対してマーケットの時価総額が六倍、七倍という企業がある。大企業でも珍しくないですね。それに対して東芝とか総合電機メーカーだと大体売り上げと時価総額は一対一ぐらいの関係です。ホワイティングさんでもグレイザーさんでもいいのですが、いわゆる収益もあがっていないのにそういう時価総額をつけるということは、一種の株高の異常な姿ととらえるのか、あるいは非常に不健康な経済の繁栄なのか、西室さんのコメントに対して何かご意見があったら聞きたいのですが。

グレイザー　これは非常に興味深い点です。異常な株高、バブルは日本でよく言われることだと思いますが、十年前であれば米国の経営者が日本のＰＥＲが高過ぎると苦情を言ったでしょう。これは不当な競争上の利点であり、アメリカの資本市場に比べて不当だと言ったでしょう。ですから一種の流行と申しましょうか、ウェルチさんがおっしゃったように「ひとつの波」で、日本ではこういうふうに言われたときがあるが、今度は米国でこう言われるようなった、という動きだと思います。

インターネットというのは、基本的な価値の創出の源だと言えると思います。ほかの技術的な変化と違って、インターネットはあるひとつの業界に影響を与えるものだけではないからです。私自身リアルネットワークスを始める前の十年間、マイクロソフトで仕事をしていました。パソコンで、マイクロプロセッサーで、あるいはパッケージソフトウエアという形で、コンピュータの世界が垂直思考から一変しました。ＩＢＭのメーンフレームの時代、あるいは富士通や日立などの時代から、水平的な組織の時代に変わったと思います。マイクロプロセッサーやＯＳ（基本ソフト）、アプリケーション（応用ソフト）などの水平の広がりです。世界で最大の業界でも抜本的な変貌が見られたわけですが、インターネットはそれよりも大きいものです。ひとつの産業界に影響を与えるのみならず、あらゆる分野に影響を与えるわけで、例えば小売の分野も劇的に変えました。またマスコミの分野、メディアの分野も劇的に変えましたし、インターネットによってビジネスとビジネスの商取引も変わりました。また電気通信の分野も劇的に変えたわけです。これだけ違った各分野に影響を与えるということは、インターネットの経済性というのは十倍、十五倍、二十倍の経済効果を持っているわけで、マイクロプロセッサーがもたらした変化以上に大きく有力なものです。

それを申し上げたうえで、さらに株式市場の現状の見方が正しいのか異常なのかについては、そこまでは言えないと思います。私の個人的な意見としては、これは慎重にみなければならないと思います。リアルネットワークスが上場企業ですので、米国に帰ったときにＳＥＣ（証券取引委員会）から調査のための訪問を受けることがあっては困りますので。ただあえて申しますと、ビジネス分野でリーダー格の企業は、ほんとうに高い価値を生み出して、長期的にはディスカウンティド・キャッシュ・フローの分析で言うと、今日の株価、これを振り返ってみると、賭けであったと言えるようなところも明らかにあります。もしかすれば破綻するところもあるかもわかりません。相対的に優れた小さな事業にも幅広く目を向けることによって、投資は成功することになると思います。ヤフーやアマゾン・ドット・コム、あるいは私どものどれが過大評価なのか、過小評価なのかという言い方をするよりは、もしかするとあまりに多くの企業が、非常に高い価値を与えられているところに問題があるのかもしれません。おそらく成功をおさめた大きな企業が、十分な価値を実現できなかったところを取り込むというプロセスで進んでいくのだと思います。

ホワイティング　確かにかなり投機筋の対象となっている株式もあると言えると思います。もうひとつの側面としては、基本的な新しいモデルが株式市場において台頭しようとしているのです。歴史的には、私どもが使ってきたモデルというのは、将来の収益を予想し、一定時点において割り引いて評価し、その会社の価値を見出し、株価が出てきたわけです。

今のモデルは、例えば一億人、あるいは十億人のユーザーといったものを動員し、そこで緊張関係、ネットの業界で言う「スティッキネス（定着性）」なるものを生み出し、自分のホームページ、サイトを訪れてもらえたなら、どんな価値を生み出すだろうかといった見方をするわけです。そして、何回インターネットにおいてヒットするか。例えば一億人、あるいは十億人のユーザーが使うということを考えると、一番乗りになったなら自分のホームページに来てもらえる。そしてそれだけの人たちが会社名を知るようになり、今は無償だけれども、ダウンロードするようになったならば、ユーザーがそれに依存するようにできるわけです。

となると、それが結局、将来における収益になると同時に、売り上げになるわけです。そういった形でモデルが構築されているわけです。ユーザーをまとめ、そのユーザーをひとつのコミュニティーにすることができたなら、それはとてつもない価値がある。それが株価に反映されています。

ネット上で顧客をつなぎとめる

野村　スティッキネスという言葉を使われましたが、顧客をつなぎとめることについて、何か工夫とか、特別に知恵を使っているとか、リアルネットワークスとして特別の仕掛けみたいなものはありますか。

グレイザー　最初に私どもがやったこと、これは九五年にさかのぼる話ですが、最初のオーディオプレーヤーを出した際に、これは消費者に対して無償で提供しました。ただ単に一カ月間だけとか、あるいは彼らが非営利団体だから無償ということではなく、恒久的に無料にしたわけです。契約を交わしたわけではないのですが、私どもの技術を使っている人たちに対して、必ず商品のフリーバージョンがあるということを公表したのです。九四年、九五年に私が投資家、その他の人たちと話した際に「わかった。初めはただでも、後でみんなが商品漬けになったときに有料にするのだろう」と言われたのです。しかし私どもがとったアプローチは異なっています。アドバンスト・リアルプレーヤーは三年間で二百万販売したわけです。これは有償で、私どもにとってもうけのあるビジネスです。しかし、あわせて八千万人の無償のユーザーがその他の商品に関与しています。結局ネットワークというのはリレーションシップ（関係）であるということを理解したわけです。ただ単にクリティカルパスをつくってモデルを変えればいい、そして今まで無償だったものを有償にすればいいということではないと押さえたのです。

二つ目は説明の中でも述べたように、ユーザーに対し「あなたはだれなのか」を聞いていったわけです。ユーザーに対して、連絡してもいいかどうかを聞いていったわけです。嫌だというところをチエックしない限りは、いいと想定したわけです。その結果、八五パーセントから九〇パーセントの人たちがソフトをダウンロードし、連絡しても全く構わないと返事してくれたのです。これがひとつのリレーションシップ（関係性）です。ユーザーがパソコンのハードディスクに一定のスペースを設けてくれるところにコンタクトし、新しい商品や関連する情報を提供していったわけです。

それによって三つ目のことが出てきたわけです。約一年前のことですが、ビデオ、オーディオを提供できるソフトだけではなく、その種のソフトや他のソフトの新しいバージョンを自動的にアップデートができるようなソフトを提供しました。さらに環境を一歩進めた。つまりユーザーがだれであるかを知っているのみならず、あわせて直接的なデジタルパイプをお客さまのハードとの間につなげていったわけです。消費者は百本のパイプがハードにあっては困ると思います。しかし比喩として、リレーションシップ・アプローチをとるということ、いわば取引ベースの関係ではなくリレーションシップベースのアプローチをとるということこそが、この種のネットワークの違いです。消費者との個人的な関係がある、だれであるのかを知っている、どういうふうにしたら個々に連絡できるかを知っている、これこそが唯一の最も強力な、新たなるビジネスにおけるエネイブラーではないかと思います。

西室　ホワイティングさんとグレイザーさんが、それぞれインターネット利用の中で、非常に違った分野を代表しているような気がします。ホワイティングさんがカバーしている範囲はビジネス・トゥー・ビジネスのワールド。そこでコミュニティーをつくる話が中心になっている話。グレイザーさんの方はビジネス・トゥー・コンシューマー、これが基礎になっている。この二つは融合するところもありますが、場合によったら分けて考えなければいけない部分が結構ある話だという気がします。

グレイザーさんの話を聞いているうちに、非常に好奇心がわいてきたのですが、それはインテレクチュアル・プロパティ（知的所有権）というかコピーライト（著作権）の問題。グレイザーさんの会社についての知識が全くないというベースで質問するのですが、今、音楽ソフトウエアのパブリッシャーの間では、コピーライトは非常に大きな問題になっていて、それでSDMIという団体があります。セキュアード・デジタル・ミュージック・イニシアティブという団体ですが、ここでレベルを決めてそれぞれのセキュリティーをしっかりする。そういう動きがありますが、これについてグレイザーさんの考えはどうなのかと質問させて頂きたいと思います。

グレイザー　SDMIの活動は非常に重要だと考えています。象徴的な意味でも、また実態的にも、また実際的にも重要です。私もその創設にかかわった一人で、もともと米国のRIAA、レコーディング・インダストリーが始めました。その他の団体、RIIJや日本と協力し、その他のレコーディング・レベルも参加して、またテクノロジーの方面では、東芝とかリアルネットワークス、インテルなども参加を呼びかけられました。CDMIが出発する前に動きとしてあったのは自発的なもので、消費者側がCDをMP3というフォーマットでエンコードするということがありました。これはMPEGのひとつの基準ですが、これを使ってEメールを通じて音楽をダウンロードするということがありました。これは特に一社がマーケティングしたということではなく、消費者がこれはいいということで飛びつきました。非常にポピュラーになった理由は、それまではできなかったことが可能になったということです。音楽に対するアクセスをいつでもどこでも持てるようになった。この中で消費者がCDを買うということは合法的ですし、そして自分の好む順番で音楽を聞くことも合法的です。またまだ無名のアーティストの歌を聞きたいと言えば、アーティストのほうがインターネットに音楽を乗せてダウンロードを許すというのは合法的な側面です。一方で不法な側面もある。これはまさにコピーライトの侵害にかかわるのですが、SDMIの考え方としては法的なところは許容し、消費者は必ず合法的なやり方でやるように奨励する。一方、非合法なやり方は避けてもらうということで、私も精神としてはこれをサポートしています。

ビデオは映画産業の規模を拡大した

ただ率直に申し上げて、MP3形式によって大手のミュージック・カンパニーがインターネットを本腰を入れて考えるようになりました。インターネットは三年先、五年先の話だろうと、これまでは及び腰だったのが、MP3によって、本気でこれを考えるようになった。これこそ本物のリアルネットワークだと。消費者の音楽の聴き方に影響してくる。だからここで行動を起こそうと思ったのだと思います。

五年、十年先になって考えると、インターネットのこの影響はVCR（ビデオ・カセット・レコーダー）が映画産業に与えたのと同じようなものがあったと言えると思うのです。二十年前にVCRが初登場したとき、提訴がありました。ユニバーサル・スタジオとソニーのベータマックスについての訴訟案件で、米国の映画会社ユニバーサルなどは、VCRが映画産業をつぶしてしまう、だれも映画館には行かずテレビから録画して映画を見るだけになると危惧しました。米国では最高裁がVCRは合法だとし、結果として十七年たった今、映画産業は実は当時の四倍の規模に成長しています。映画館での映画、ムービービジネスも大きくなっています。さらに現在、ビデオのレンタル市場もありますし、あるいは購入ビデオもあります。それぞれが映画館での映画マーケットと同じ規模に成長しているのです。

ですからこういったディストリビューションというのは、消費者に追加的な手段を提供し、それだけ音楽を自由にエンジョイできるようにしているわけです。現在まだ商業市場としては出発したばかりです。ですからいろいろ不安があるのは当然かと思いますが。

野村　ではこの質問を最後に、後は会場の皆さんから質問を募りたいと思います。ホワイティングさんは先ほど、サプライWebという言葉を使ったと思うのですが、私たちにちょっとなじみのない言葉でもありますし、ネットワーク上でどんどん取引関係が広がっていくことがサプライWebの意味であるとすれば、それは実際に例えば、日本企業のように系列を中心に非常に取引関係の濃いところから、あるいは決まりきったところから調達する、閉じた購買関係を持っている会社とか、そういう業態にどれぐらいインパクトを与えることになると思われるのか、教えて頂きたい。

サプライWebとは

ホワイティング　サプライWebの基本的な考え方は何かと言うと、コストを下げ、会社に対して供給する際の参入障壁を減らし、複数のベンダーの中から選べることです。そこでは様々な企業がネットワークに接続しているモデルになるわけです。直線型のモデルでなくなるということです。必ずしも会社にとって最も経済的なモデルではない、商品の供給、調達、ロジスティクス面においてベストではないということもあり得ます。しかし状況によって、例えばマルチのソーシングをしたいということで、原材料であれ何であれ、複数の会社から調達したい場合は、既存の関係だけでがんじがらめにならないということになります。皆さんが調達会社についてより多くの自由を享受し、サプライチェーンをいわばもっと俊敏でダイナミックなものに組み立てていくことができます。

例として米国の航空宇宙産業で大手の会社を挙げましょう。系列と結構似たモデルかもしれません。その会社がかなり突っ込んだサプライチェーンの分析をした後に言ったことです。数社との間に長期にわたっての関係がある限り、これらのベンダーに対する依存度があまりにも高いがゆえに、新しいベンダーに代えるというコストがあまりにも高く、新しいベンダーから調達することができない。しかし十年にわたって分析した結果、実際の供給コストや購入している商品コストは、もしそうでなく独立した形で調達するのと比べると一割、二割、三割高だということがわかりました。部分的には、組織の体制ゆえにかなり複雑なベンダーとの関係があったということに起因しています。振り返ってみると、そこまで必要だったかどうかわからないけれども、時とともにそういうふうになってしまった。平たく言いますと、結局一定のベンダーがあって、直線的なベンダーとの関係があることになると、そういったベンダーじゃないところとの取引を開始するのがなかなか難しくなってしまうわけです。しかし参入障壁を引き下げることができたならば、チョイスも増えるし、調達コストも安くなるし、事務的な手続きも楽になる。同時に、おそらくよりよい品質の物を納入してもらえるのではないかと考えたわけです。最終的な分析では、ビジネスのやり方がそれによって最終的に変わるわけではないが、オプションとチャンスが増える。大事なポイントというのは、その会社がフレキシビリティーを加味したモデル、つまり強制的にこれしかできないということではなく、いくつか選択できるようなサプライチェーンを望むということだったわけです。

問　西室さんに対する質問です。仕事を進めていくうえで先ほど「情報のネット上での南北格差」という言葉を使われましたが、本当にあまりにも日本の場合は諸外国と比べて格差が大き過ぎる。極論を言うと、あるホームページを見てある人は救われたが、そのホームページを見なかったがために救われない人もいる。そういったことも具体例として起こっているということを私も認識しています。コンピュータ業界としてそれを是正するために、メーカー主導で何かをしていかなければいけないと思います。その点についてどうお考えになっていますか。

西室　コンピュータ業界として、いわゆる情報の南北格差的なものを解消するためにやるべき努力というのは、やはりいかに使いやすい端末をつくるのかということ、そしてその端末そのものをいかにローパワーで、ローコストで入手可能にするか、これに対する努力以外にないだろうと思っています。この努力は常にコンピュータメーカーとしてやらなければいけないことです。それ以外の部分、つまり、通信料の問題、あるいはコンテンツの問題というのは、また別の面だと思っています。

問　グレイザーさんとホワイティングさんに対する質問です。先ほどネットワークビジネスにおいてのサクセスエレメントとして色々とサジェスチョン頂いて大変勉強になりましたが、私どもも一応見解を持っています。プライオリティ順に言いますと、まずアトラクティブ・アンド・コンプリヘンシブ・コンテンツ、二つ目にカスタマー・サティスファクション、三つ目にホリスティック・バイラス・マーケティング、この三つのキーエレメントがこれからのネットワークビジネスの成功の要因じゃないかと分析し、それに基づいてビジネスモデルを構築しています。それに対してご意見は何かありますでしょうか。

ネット社会は先手必勝

グレイザー 私が前提として考えていたのは、ビジネスとしてまずプロダクトがある。消費者が望む商品があって、まだ商品がないならば他はもう何をやっても無関係だということだと思います。それからカスタマー・サポートも非常に大切です。当社のフィロソフィー、理念としてもそうです。

この二つが非常に重要ですが、これはどのビジネスでもそうです。インターネット以前もそうでした。またどこでもそうだと思うのですが、先ほどコメントしたのは、インターネットに特徴的であって、ほかには存在しないという要素です。例えばファースト・ムーバー・アドバンテージの話をしました。これはインターネットの世界では非常に重要です。消費者がこれを使うという決定判断が非常に早い。伝統的な製造業の世界では複数の企業があります。松下がすぐれた例ですが、常にファーストではないのですが、製造に非常にたけている、また継続的に改善を続けることによって後で参入しても成功できるということです。それもインターネットの世界でも可能かもしれませんが、少なくともこれまで観察したところでは、やはりファースト・ムーバーのメリットが非常に大である。だからその一商品でいいとカスタマーは決定する。そこから品を変えると、非常にコストが高くなってしまう。インターネットにおいても継続的な改善ももちろん重要です。これまでのところでは、例えばヤフーのほかにもサーチエンジンが色々あります。ライコース、グー、サップなどです。そういった企業はいずれも何千万ドルと投資をしてサービスのマーケティングをしていますが、しかしなかなかヤフーとの差を埋めることはできない。ヤフーと二位以下との差はどんどん広がっているぐらいです。そういったことを考えると、少なくとも当面、やはりこのファースト・ムーバーのアドバンテージというのはインターネットではほかと比べると圧倒的なものがあります。

インターネットと文化の違い

ホワイティング　みなさんがしばしば根本的にインターネットについて間違っていることがあります。インターネットはグローバルと言いますけれども、実は違います。インターネットさえあれば国際的な市場に到達することができると考える企業、人々、そしてほかの人と同じ考え方ができると思うのは間違いです。多くの米国企業が、Ｗｅｂサイトをつくれば一夜にしてグローバル化できると考えています。ひとつのＷｅｂサイトがあってみんながアクセスできる。「私と同じようなビジネスをやっている人は、私のＷｅｂサイトにいらっしゃい」。それでうまくいくと思うのは間違っています。

インターネットを使うということで、顧客はだれなのかということをもっと考えなければいけない義務が出てくる。一対一で顧客と対応しなければいけない、異なる言語、異なる文化、そして現地化された製品と対応していかなければならないということを意味しています。ですから例えば南アフリカの人と取引をしているというのであるならば、南ア人であるということはどういうことなのか。それに合ったＷｅｂサイトをつくり、それに合ったサービスを提供することが必要です。南アの人が受け入れるＷｅｂサイトをつくらなければなりません。グレイザーさんが日本の市場に売り込むということを言いました。ここにロケーションがあり、オペレーションがあり、人もいるということでした。Ｗｅｂサイトを持つというだけでは、すべては変わるわけではありません。共通言語はあります。しかし顧客はどういう人なのかということを理解しなければなりません。
インターネットは、文化をいかなる意味でも阻害するものではありません。特定のグループのユニークな側面を何ら侵害するものではありません。インターネットはひとつの異なる文化が尊重される世界をつくる可能性があるでしょう。それぞれの国々のそもそもの文化を維持することも可能でしょう。しかし一方において、非常に大きな危険として言えるのは、文化の違いを認識しない人、わからない人がいる場合、そしてもしそういった勢力が支配的になれば、これはまさに個々の文化の消滅を意味します。今ここで私が指摘したい点は、私たちが常に念頭に置かなければいけない危険です。それぞれの国々の、固有の文化が尊重され、維持されねばならないということを申し上げたいと思います。

問　私どもは、この夏に立ち上げたばかりのインターネット、IT専門のベンチャー・キャピタルです。これから日本でもリアルネットワークスのグレイザーさんのような成功を夢見て、数多くの若いベンチャー起業家が出てくると思います。私どもはそういう若いベンチャー起業家に投資し、支援していこうと思っています。私どものようなインベスターに対して期待したいこと、何か助言、アドバイスを頂ければと思います。

グレイザー　確かに新たなインターネット事業が米国で享受していた利点、日本だけではなく他の世界市場に対して有利であったのは、ベンチャー・キャピタルがあったということです。これは一九六〇年代に始まったビジネスです。大多数がカリフォルニアで、だんだんコンピュータからバイオテクノロジー、ソフトウエア産業という形で育っていったわけですが、インターネットにとって非常に強力な成長の力でした。現在は、企業を構築することに焦点が当たり過ぎて、ゴールドラッシュ精神のようなものが出ています。とにかくやろうと。

インターネットとベンチャー投資

ベンチャー・キャピタルに対する投資の最善の環境は、もしかしたらシリコンバレーではないかもしれません。シリコンバレーでは、みんなビジネスを始めようと、会社をつくろうとしているわけです。しかしみんな最初からベンチャー・キャピタル・ファンドをもらえるわけではありません。日本のような環境で、非常に深い才能のベースがあり、大変創造的な技術創出の力がある国で、革新的なことが起き得ると言えると思います。イノベーションが起き得ると思います。現在ちょっと難しい状況になっているのは、まだそういった伝統があまりない、ネットワークもいわゆる伝統としてはなかった、あるいは孫さんのようなネットワークについて投資をやる人々、あるいはインプレスの塚本さんのような方々があまりいらっしゃらなかったということがあるかもしれません。しかし今、こういったグループがだんだんできつつあるわけです。日本の優秀な能力を活用し、こうした投資をやった経験のある人たちを組み合わせることができると思います。

私どもの取締役に、十五年来の友人であるK４の創始者ミッチ・ケイパーがいます。彼にぜひ取締役会に入ってほしいと言いました。というのは、彼はロータス・ディベロップメントという会社をつくったからです。ロータスはパソコンソフトウエアで最も重要な会社ですけれども、彼は企業が通過しなければならない、急速な成長を遂げているときに通らなければならない道をすべて知っていました。私は、何か問題があれば色々な段階で、色々なチャレンジについて彼に相談することができ、大変有利でした。

唯一言えることは、日本にある成功した起業家精神を活用し、新しい起業家たちがかつての開拓者的な成功者とコネクションができるようにすることを担保することだと思います。そうすることによって次世代の起業家をつくり出すよい環境ができると思います。

問　一九九九年の六月と七月に、東芝と一人の消費者との間のやりとりについて世論に影響を与えた事件がありました。こういう事件はこれからグローバル化が進むにつれてどんどんもっと大きく、しかも数も増えていくと思います。西室さんに今回の事件から得られた教訓を教えて頂きたい。

西室　非常にしんどい質問を……。

ご指摘のとおり、この事件の発生以来の経過を考えてみると、私どもの会社として反省するところが非常に大きい。それは何かというと、まず、アクセス数があそこまで増える前に、何かちゃんとした手が打てなかったかという点から始まって、一体それに対して答えるのには何が一番適切であるかということについて、はっきりとした手段を持っていなかったということです。これから先、同様なものがやはり増えてくると思っています。

インターネットの世界の中で今後どういうふうに発展していくのかについて、いまだに私どももわからない部分があります。それでこれから先、私どもは同様のことが発生しないようにやるべきことというのは、まず基本的にはお客さま対応についてのトレーニング、あるいは社内のエシックス（倫理）についてしっかりとした見直しと、それの実施、学習をやり直すということです。

あの事件の中で一番私どもとして反省するのは、いわゆる暴言と言われる部分、それが一番反省の対象です。やはり社外の方に対する基本的なコミュニケーションの姿勢として、私どもの企業に足りないところが明らかにあった。これだけは認めざるを得ないし、これは世間に対しても謝らざるを得ないという判断をしたわけです。

ちょっとまとまりがないのですが、私どもとして多くの反省事項があったということ、それからこれから先も多分いろいろな形で起きてくることだろうと思います。そのたびに「インターネット東芝事件」という名前で言われるのは極めて、今後もしんどい話でありますけれども、新しい先例を決して私どもの意思でなくつくってしまったということですから、同じようなことは起こさないつもりですが、今度似たようなことが起こるとすれば、もっと上手なハンドリングができるだろうと思っています。

問　会社で、組織と人事のコンサルタントをやっています。西室さんに答えて頂きたいと思います。先ほど、新しい社会に今後変わっていったときに、一度今の組織を壊さないと対応できないという話がありました。抽象的ですが、これから新しい社会に対応していく組織について、可能な範囲で答えて下さい。

西室　抽象的な質問に抽象的に答えるというのは、まことに申しわけないのですが、あまり詳しくどういう組織をつくりますという話をすると、私どものアドバンテージが多分なくなってしまうという気がします。基本はなるべく意思決定のスピードが速くなるということと、それからレポーティング、あるいは情報のレイヤーがなるべく少なくなるような組織というもの、これがやはり理想だろうと思います。

それで、これをどうやって構築するかというのは、それぞれの会社が必死になってこれから考えていかなければいけないという事項だと思います。先ほど例を引いたGEにしろ、私どもにしろ、色々な情報交換はもちろんやっていますが、決定的にこういう組織でなければいけないというものは、まだどこにも確立していない。そういう新しい組織形態、あるいは企業の経営論というもの、それをこれからつくり直していかなければならない時代に今、入っているということだと思います。

ホワイティング　私からも一言申し上げます。コマースネットが世界で毎年展開し、多数の企業トップと話をして、どういうチャレンジがあるか、あるいはEコマース導入にどういう障壁があるかということがあります。米国では今年、初めて組織あるいは企業文化の壁といった話が出てきました。企業内の文化が邪魔になって、Eコマースの導入が進まないという話です。そういった企業トップと細かく話をしてわかったのは、直面している問題は結局、既存の組織構造がインターネットとうまく合致しない、テクノロジーとビジネスモデルの両方を理解している人間が少ないということでした。

新しいインターネットという空間、新しい環境に進んでいくためには、企業組織、人事政策、企業環境が一番の課題です。つまり企業のトップがそういったものについてビジョンを持っていないといけない。CEOが本当に立ち上がって「これこそが将来の方向だ」としっかりしたビジョンを語れるでしょうか。GEとか東芝は違うかもしれませんが、全く新しい組織モデルでやっていくんだということをなかなか言えない。多くのCEOはそれぞれの部門担当がやればいいんだというふうに他人任せにしてしまう。しかも社内での色々な抗争があって、だれがインターネットを担当するかといった、いがみ合いに終わってしまうことが多いと思います。

問　いつもリアルオーディオ・プレーヤーを無償で使っています。グレイザーさんは九五年からこのリアルオーディオ・プレーヤーを無償配布しているとの話でしたが、たくさんの会社が色々なシステムを無償配布していても、ビジネスに成功し、発展しているものはあまりないと思います。どうしてリアルネットワークスがこんなに発展されて、うまくいっているのか、今後どのように展開していくのか教えて頂きたい。

インターネット視聴者の確保

グレイザー　ご利用頂きありがとうございます。四年間無償でお使い頂いたのなら、そろそろプレーヤープラスを購入して頂ければと存じます。それはともかく、実はそれが答えにもなっているのですが、製品づくりです。よりコンシューマーに使いやすい商品をつくっていきたい。収益の手段として考えているのは、色々な機能を追加し、あるいはプロダクトを追加することによって、そこからの利益を考えています。

それからもうひとつ。視聴者が十分に広がると、それだけ宣伝もスポンサー探しもしやすくなります。リアル・ジュークボックスは千万売ったと最近、発表しました。アメリカではインターネットの家電販売会社とパートナーを組んでいますし、あるいはミュージック・カンパニー、エイトハンドレッド・ドット・コム、もうひとつチェックアウト・ドット・コムとも提携しています。そういったところから広告費をもらっています。それは私どもが到達する視聴者の幅が広く、しかもしっかりターゲティングした視聴者なので、それだけ広告費をかけても売りやすいということです。

もうひとつの収益としては、ソフトウエアの放送（ブロードキャスティング）です。無料ですが、そのアドバンス・バージョンは有料の部分もあります。このように収入源を多角化して広げることによって、今では三種ぐらい当社にとって確たる収益手段があります。

普遍性ということも大切です。これによってリレーションシップ、顧客との関係を構築することでどんどん収益は確保されるわけで、これまでの経済的成功の秘訣はそこにあると思います。今は上場企業ですので、将来の成長の方向についてははっきりしたことは申し上げられませんが、前年同期比で一番最近では八五パーセント成長しています。この二、三年、毎年八〇パーセントから一〇〇パーセント成長を続けています。将来的にもその成長期待は大だと思います。ただ実現不可能な公約をする企業にはなりたくないと思っています。それは商品においても、また財務においても。ですから将来の成長目標については、それを実現した段階で発表するということでお許し下さい。

問　ホワイティングさんに対する質問です。日本市場で、サプライチェーン・マネジメントをソリューションとして展開してきて、複数の企業に売ってきてわかったのは、専有的なソフトウエアが日本の企業ですでに使われているということです。CEOとイニシアティブということについて先ほど話がありましたが、今申し上げた問題についてはどういう対応をしていますか。

ホワイティング　興味深いチャレンジがあると思います。あまり標準化すると、一方では専有の独自のソリューションをもっており、それぞれやり方が違う。それぞれイノベーションがあって、アイデアもコントロールも違う。その一方で、全員が同じことをやる。それは結局、共通項が最低のところに落ちてしまって、結局何もうまくいかないということになります。このエコ・モデルで指向しているのはその中間点であろうと考えます。つまり十分にイノベーションが確保され、各人が専有のプロプライヤーなビジネスプロセスを使うことができ、ユニークにビジネスをすることができる。しかし共通項も探す。複数のベンダーで各パートナー間との交渉によって、そこら辺をインテグレーションする。しかしすべて同じソフトウエアに統一して、同じベンダーから買うということではないのです。一社が一社のベンダーからしか使えないということではない。これまでは独占的に一社のソフトウエアしか使えないということもありました。今はありませんが、米国北西部でそういう状況があったのです。ですから全く同じということではないのですが、インターオペレーションが可能な環境をつくる。それぞれがソフトウエアを持ちながら、そのインプリメーテーション、アプリケーションの設計上、他のアプリケーションとの互換性がきくようなモデルを、ということなのです。

ソフトウエア会社の多くがそういったモデルを出そうとしていますし、大手のソフト会社、テクノロジー会社、サプライチェーン・マネジメント会社なども、そういった方向を志向していると思います。フェデックスもそういう考え方をサポートしてくれていると思います。サイトに入りやすい互換性、インターオペラビリティーを可能にするような、それが将来のモデルです。そうしない企業は、結局市場から脱落すると思います。歴史を振り返っても、あまり長く専有技術にしがみついていると市場全体にとってマイナスで、そしてみずからも消滅の道を……ということで、必ずだれかが出てきて、防御できない、落ち込むほかないということになってしまうと思います。

4章

日本企業再生への道

1　日本企業は復活する

日本経済新聞社論説副主幹　西岡幸一

「失われた十年」というのがこのところ日本経済を捉えるときのはやり言葉になっている。だから、いつから二十一世紀が始まるのか、厳密な議論は別にして、次の「〇〇年代」、二十一世紀にはこんなていたらくを再び繰り返すまい、という決意が企業や経営者にみなぎっている。

確かにいろいろな経済指標を振り返ると、九〇年代の日本経済のあまりの惨状に落胆する。日本の平均ゼロパーセント台成長と米国の三パーセント台の成長率が十年続けば、その格差の累積はとてつもなく大きい。失業率は年間平均でも九九年には、日本の四・七パーセントに対して米国は四・二パーセントと日米逆転した。間違いなく「〇〇年代」の経済を牽引する情報化投資は米国では加速度的に拡大し、新しい企業やビジネスが誕生しているのに、われわれは過去の過剰設備の始末に四苦八苦している。歳出の四〇パーセント強を国債の発行で補わなければならないほど財政のバランスは悪化している日本に対して、米国は巨額の財政黒字を何に充てようか、使い道の選択にうれしい悲鳴を上げている。向こうは未来への切符を握りしめているのに、こちらは乗り越しの精算に大わらわ。次の切符どころではない。八〇年代には見えてこなかった病巣も一気にあらわになってくる。簡単にスケッチするとこんなありさまだ。

この責めを誰に帰すべきか。政府の政策運営の失敗や世界の政治・経済環境の激変などいくつもその候補を指摘できる。企業も環境変化の影響を受けるだけでなく、主体的に経営システム、企業制度を状況に適応できず、その結果、世界市場での競争に遅れをとって「失われた十年」の中に埋没してしまうことになった。何よりも企業収益が上がっていないし、主要な商品・サービスの世界市場でのシェアは目に見えて低下している。半導体を例にすると八〇年代末には世界市場の過半を占めていたのが最近では四分の一に低下した。さまざまな国際経済研究機関の競争力調査ではつるべ落としでランクを下げている。

この現状を踏まえて噴き出てくる疑問は、八〇年代に世界に喧伝された経営システム、すなわちメインバンク制、垂直的生産の系列、雇用重視、マネジメントと現場の情報共有などの特徴はもはや時代遅れで、経済活動の拡大発展の妨げになっているのだろうか。仮にそうだとすれば、どういう形に変更し、何を補強すれば再活性化につながるのか。日本企業がこれから目指すべき、望ましい企業システムというのがあるのか、ということであろう。「世界経営者会議」での議論の焦点もそこにある。

恐らく、バブル期をピークに、一生懸命走ってきた日本企業は、区間記録では金メダルに輝いた。しかし、レースはそれで終わりではない。バブル後の区間を走り始めて、気が付いてみたら競技場のトラックは直線ではなく、円形であった。後続集団はカーブを曲がるのに、自身は直線コースを走り続けた。冷戦体制の崩壊、グローバリゼーションによる世界的競争、IT（情報技術）の革新などが競技場の構造を大きく変えた。それはおかしいからもう一度トラックを直線に戻せ、といっても経済発展の流れだから仕方のないことだ。それに対してドンキホーテのように立ち向かうのは喜劇でしかない。

ただコースが曲線になったからといって、走り方を全面的に変更しなければ走れないということではない。脚力の強化か、腕の振りか、ピッチ数か。体の傾け方かも知れない。どこをどう改善して走力を強めるかである。

間接金融を軸にしたコーポレートガバナンスのありよう、根回し・稟議などに代表される経営スピードの問題、人材や企業そのものを可及的速やかに流動化・改編しにくい法制度など、九〇年代の世界的な流れに日本経済を乗せるのをせき止める要因が企業システムにあったのは否定できない。

しかし、一方で世界に通用しうる普遍的な制度までも、足もとの自信喪失に紛れて否定している嫌いがある。自動車産業などが先鞭を付けた生産システムは、リーンシステムとして米国で集中的に研究され、世界の産業界の共有財産になっている。これを壊す必要はない。必要なのはITをうまく取り込んで需要の発生に対して、どれだけ短い時間で供給が対応できるかの工夫だ。

従業員や取引先、地域住民などステイクホルダーを重視するという経営観も、力点を置く程度の問題であって、シェアホルダー（株主）を無視すると言うことではない。シェアホルダー重視か、ステイクホルダー重視か、どちらか一方でなければならない、というものではない。利益を上げ、株主への責任を果たさずしてステイクホルダー論をぶつのはそもそも話にならないのであって、人間の価値に中心を置いた企業モデルというのは形を変えて常に存在しうるものであろう。

世界にただ一色の市場経済しか存在し得ないのではなく、発展段階によってバリエーションがあっても良い。投機資本に市場を混乱させられたマハティール・マレーシア首相ら東アジア諸国などの主張だ。計画経済から市場主義の経済へ移行しようとしている経済に、画一的に市場経済化のプログラムを当てはめてもうまく機能しない、ということもロシア・東欧諸国の例で明らかになった。先進諸国の中でも生産要素の比較優位性や歴史的制度の相違によって企業経営のありようが異なっても構わない。

経済活動の究極の目的が、国民全体の経済水準を向上させることなのである。労働者が一〇〇パーセント経営者であり資本家でもあって、同時に消費者でもあれば利益の相反を生じない。何をやっても結果はすべて自らにはね返ってくる。が、普通はそうではない。結果の非対称性がある。空前といってもよい株式市場の活況で、株主の大衆化が進んでいる米国でも株式を保有しているのは世帯の半分だ。仮に企業が利益を上げるために従業員を解雇すれば、そこから利益を得る者と不利益を被る者との格差が出る。

日本の企業システムに問われているのは、もう少し市場経済、自由競争の基本原理をはっきりさせましょう、ということだろう。弱者に目配りし、相互扶助の仕組みを埋め込む必要性も福祉向上の面から否定できないが、それが経済活動の活力を奪っている結果になっているとしたら、見直した方がよい。経済を牽引する産業や企業がなくて、分配の仕組みをいくら公平にしても意味がないからだ。その際に産業界や社会の意識の転換を促すために、しばらくは意図的に現状否定という対極へ議論を振ることも必要だ。そのなかでこれまで依拠してきた企業システムの冗長な制度や弱点、逆に一層強化すべき側面も見えてくる。

現実に目を転じると、過去の成功体験の歴史を引きずり、一方では世界市場での競争や資本市場からの批判なども浴びながら、日本企業の経営は右往左往しているだけか、というと、実はそうでもない。ドラスティックな経営変化や、三十万人の人員を削減して二十万人を新たに増やすなどの大リストラになれている欧米経済人の目からすると、日本企業の行動は相変わらず優柔不断で、まさに

「能・狂言」の演技のような緩慢な行動に映るかもしれない。しかし、その着地点が米国型に限らないとしても、明確に体質改善に転換した、といってよいだろう。

昨年秋、ゴーン氏を迎えた日産自動車が二万人強にのぼる人員の削減や主力工場の閉鎖を含む大リストラ計画を発表した。この記者会見には内外五百人を超える報道陣が集まり関心の深さを示したが、在日経験の長い知日派ジャーナリストの評価は辛かった。シリコンバレーの機関紙とも言える「サンノゼマーキュリー・ニューズ」などを発行しているナイトリッダーの特派員は「こんなプラン程度ではとても不十分。今日の問題に明日の回答」という趣旨の原稿を送っている。

その見方が分からないわけでもない。リストラ策を水準で見れば世界のメーカーが経験していることである。しかし、企業行動の変化率に着目すると、大きな飛躍がある。スキーのジャンプ競技に見立てれば「K点超え」といってもよい飛行を見せている。

周知のようにジャンプ競技では着地するスロープのところにK点のラインが表示してある。これ以上遠くへ飛ぶと危険という意味ではあるが、優勝を狙うならそのラインを超えることが大きな目安だ。日本企業はもしかしたら着地に失敗し、複雑骨折をするかも知れないが、とにかくK点超えに続々踏み切っている。例えばどのような面でK点を超えたといえるのか。大きく捉えると三つある。

第一は「金融」のK点だ。日本経済を長い不況に突き落とし、企業の経営不安を増幅させた大きな要因のひとつは不良債権の累積を根っこに持った金融機関の経営行き詰まり、それに伴う金融システム問題である。山一証券、北海道拓殖銀行、日本長期信用銀行、日本債券信用銀行などの破綻がどれほど日本経済に打撃を与えたかを考えると明らかだ。これには間接金融から直接金融への金融パイプの変化も根底にあり、政府はいわゆる護送船団行政をやめ、金融ビジネスの自由化・垣根撤廃のビッグバンに踏み切ったが、銀行など金融業界も従来では考えられない合併・提携や業界再編で経営改革に乗り出している。

代表例は住友銀行とさくら銀行の旧財閥系列を超えた合併であり、日本興業銀行、第一勧業銀行、富士銀行の三行の事業統合である。長銀を米国のリップルウッド・ホールディングスに売却するということも様変わりの行動変化だ。金融機関が合併すれば問題が解決する、という単純なことではないが、避けて通れない店舗・人員の削減、事業の見直し・統廃合が必然的に金融機関の経営を根本的に変え、さらに金融機関の系列横断的な統合が産業界の再編・統合にも波及する。

第二はその「系列」のK点だ。系列が違っても合併・提携に踏み切る企業が増えてきた。従来なら端から視野にない企業同士の協力関係が珍しくない。最も系列システムが完成されている自動車業界で、日産自動車やマツダなど外資系企業が先陣を切る形で、系列の下請け企業の数を削減したり、持ち合い株の放出が増えている。エレクトロニクス業界では、従来なら日立製作所に特化していた茨城県下の中小企業が京浜地区の東芝やその他、日立にとってライバルの企業と取引を始める例が増えている。産業界全体でも、限られた取引企業の集団を系列として抱え込むより、資材調達や取引の範囲を系列外の企業にまで、広く拡大した方が経済合理性が高い、という判断が広がってきた。

このK点超えを幅広く捉えると、インターネットの活用や生産システムの変化で、企業内の取引や系列を含めた企業グループ内の取引よりも、企業外や企業グループ外との取引つまり市場からの調達の方が安上がりになる例が生じていることを示している。R・コースの理論を持ち出すまでもなく、企業が自社で生産するのは市場からの調達よりも取引費用の節約などコストが低いからである。仮に自社生産の方が割高としても、納期、品質格差などの面でそれを正当化できる理由があった。それが今や専門企業の誕生などにより、積極的な外部調達いわゆるアウトソーシングの方が有利になる環境も出てきたのである。

第三のK点超えは「雇用」のK点だ。倒産の危機や二年連続の赤字などに直面しない限り雇用削減に手を着けなかった企業が、このままでは立ち行かないとして真剣にリストラに励んでいる。資本市場はより大胆な雇用調整を求めているが、社会の一般的な認識も、企業の経営がまず立ち直らなければ経済全体が沈没してしまうとして、一定の雇用リストラを許容するようになってきた。こうした環境下で、連結ベースで十万人前後の従業員を抱える企業なら、数年かけて一—二万人の人員を減らすという計画が相次いだ。

赤字ならもちろん、減益でも大胆な雇用調整を辞さない米国企業などから見れば、微温的だがこれまでの日本企業の行動と比較すれば大きな方向転換である。むろん雇用問題は最後まで残る日本企業の母班であり、簡単に払拭できるものでなければ、すべきものでもない。社会のセイフティネット形成への企業の関与の仕方にもかかわる。ただ、雇用問題が足かせになって、金の卵を生む鶏を殺してはいけない、という点で合意形成ができてきた。消失する雇用を嘆くのと同等もしくはそれ以上に新規の雇用創造に力点を移すことが重要だ、と認識し始めた。

こうした日本企業の変化、ここでいう「K点超え」が十分に有意な変化、言い換えると後戻りのできない不可逆的な変化であるかどうかは議論が別れる。海外メディアや識者の中には現在の状況も、過去に何度もあった「のど元過ぎれば熱さを忘れる」のたぐいだ、と冷ややかな評価も見られる。一万人を超える雇用削減、と新聞の見出しにあっても、「その中身は定年その他の退職者の不補充と新規採用の抑制ではないか、それもただいま時点ではなく、数年掛けてのことではないか」と突っ込まれるとその通りである。それで効果があるのか、それで現在の経済不均衡を回復できるのか、いずれより大規模な調整を迫られる、という見方もある。

しかし、いきなり米企業などと比較しないで、日本企業の経営展開の歴史の線上に置いて眺めると、不連続とも言える変化は否定しがたい。日本企業の本質的な弱点といわれる経営の意思決定のスピードも改善の兆候が明らかだ。

体重によって生体を支配する時間が違うという「ゾウの時間ネズミの時間」にならえば、大企業はまさにゾウの時間軸で経営の意思決定をしてきた。従来なら七年分の技術革新や経済変動が一年で生じるというドッグイヤーの時代にこれではついていけないのは当たり前だ。ゾウの墓場が随所に誕生しそうなのもうなずける。

ところが、ここにきて社内分社化、経営戦略と執行の分離など組織改革が目立っている。企業再編法制も整備され出してきたのでもっと大胆な組み替えが頻発してくるだろう。それらは意思決定の迅速化を促進する。傍証はある。最近の企業の合併・事業の再編の増加だ。事業分野を絞り込む企業リストラの一環として、事業のライバル企業への売却、統合が金融、エレクトロニクス、化学、流通、薬品などをはじめとして頻発している。海外企業の日本企業相手のM&Aも活発だ。内幕を聞いてみると協議を始めて二、三カ月で決めたという例が少なくない。アメリカ・オンラインとタイム・ワーナーのように超ド級の合併でも、トップ同士、責任者同士が話し合って即決、という欧米流にはまだいかないが、社内、大株主、メインバンク、取引先などの根回しにゾウの時間どころかマンモスの時間軸で動いていたのと比べると様変わりである。

世界の産業界を眺めると市場主義とりわけ資本の効率を最重点にする米国型の企業システムが全盛

である。この米国型に代表されるアングロサクソン型に対して、労働者の経営参画など、これまではそれとは一線を画していた独仏など欧州大陸のラインアルペン型企業も転換を図っている。ダイムラー・ベンツやシーメンス、ヘキストなどの独企業やルノーなどのフランス企業の戦略を見ればよくわかる。ごく最近では重機械・通信の大手マンネスマンが英ボーダフォン・エアタッチに敵対的買収で合併されることになり、ドイツ企業がますます英米型の株主重視経営の嵐にさらされることになった。国境の壁を越えて資本が自由に動き、世界の市場が単一化されてくるに従い、日本企業と同様に、主導権を握っている国のシステムと隔絶して存立しにくくなってきたからだ。高い失業率に悩んでいるところから、なにはともあれ顕著に雇用を創出している米国型のシステムにひかれていることもある。

気になるのは、こうした日本企業の転換努力が実を結ぶのかどうかである。すなわち日本企業は復活できるのか、ということだ。

識者や評論家によっては、悲観的な見方もある。日本企業の体質改善が遅々として進んでいないし、進んでいるとしても、それよりももっと速いスピードで米企業はビジネスモデルの転換を実践し、ITの応用も進んでいる。彼我の格差はますます広がっている。そのうえ台湾や韓国など日本と直接競合する東アジア諸国は大胆に米国型の経営モデルを取り入れ、人的交流も活発にして競争力を強化しているので、前門の米国、後門の韓国・台湾に挟まれた日本は分が悪い、というわけだ。

だがこうした判断は現在の苦境にとらわれすぎて、日本企業の潜在能力や適応力を過小評価している。巨大な購買力と生産力・技術開発力を基盤にした国に足場を置いた企業がそんなに簡単に凋落するわけがない。自らの欠点を知り、他者の長所を認めれば立ち直りはそう難しくない。

現に格差の拡大が心配されたIT分野でも普及は目覚ましい。移動体通信では互角以上に渡り合えそうであるし、インターネットが家庭に浸透すればするほど日本企業の出番は大きくなる。ITハードの製造では日本の部品企業を抜きにしては世界は動かない。コンビニを結節点にしたインターネットと物流の日本発の新しいビジネスモデルも動き出した。

八〇年代後半に日本企業が米企業を捉えた象徴でもあった半導体は、先に示したように長いトンネルを経験しているが、ようやく抜本的な戦略転換が始まった。日立とＮＥＣというライバルがメモリー事業で共同会社を作る一方、台湾、韓国企業に生産委託するところが続出している。自らは比較優位の事業に注力する構えだ。

重厚長大型企業の事業再編も加速している。どの業界にもあった「総合〇〇社」、「三羽がらす」、「御三家」、「四天王」などと形容される、業界地図が急速に塗り替えられている。衆議院選挙になぞらえていうと、定員三人、四人の中選挙区制から一人しか当選しない、その代わりに区域が狭い小選挙区制に、業界の生存ルールがいや応なく切り替わってきた。このことはとりもなおさず企業に生存への強い変身圧力を掛け、活路の模索を促している。通信、金融、運輸などに続いて電力の自由化も始まる。鉄鋼、化学、商社だけでなく海外企業の市場参入もある。最後に残った殿様産業も競争の波に洗われることになった。

日本企業はバブル崩壊と景気サイクルの低迷期に覆いかぶさるように、規制緩和や企業会計のルール変更など、企業を取り巻く重要な制度改定に直面した。どれも国際化の流れに沿うもので不可避であったとはいえ、それまでは是とされていた制度が替わるのだから、当然過渡期の混乱や追加負担がのしかかる。それは見かけの企業業績を著しく悪化させ、市場の評価も下げる。それをようやくこなして、平常の経営軌道に乗せ始めてきたのが現状だ。その意味で過渡期の揺れる眼鏡を外して、ピントのあった目で今後の企業を見なければならない。

失われた十年の責任が日本的経営にあるように見るのは間違いである。半面、日本的経営を強調しすぎて、世界的な経営環境の変化に付いていけなかった側面があるのも事実だ。日本企業が育てた普遍的な経営要素は抽出して維持し、海外で考案された知恵を躊躇しないでそこに重ねる。企業が次の時代に成功するための画一的な経営パターンなどはない。賢明な企業は成功にも学ぶが歴史にもっと多くを学ぶものだ。

2　健全で創造的な競争社会の構築

アサヒビール名誉会長／経済戦略会議議長　樋口廣太郎

大型経済対策の効果

経済戦略会議はこれまで十四回の会合を重ね、現在は各省庁間でフォローアップを行っています。今日はその最終答申「日本再生への戦略」に沿って話を進めたいと思います。

そもそも戦略会議の火つけ役は堺屋太一さんだと思いますが、大臣（経済企画庁長官）になられたために私にその役が回ってきました。答申は英文でも発表しており、シラク仏大統領も「大変よかった」とほめてくれました。

答申はまず「日本経済の現状認識」として「先般の大型経済対策の効果が徐々に顕在化し、景気の急激な悪化に歯止めがかかる兆しも一部にみられ始めた」と指摘しています。確かに一九九九年一－三月も四－六月も、GDP（国内総生産）はプラスに転じました。「しかしながら、民間需要は全体として停滞基調を脱するに至っておらず、経済対策効果が一巡した後の景気の自律回復への展望は依然として不透明である」としています。

橋本内閣は「六つの改革」の中で、行政改革と財政改革に取り組みましたが、スピードとタイミングが悪かったと思います。全委員からスピードが速すぎた、急ぎすぎた、出すタイミングが悪かったという意見が出されました。その結果、最後は消費税問題で行き詰まり、せっかく補正予算を組みながら、それを使わずに辞めざるを得ませんでした。そして小渕総理の下で引き続き議論を重ねてきたわけです。

景気の自律回復への展望が不透明な背景としては「戦後の日本経済の飛躍的な経済成長の原動力となってきた日本的システムのいたるところにほころびが生じ、これが日本経済の成長の足かせ要因として作用し続けている」という事情があり、その原因としてまず「雇用・年金の先行きに対する不安」があり、「日本型の雇用・賃金システムや手厚い社会保障システムが制度としてのサスティナビリティ（持続可能性）を失いつつあることに起因して」おり、新しいセーフティネットが必要となっています。

また「規制・保護や横並び体質、護送船団方式に象徴される過度に平等、公平を重んじる日本型社会システムが公的部門の肥大化、非効率化や資源配分の歪みをもたらしている。このため、公的部門を抜本的に改革するとともに、市場原理を最大限働かせることを通じて、民間の資本・労働・土地などあらゆる生産要素の有効利用と最適配分を実現させる新しいシステムを構築することが必要である」とし、第三に含み益や含み資産を中心とする「日本的含み経営がグローバルスタンダードからみて非効率化し、リスクへの挑戦を困難にしている。土地担保融資をベースとする日本型間接金融システムも機能低下に見舞われている。わが国の有する豊富な貯蓄が、二十一世紀の日本経済の発展に資する形で有効かつ効率的に活用されるためには、日本的経営システムを一段と効率的なものに改める必要がある」としています。さらに、いまの「閉塞感の根底には、家計や（特に）企業が将来の持続的成長に対して自信を喪失していることがある」とはっきりうたっています。

日本経済の潜在能力を活かす

次に「経済再生に向けた基本戦略」としては、各経済主体が将来への自信を喪失しているわけですから「将来への自信を取り戻せるような新しい日本型システムを構築する必要がある」と考え、そのためには「あらゆる既存システムの大幅な見直し」が不可欠と指摘しています。

そして「貸し渋りや信用収縮が指摘される中で、少なくともマクロ的には日本経済は千二百兆円も

アサヒビール名誉会長　経済戦略会議議長

樋口　廣太郎

経済戦略会議で次々に政策提言

住友銀行副頭取を経て一九八六年アサヒビール社長に就任した。当時、ビールのシェアが事実上最下位だった同社を「夢をもって前へ、前へ」と呼びかけながら社内を変革。「スーパードライ」の大ヒットでシェアを就任時の一〇パーセント弱から社長交代時には二四パーセントにまで引き上げ、旋風を巻き起こした。

古いビールを回収したり、顧客からのマイナス情報を収集するためマーケティング現場に女性スタッフを多数配置するなど、ユニークな経営手法でも知られる。社長在任の六年間にアサヒビールの売上高は三倍強に拡大した。

「再建請負人」の手腕を買われ、九八年八月に発足した小渕恵三首相の諮問機関「経済戦略会議」では議長に。同会議は金融機関への資本注入による金融システムの早期再建を促すなど、民間発で政策を次々に提言、景気回復の一翼を担った。九九年二月には最終報告「日本経済再生への戦略」をまとめている。

の個人金融資産や百兆円を大幅に上回る対外純資産などを有しており、金融面では依然として強固な基盤を有している」「また、半導体や液晶、精密機械などの製造業分野においては、中小企業も含めて世界有数の技術力を持つ企業が少なくない。諸外国と比べて高い教育水準に裏付けられた優秀かつ勤勉な労働力の存在など、わが国経済を支えてきた発展の基礎はいささかも崩れていない。要は、日本的システムのよい部分は残しつつも、機能低下に見舞われている旧来型システムについては、日本経済が本来持っている基盤と潜在能力を前向きの形で生かせるような新しい仕組み」をつくろうと言っています。

日本は米国の人口の半分です、米国は世界的通貨であるドルを発行できる。いわば造幣局と印刷局の両方を持っているような国との比較で、資源のない日本はその半分をやや上回る経済力を持っています。またアジアの中で、日本はGDPで約六〇パーセントを占めています。中国は大変多くの人口と資源と広大な土地を持っていますが、約一三パーセント。香港を含めて一五パーセントです。韓国は急速によくなっているものの、アジア全体に占める比率は約七パーセントで、次いでタイは約二パーセントだから大変な違いがあります。

日本経済再生に向けた第二の基本戦略は「規制・保護や護送船団から決別し、創造性と活力に溢れた健全な競争社会を構築する」ことです。競争社会は、創造性と活力に溢れた、かつ「健全な」ものでなければ、これからの日本はだめです。だから「努力した者が報われる公正な税制改革や創造的な人材を育成する教育改革など、個々人の意欲と創意工夫を十二分に引き出す新しいシステムの構築が不可欠である」。その結果、当然脱落する者が出ますが「敗者復活を可能とし、安心を保障する『健全で創造的な競争社会』にふさわしいセーフティネットの構築が極めて重要である。具体的には、個人の転職能力を高め、雇用の安心を確保する労働市場改革や事後チェック社会にふさわしい司法制度の改革、さらには年金・医療・介護など、持続可能で安心できる社会保障システムの構築によって、すべての国民にセーフティネットを提供する必要がある」と考えています。

基本戦略の第三は「バブル経済の本格清算と二十一世紀型金融システムの構築」です。金融は経済の血液とも言われているだけに「金融機関の整理、再編を促すと同時に、不良債権の実質的な処理（担保不動産の流動化）を促進することであり、そのための新しい仕組みや制度、環境整備が急がれる。その成否を握るカギは、優良不動産も含めて不動産の流動化、証券化を促進し、不稼働資産を、キャッシュフローを生む稼働資産に変えることにある」として、キャッシュフローを重視することをうたっています。

そして「土地本位制から早期に脱却し、日本型の間接金融を補完、代替する新たな金融仲介ルートを構築する」「二十一世紀を迎えて多様化、高度化する金融サービスに対するニーズに的確に応え『金融サービス産業』の成長を促す」としています。

基本戦略の第四である「活力と国際競争力のある産業の再生」については後ほど詳しく申し上げます。

創造的な競争社会を構築

基本戦略の第五としては「都市再生、環境、情報インフラ、教育・人材育成、福祉、住宅などを二十一世紀に不可欠な国家的重要分野と位置づけ、民間の活力を十二分に引き出しつつ、新産業創出と地域の再生に結びつけていくことが求められる」と率直に述べています。

「健全で創造的な競争社会の構築とセーフティネットの整備」について、もう少し詳しく言うと次のように指摘しています。まず「競争社会という言葉は、弱者切り捨てや厳しい生存競争をイメージしがちだが、むしろ結果としては、社会全体をより豊かにする手段と解釈する必要がある。競争を恐れて、互いに切磋琢磨《さつさたくま》することを忘れれば、社会全体が停滞し、弱者救済は不可能になる」と言い切っています。

「社会全体が豊かさの恩恵に浴するためには、参入機会の平等が確保され、透明かつ適切なルールの下で、個人や企業など民間の経済主体が新しいアイデアや独創的な商品、サービスの開発にしのぎを削る『創造性の競争』を促進する環境をつくることが重要である。これまでの日本社会に見られた『頑張っても頑張らなくても、結果はそれほど変わらない』護送船団的な状態が続くならば、いわゆるモラルハザード（生活保障があるため怠惰になり、資源を浪費する行動）が社会全体にまん延し、経済活力の停滞が続くことは避けられない」

「日本人が本来持っている活力、意欲と革新能力を最大限に発揮させるため、いまこそ過度な規制・保護をベースとした、行きすぎた平等社会に決別し、個々人の自己責任と自助努力をベースとし、民間の自由な発想と活動を喚起することこそが極めて重要である」

「しかし、懸命に努力したけれども、不運にも競争に勝ち残れなかった人や事業に失敗した人には『敗者復活』の道が用意されなければならない。あるいはナショナル・ミニマム（健康にして文化的な生活）をすべての人に保障することは『健全で創造的な競争社会』がうまく機能するための前提条件である。このようなセーフティネットを充実することなくして、競争原理のみを振りかざすことに対しては、決して多くの支持は得られないであろう」と考えています。

そのための重要な課題として「個人のエンプロイアビリティ（転職適応能力）を高め、有能な人材が二十一世紀の日本をリードする新しい産業にスムーズに移動できるような雇用流動化に向けた環境整備が不可欠である。そのために緊急に必要なのは、転職する人が新しい技能を修得しやすくするための『能力開発バウチャー』の導入である」と指摘しています。具体的には、十年以上一つの企業に勤務した人が学校に入ったり職業訓練を受けたりする場合は、その費用の半分を、百万円を限度に負担します。

努力が報われる税制改革

「努力した人が報われる公正な税制改革」では「税のインセンティブシステムとしての有効性を高めるため、よりフラットな直接税の体系を目指すこととする。抜本的な所得税減税を行うとともに法人税、相続税などの直接税の減税を引き続き行う」。

「その際、節税目的の『法人成り』をなくすため、所得税の最高税率が法人税の実効税率を上回らないようにする」と、無理に法人にすることをなくすため、大きな歯止めをかけています。

第三に「また、税の体系を中立化・簡素化し、課税ベースを拡大する。所得税の課税最低限の引き下げや赤字法人課税に取り組むとともに、租税特別措置や軽減税率を見直す」

第四は、消費税に「インボイス方式の導入、簡易課税の廃止などにより、消費税体系の簡素化と捕捉率の向上を図る」。

第五は、株式非上場企業、特に中小企業の事業継承に伴う株式譲渡に対する相続税が大変な金額に達しています。よく国は「農業は大事、中小企業は大事」とスローガンを掲げていますが、実際には中小企業の相続税に対する優遇は何もありません。かたや農業の場合は、大型農地の相続に対して、私たちの調査では、所得税を払っているケースはないといってもいい。これでは言っていることとやっていることと違う。特に中小企業の経営者が頑張って会社を盛り上げた結果、相続をする段になって、株の評価が高くなり、税をたくさん取られるということでは意欲を失ってしまいます。

そのようなことを繰り返してはだめです。そこで「企業規模を勘案しつつ、早急にかつ相当程度軽減する。現在の税制では、好業績の企業ほど株式評価が高く、継承時の納税額が高くなるが、未上場株の場合、株式の一部を売却することによって納税することができないため、事業継承が困難になることが多い」と指摘しています。今回初めてEメールを採用したところ、こうした訴えが非常に多かったことから答申にも取り上げ、早急に税の軽減措置を講ずることを求めています。

「安心を保障するセーフティネットの構築」に関しては「個人の転職能力を高め、雇用の安心を確保する政策」として「産業構造が変化する中で、人材を必要以上に特定の企業、産業に固定することは、人的資源の有効活用を妨げ、経済活力を低下させることになる。日本経済の構造変化に対応する形で、雇用がより生産性の高い産業、企業に容易に移動することができれば、生産性が上昇するだけでなく、経済が活性化する」とし、そのためには「個人がみずからのエンプロイアビリティを高められるよう、政府が積極的にこれをサポートする仕組みを構築することが必要である」と指摘して、具体的には、転職に伴う「能力開発バウチャー」の導入を提案しています。

また「労働者派遣及び職業紹介の対象職業を早期に原則自由化」します。日本では職業紹介は公的なものがわりあい中心になっていますが、職業紹介所がかなり恣意的にやれるものに限定して紹介しているのが実情でした。私たちはかなり変わったと思っていましたが、調査の結果、実際にはほとんどど変わりありませんでした。そこで、答申には明記していませんが、極端に言えば、売春と麻薬以外、つまり反社会的、非道徳的なもの以外は全部紹介するよう提言し、労働大臣からも原則的に承認をしていただいたものと思っています。

年金をポータブル化

さらに「年金のポータブル化を推進し、労働移動に対する制度的中立性を確保する」としています。当たりまえのことですが、行われていなかったのです。

いま一つは「当面二年間の時限的措置として、失業に対する不安心理を除去する」ために「非自発的失業者の新規事業開業などに対する助成措置を大幅に拡充」します。

「失業保険給付については、短期間に就職した人に対するボーナス給付や職業訓練期間中の給付期間延長など、就職へのインセンティブを高める」ことが必要です。また従来、フリーターも家族を抱えている失業者も同じく約半年間で給付が切られていましたが、世帯主であるかどうか、仕事を探しているかどうも大事な要件なので「世帯主の非自発的失業に対しては、扶養家族の数に応じて失業給付を拡充する」よう提案しています。独身者と家族が五人もいる人と同じではおかしいというわけです。

ところで、経営の観点からやるべきことは「再開発事業促進のための法制度の整備等」として「市街地再開発事業の制度強化」を図り、参画する企業には大幅な優遇措置を講ずることです。

また「競売手続きの円滑化・迅速化」のためのポイントは「短期賃貸借制度の見直し」「強制管理制度の導入」「最低売却価額制度の廃止」などで、これらを廃止することを求めています。

「優良不動産の流動化・証券化」策として「不動産の本格的証券化スキームの確立」が必要と考え、

使いにくくなっている「SPC法（特定目的会社の証券発行による特定資産の流動化に関する法律）の改善」を求めています。

一方で、投資をしてくれなければできないので、投資家へのインセンティブの付与として「土地の有効利用を推進するためには、土地を有効利用しようとする者への移転を容易にすることが不可欠である」ということで、まず「流通税の撤廃と保有税の見直し」「事業用資産の買い替え特例の課税繰り延べ割合の引き上げ」を求めています。

国際競争力のある産業再生

前後しましたが、基本戦略の第四として第四章では「活力と国際競争力のある産業の再生」について書いています。先般来、通産省と経団連がまとめた「産業再生法案」が前国会の最終日に通りました。一つは「産業再生に向けたフレームワーク」を作ろうということで、その一番のポイントは「過剰設備の処理の支援」で、いつまでも過剰設備が残っていては、足かせになって動きが取れないので「設備廃棄に伴う欠損金の繰り越し期間を、現在の五年から十年以上に延長する」ことであり、また「設備廃棄を伴うM&Aに対して登録免許税、譲渡益課税の減免等の促進税制を導入する」ことです。三回目までは設備廃棄の議論ばかりになったために、マスコミなどから「重工長大企業を意識しているのではないか。もっと中小企業その他の事業を頭に入れるべきだ」という強い要請がありました。しかし、その後、そうした主張の方や中小企業関係の委員も加えて、いま検討しているところです。

二つ目は「起業支援と戦略的技術開発」で、起業支援についてはまず、税制面の支援をします。新しく事業を起こそうとする企業は当然、物的担保がありません。従来の不動産を担保にする融資体系では資金調達が困難です。そこで「創業コスト軽減のための登録免許税の減免制度を創設する」よう提案しています。また、中小・ベンチャー企業はリスクが高いため、エンジェルがお金を出しやすくするために「公開三年前から保有していた株式の譲渡益を圧縮する『創業者利得の特例』の拡充」を行う一方、準備金制度についても、中小・ベンチャー企業に対して優遇するよう求めています。

さらに「二十一世紀を先導する産業の創出」として「二十一世紀に向かって日本経済をリードするような新たな産業を国家的なプロジェクトとして育成していかなくてはならない。特に情報通信、環境、医療・福祉、バイオテクノロジー、流通・物流及び金融は、二十一世紀において高い成長が期待されるとともに、今後、人材の流動化が進んでいく中で、質の高い雇用機会の創出が期待される重要な戦略的分野である」と言い切っています。

その中ですでに実行に移っているのはバイオテクノロジーの分野で、五省庁がやっています。しかし、提出された予算を見ると、かなりダブりもあるので、五省庁の大臣にそれぞれ検討していただき、予算の一本化を決定しました。これからの産業というと、各省庁から同じような要求が出されますが、それによるむだは排除していかなければいけません。

先導する産業の創出のために、まず「国家戦略」を策定します。例えばＮＴＴは研究所を横須賀市中心に移した。その結果、電気通信分のおもな研究所の八割が横須賀周辺に集まり出しました。また、私どもが提案した結果、早稲田大学が埼玉県本庄市に未使用のまま二十数年間保有している二十八万坪の土地を、衛星通信関係の先端基地にすることを郵政省の目玉の戦略として決定しました。そして、水産研究所が十八も必要なのか、各府県がばらばらにやっているバイオを集中させるよう検討を求めています。

さらに「資源の集中的投入」や「人材の育成と移動の円滑化」も提言しています。

第五章の「二十一世紀に向けた戦略的インフラ投資と地域の再生」では「産学連携による地域再生と二十一世紀の人材育成」を掲げ、「国公立大学を民間に開放し、大学構内に産学連携の核となるセンターを設置する。センター設置はPFI方式により行う」として、民間資金を活用して行うことを提案しています。

海図なき航海への旅立ち

これまで述べてきたことを要約する形で、答申では「日本経済はいま『海図なき航海』に旅立とうとしている。しかし、その眼前に広がる光景は決して暗黒の海ではなく、希望と活力に満ちた輝かしい未来である」「第一章から第五章にかけて提言してきた数々（二百三十四項目）の構造改革を断行した暁の日本経済は、従来とは全く異なる新しい姿をみせるだろう」――いわゆるビッグチェンジをするということです。

「スリムで効率的な政府の下で自由かっ達な競争が展開され、新しいビジネスや新規産業が次々と勃興する」

「日本も従来の、過度に公平や平等を重視する社会風土を『効率と公正』を機軸とした透明で納得性の高い社会に変革していかなければならない。もちろん、二十一世紀の日本が目指すべき社会は『弱肉強食』の無秩序かつ破壊的な競争社会であってはならない。それは、個々人の『選択の自由』と『失敗を許容し、再挑戦が可能な風土』に裏打ちされた、真に安心できる社会でなければなるまい」

そして最後に、全委員の気持ちとして「歴史をひも解けば、日本は過去、いく多の困難に遭遇してきたが、そのたびに困難をバネにして、世界史のうえでもまれにみる輝かしい発展を遂げてきた。それを可能としたのは、環境の激変に的確に対応し、さらなる飛躍の原動力としてきた国民の柔軟性と英知にほかならない。確かに、日本経済は現在、極めて困難な状況にあるが、明治維新、第二次大戦後の苦境と混乱を想起すれば、現在ははるかに恵まれた環境下にある」と言い、情報通信やネットワーク社会に触れて「二十一世紀に向けて『活力と魅力ある日本の創造』」をしたい、と結んでいます。

実際に変わってきたと思います。民間が政府に対して、こういう法案をつくりなさい、こういう法案はいらない、こういう法案は変えてくださいと提案することは、日本の国が始まって以来のことです。その結果、政府や各省庁が「実現する方向で検討する」と答えたものは、当初は残念ながら五二・九パーセントだった。かなり思い切ったことを書いてあるので、それも致し方なかったかもしれない。しかし、その後のフォローアップで五六・五パーセントになり、二百三十四項目のうち百三十四項目について検討に入ることになりました。

ただ、内容をよく検討したうえで結論を出すという項目が九十五から八十九に減りました。それらは全部税に関係するものです。税に関係するものは政府税調と自民党税調の二つの関門があるので、戦略会議では結論を出せません。さらに、実現のためには乗り越えなければならない問題が多いと考えている項目が二十五ありましたが、現在は二十二項目に減ってきました。

これら二百三十四項目の提言は当初、各省庁の反対が多いために閣議決定にも、閣議了承にもならなかったことから、一〇パーセントぐらいできたらいいかなといわれていましたが、おかげさまで六割近い項目が実現できそうだし、さらに税調が終われば約九〇パーセントはいけるのではないかと思っています。また、戦略会議は解散する予定でいましたが、小渕総理が粘り強く、引き続きいろいろな諮問を出されました。

現在の日本は非常にスピードが速くなっています。例えば一時、ヘッジファンドによるさくら銀行、富士銀行、日本興業銀行に対する空売りが大量に出てきたとき、私たちはすぐ宮沢蔵相に「これは困る。少なくとも米国と同じような方式にしてもらいたい」と要望しました。空売りがあったときに調べる日本の方式では間に合わない。金融機関の株が一日で半額になってしまいます。それでは困ります。その結果、宮沢蔵相と小渕総理とのわずか二時間の話し合いで、米国が二年半前に実施したと同様に、それをやったと思われる人から報告を求めるやり方に変えました。これも一つの大きな進歩です。

また、先般の国会の最終段階で、子会社の株式との交換（を認める）という法案が通るかどうか微妙な状況で、ソニー株の動きが注目されました。ソニーが優良子会社の株と自社株を交換するということだったからですが、法案の成立が間に合わない。国会では「夫婦別姓法案」を最後に通す予定でしたが、私たちの要望を取り上げ、夫婦別姓の法律は次期国会の最初に通すことになりました。もし、このとき法案が流れたなら、おそらく日経平均株価が二千五百―三千円は下がっただろうと推測されています。いずれにしろ、最近は動きが非常に速くなってきています。

質疑応答

問　答申では「事後チェック型社会にふさわしい司法制度の改正」がうたわれていますが、まず法律言語をだれが聞いても分かる普通の言葉に変えないと、創造力のある子供は生まれないと思います。また、弁護士は「イソ弁」といって、どこかの弁護士事務所に弟子入りしないと弁護士になれない制度になっており、先生の仕事は取らないという談合の組織になっています。さらに、地方の裁判所は弁護士待合室と称して、弁護士事務所を提供し、両者が貸し借り関係になっている。こうした根源的な点について見解を伺いたい。

答　司法制度についての意見はEメールでもたくさんありました。日本は従来、司法試験合格者は五百人でしたが、現在は七百五十人になり、二〇〇一年からは千人にすることが決まっています。しかし、人口が日本の倍の米国では、司法試験に五万人が合格する。日本は人数が少ない点が問題なので、我々は二千人にしたらどうかと提案しています。

司法制度は裁判官・検察・弁護士の三者が合意しないと変えられません。しかし、弁護士は人数があまり増えると、自分たちの仕事が減るから反対します。裁判官や検察などは「我々のような優秀な人間がそうたくさんいるとは思えない」ということを答申に載せていますが、やってみなければ分かりません。もちろん、訴訟社会と言われている米国とは制度が違いますが、全体的に直さなければいけないのではないでしょうか。

Eメールの中には、有名な某弁護士から、「裁判の際に裁判官に向かってお辞儀をするのは世界中で日本の裁判所だけです。研究してみたらどうですか」という提案がありました。研究の結果分かったのは、五十数年前はどんな小さな法廷にも菊の紋章がありました。天皇の名の下に裁判が厳正に行われることを表したものです。だから、裁判官もそちらを向いてお辞儀をしていたわけで、それがずっと続いて、いまは廷吏が「礼」と言うと、裁判官は「うん」とうなずいて席に座る形になっています。これは直すべきだ、という声が出てきています。

裁判に関連して言えば、外国人労働者に対する裁判を傍聴していると、本人は全然違ったことを言っていても、そのまま判決まで進んでいってしまうことがあります。外国人犯罪者の裁判には、当該国の大使館の人が必ず出てくれるよう外務省を通じて要請するよう提唱しています。近い将来、よくなるだろうと思います。

3　潜在能力を活かす

富士ゼロックス会長／経済同友会代表幹事　小林陽太郎

長期的な日本型モデルを考える

この会議のメインテーマは「二十一世紀の経営モデルを求めて」ですが、では二十世紀の経営モデルは何だったのか。非常に単純化して言うと、二十世紀の経営のグローバルスタンダードは、最初は巨大資本の独占利益を極大化するビジネスモデルを中心にスタートしました。日本においても、私がいま代表幹事をしている経済同友会が、戦争が終わった段階で変えなければいけないものの対象として挙げたのは、いわゆる古典的な巨大資本に集中した資本主義でした。同友会が掲げた修正資本主義は、資本と経営の分離、企業経営の民主化を柱にしてスタートしました。言ってみれば日本を含めて今世紀の前半は、大きさは別にしてかなり資本の集中に中心を置いた企業モデルが世界のスタンダードになっていました。

戦後の五十年が終わって、現在、何がグローバルスタンダード（グローバルスタンダードという和製英語をあえて使いますが）になっているのでしょうか。「それは欧米型である」というのが正しいのかどうか。巨大とは言いませんが、やはり資本の効率を極大化するためのビジネスモデルが現在のスタンダード（主流）となっています。

そんなことは分かっているとおっしゃると思いますが、一つだけそこで考えていただきたいことがあります。非常に短い時期、一九六〇年代の終わりぐらいから七〇年代、八〇年代にはそろそろ消えかかっていましたが、日本のビジネスモデルが世界のベンチマーク（指標）になるかと、思われた時期があります。日本の典型的ビジネスモデルとは何かというと、非常におおざっぱな言い方ですが、人を大切にすることと、組織の一体感と効率です。本当に人を大切にしていたかどうか、本当に効率がよかったかどうかは別ですが、そういう日本の経営が世界から注目され、欧米企業はこぞって日本詣でを行い、日本の経営について書いたたくさんの著者が巨額の利益を得ました。

その期間はあまり長く続きませんでした。しかし私は二十一世紀の経営というときに、別に日本モデルがよかったとか、戻れというわけではありませんが、あえて言うと、資本の効率を最重点に置いたモデルから、かつての日本型モデルとは違うが、やはり人、ヒューマンバリューを中心に置いたモデルの在り方を考える時期が来るのではないかと思っています。それは決して二〇〇五年の話でもないし、二〇一〇年の話でもないかもしれません。しかし「次の十年の経営モデルを求めて」ではなく、あえて「二十一世紀の経営モデルを求めて」と言うのであれば、もう少し先のことも主催者は考えているのだろうと思います。

豊富なポテンシャルを成果に結び付ける

企業でも国でも競争力を高め、より高いに越したことはないが、少なくとも競争に負けない、できれば競争に勝ち続けるためにはどうするか。先ほどケーブル・アンド・ワイヤレスのウォレスさんは、ナンバーワンを目指すとおっしゃった。しかしほかにも、ナンバーワンを目指している競争者はたくさんいるから、どこがナンバーワンになるかはこれからのお手並み拝見です。それぞれ色々な方法を講じてナンバーワンになろうと努力しています。中には、最初からナンバーワンはあえて目指さず、むしろ意味のあるナンバーツーを目指すのだという企業もあります。かつて自動車のレンタル会社でそういう広告をして大変効果を上げた企業もあります。

いちばん大切なことは組織の持っているポテンシャル（潜在力）を最大にすることです。非常に単純だが、人間で言えば知力、体力、精神力などのポテンシャルを大きく保っていくためには、体力で

小林　陽太郎

富士ゼロックス会長　経済同友会代表幹事

VB設立など革新的な経営

父親である節太郎氏の仕事の関係でロンドンで生まれた。帰国後も英語に親しみ、日米財界人会議の議長を長く務めるなど日本の財界きっての国際派。洗礼名にちなんだ「トニー」の愛称を持つ。

一九五八年に富士写真フイルムに入社。その後、節太郎氏が初代社長を務めた日米の折半出資会社、富士ゼロックスに転じた。全社的品質管理（TQC）の導入などで石油危機後の業績悪化を克服、七八年に四十四歳で社長に就任した。

就任以降も他社に先駆けてベンチャービジネスの会社を設立したり、ボランティア活動を評価する人事制度を導入するなどの革新的な経営手法を導入。社員一人ひとりの個性を引き出す経営が持ち味。

九九年四月、外資系企業で初の経済団体トップとして経済同友会代表幹事に就任した。「市場重視などの同友会の姿勢を変えるつもりはない」と牛尾治朗前代表幹事の路線を基本的に引き継ぐ考え。

あればある程度訓練もしなければいけません。知力であれば勉強もしなければいけません。精神力であればいろいろ違った機会にぶつからなければ磨かれません。じっと寝ていて夢ばかり見ていて体力がつくはずがありません。

これは企業でも国でも全く同じです。ポテンシャルをどうやって常に最高のレベルに保っておくかがまず重要です。ポテンシャルがあれば競争に勝つというわけではもちろんありません。競争力をどうやって実際の成果に変えていくのか。ちょっとしゃれた言い方をすれば、ポテンシャルから実際の成果へのコンバージョン（転換）効果をどうやって最大にしていくか。ここが次の問題です。

この二つのポテンシャルを最大にしているかという問題について、日本の企業はもちろんまだまだ努力をしなければいけませんが、いま、日本のポテンシャルのレベルは、どんな数字を見ても高いと言っていいと思います。

企業が持っている資産として、例えばマーケットという意味のポテンシャルがあります。国内マーケットは最大の米国に次ぐ市場です。

そして消費者が極めて高度にソフィスティケーティッド（洗練）されています。日本の消費市場で勝てば、かつてと違って、米国に行っても欧州に行っても大いに勝つ可能性を秘めています。そういう消費者が日本にはたくさんいます。

盛田さん、井深さんがつくったソニーはまさに世界のブランドですが、ソニーの商品の多くは日本でスタートして、日本のソフィスティケーティッド・カスタマーがリードし、米国、欧州、アジアのカスタマーたちが列をなして、次のソニー商品のはいつ出るのかと待ちました。そのソニーをつくった日本のマーケットとか消費者の力はいまも厳然と存在していると思います。

おカネはどうか。これは去年あたりの、あまり高くなかった株価で計算しても、日本の株式市場の時価総額は大変なものです。その後だいぶ上がったから、いちばん新しい数字を取れば、米国を上回っていることはもちろんありませんが、非常に大きな株式市場があります。

いずれにしろ国内の市場は大変大きなものを持っています。

またアジアも九七年以降、少し凹んだが、私たちに隣接している大きな市場であることは議論の余地がありません。

そういう意味で、業種によってずいぶん違うが、一般論としてマーケットは大きなポテンシャルを持っています。もっと細かく言えば、国内には規制の下にある市場があって、潜在ポテンシャルは持っているが、これが顕在化していないところもあります。それはどんどんオープンにして顕在化されたポテンシャルに変えていかなければいけません。ただ、それを除いても大きなものであることは間違いありません。

次に、それを成果に結び付けていく、コンバージョンファクターですが、具体的な力はあるのかどうか。これも「ある」というのが私の答えです。それはもちろん企業ごと、産業ごとに違いがあり、一般的に日本の競争力はこのところかなり下がったと評価されているし、総合的にはそうです。しかし、スイスの機関が継続的に発表している調査によれば、技術開発力では日本はコンスタントに米国に次いで二位と、高いレベルで評価されています。米国の競争力会議が評価しているイノベーション（技術革新）能力では、米国の評価がだんだん下がっていくのに対して、日本は来年あたりから一位になるといいます。この調査については米国の中で、いまのような状態ではいけないから意図的に米国の企業を鼓舞するためにそういう数字を出しているのだ、という説もあります。しかし、二十位ぐらいの日本をわざわざ上げて一位にするということはないでしょう。別に米国を超えることが最終目的ではありません。米国と並ぶ高いところに評価されていることは、それなりに日本の人たちが持っている革新度が高く評価されているのだと思います。これはきちっと頭に入れておく必要があると思います。

では日本は大丈夫なのでしょうか。私は、大丈夫でないことが三つほどあると思います。大丈夫でないことを大丈夫にすれば、ポテンシャルを成果に結びつけるためのコンバージョン効果が非常に高まると思います。

戦略を実施に移すためのトップのコミュニケーション能力

一つは、皆さんがおっしゃるように、日本には戦略性がないということです。あるいは日本の企業に戦略性が乏しいということです。有名なマイケル・ポーター教授も最近の著書の中で、日本の中で戦略的と呼べる企業は三社か四社しかないと言っています。それがどこだということはあまり意味がありません。戦略を持っていることと、結果的に戦略的になることとは全く違います。戦略を結果に結びつけるためには、持っているだけではだめです。多分、日本の企業は腐るほど戦略を持っています。中には大変高いおカネをかけて外部の機関に頼み、結局、使わずに、あるいはちょっとテストをしてうまくいかないから、二十年後の社史の参考にしよう、としまってある戦略もたくさんあります。

問題は、なぜその戦略が生かされなかったのかです。私は、戦略があるかないかということより、戦略的でないというところについては、私自身の自戒も含めて、一つ重要な要因があると思います。戦略そのものがつくられるプロセスはボトムアップでもトップダウンでもいいし、外部がつくろうと内部でつくろうと、大した問題ではありません。しかし、実施の段階ではトップがデリバー（伝達）しなければ戦略はまず意味がない。「担当スタッフにやらせたから適当に聞いてくれたまえ」などという戦略は最初から失敗します。トップが「分からないな」という部分があっても、これでやろうと決めたら、トップは自分がかなりの部分をつくったような顔をして、戦略を実施に移していかなければいけません。そのときに重要なのは、戦略をその組織の中で共有させるためのコミュニケーションです。

私は残念ながらウェルチさんのお話を直接伺えませんでしたが、四つのEのお話をされたようです。エナジャイズは日本語では活性化でしょうか。かなり広い意味で、まさに戦略の最初のときからトップ自身がこれをデリバーして、組織の構成員の主要な人たちに「そうだな」と思わせる。共鳴感を起こさせることが活性化の原点です。

残念ながら日本人は一般にコミュニケーションが下手です。私が先ほど「自戒を込めて」と言ったのはその点ですが、だんだん上手になってきました。特に若い人の方が上手です。トップは著しく下手です。トップもだんだん年が若くなってきていますが、――口のうまいトップなんて信用が置けない。何も言わず、極端な話になると、会議のときは眠っていて、ときどき目を覚まして何か言った方がパンチがある――これは冗談ですが、数多く口をきくことではなく、この戦略で本当に何をやろうとしているのか。何が期待されるのか。なぜそうなのか。そして組織を構成する皆さんたちはその一つのパートとして何を期待されているのか。そのくらいは「そうか」と思わせるコミュニケーションがなければいけません。

ここは日本の企業の中で、特にトップ層は意識的にいろいろなことを変えていかなければなりません。米国の人たちはコミュニケーションを取ることについて努力をしています。スピーチの練習も含めて、いかにコミュニケーションが大切かを知っています。「子供じゃないのにこんなことまでやらせるのか」というようなことまでやっていく点などは学ばなければいけないと思いますし、まさにウェルチさんが「実際に口先のコミュニケーションではなく、手書きファックスで意思を送る」と言われたように、トップの熱意が伝わらなければいけません。つまり戦略をどうやってコミュニケートしてセンス・オブ・ミッション（使命感）を多くの人に共有させるかが大事です。

プロフェッショナルな人材活用

次は、日本の中でもますます教育機関が重要になってくるのに専門家が足りない、あるいは少ない専門家が活用されていないという点です。

グローバル時代と言うが、その意味するところ、あるいは本質的にいままでと何が違うのかを理解することが必要です。あるいは財務の分野、情報の分野、法律の分野戦略そのものをつくることも多くはプロの分野です。これだけ競争が激しくなってきて、高いレベルで競争していくと、それぞれの分野で非常に高いレベルを持ったプロを経営の中に駆使していかないと、ポテンシャルは実際の成果に結びつきません。

別の言い方をすると、そうやってプロを持つこと自体が実は企業の持つポテンシャルを高めることにもつながっていきます。昔からバランスシートにどうやってそういう人間の専門技術の高さを表すかといろいろ言われてきて、いまのところまだ特許件数とか知的所有権を代用特性として測るぐらいしかありません。それ以外では人間の頭数と賃金でしか表されていません。これは日本でいまだに活用しきれていない、あるいはそういうところが本当に重要だと見ていない部分で、将来に向かっての潜在的なポテンシャルだと思います。

特に大切なことは、日本の場合は業種のいかんを問わず、あるいは同じ業種の中でも企業の違いを超えて通用する普遍的な、しかも高いプロフェッショナルな技術があるのだということについての認識がまだ低いことだと思います。「うちは違う」「うちは固有の文化があるのだ」「よそのやつを持ってきても通用しないのだ」――取締役会の社外重役に対する認識についても、まさにそうです。これを変えていかないと、ポテンシャルはポテンシャルのまま残って、成果には結びつきません。

もう一つ例があります。日本の企業はたくさんのMBA（経営学修士）をつくり出してきました。私も昭和三十三年卒業だから古いMBAですが、日本にはMBAがたくさんいます。ただ、ここ十年ぐらいの間に帰ってきたMBAの人たちで本当に生かされている人がどのくらいいるでしょうか。これは具体的に使えるポテンシャルです。そのままではプロではないかもしれないがセミプロ、あるいはプロになり得るこの人たちに早くチャンスを与えるべきです。別に部長にするとか、すぐ重役にしろという話ではありません。この人たちの持っている技術的なポテンシャルを要所要所に生かしていくことについて、これはすぐ手を打てば結果につながるのです。

従って、先ほど言ったような意味での大きなシステムとして、時間がかかるがプロを育てていくことと、いま使われていないポテンシャルとして多くの企業にいるMBAとか、ほかのプロフェッショナルスクールを出て帰ってきた人たちを生かすことの両方が必要です。

この二つをやるだけでも、私は日本の企業が極めて高いレベルに到達できると思います。東南アジアの国々から見れば「日本の企業経営者は何ぜいたくを言っているのだ、あれだけ潤沢な市場を持っていて、あれだけ素晴らしい人材を抱えていて、不況だ不況だと言って縮こまっている。おれたちにやらせてくれ」というぐらいに日本企業にはポテンシャルがあるのです。そう思っている海外の観察者はたくさんいます。

当面、この辺に私たち企業経営者が積極的なイニシアティブを取っていけば、必ずポテンシャルは成果に結びつくと思います。

戦略としてはどういうものがいいか。これはあまり一般的な話はできません。それはフォーカスとスピードだとか、いろいろな話がありますが、いろいろな人がフォーカスするのならむしろ反対に少しジェネラルにしようというのも、産業によって、企業の立場によってはそれなりに有効な戦略になることもあります。

そういう意味での一般論を私は申し上げないが、戦略を持っているところから本当に戦略的になることについて、トップのコミュニケーションで組織をエネジレイズすることにもっと力を注ぎ、具体的にアクションをとっていくため、やはりプロを活用する、プロを育てる。これはまず当面日本の企業がもっと工夫をしてやらなければいけないし、やれば必ず成果が出るところだと私は思います。

ネットワーク社会下の組織

少し先のことで、もともとの命題の「二十一世紀のビジネスモデル」はどうか。いま一方でネットワーク社会がどんどん形成されつつあります。現在起きている変化についていろいろなことが言われます。IT（情報技術）の導入によって組織がフラット化する。組織をフラット化することは別に今回初めてのことではありません。いままで色々な契機で組織をフラット化しよう、コミュニケーションをスピードアップしようと、様々なことがやられてきましたが、今回は非常に重要な変化があります。

ネットワーク社会は従来の企業の決定の仕方だとか、決定の基となる人間の思考パターンなどを、かなり本質的に変えていくのではないでしょうか。グローバリゼーションと、ネットワーク化とかネットワーキング化は、明らかに従来とは違った対応どか、考え方を必要としていると思います。それはかなり人の問題とも結びついていくと思います。

いま起きているような短期的なネットワークが持っている価値は、実は大企業ばかりではなく中小企業、さらにいくつかの分野では企業を超えて個人にまで広がっています。そうなると別に組織はいらない。組織のレベルでは手に入らなかったいろいろなインフラが個人で手に入るのだから、みんながデイトレーダーになっても、一向に差し支えないのです。メリルリンチや野村証券にいる必要はありません。実際にそういう分野がもう出てきています。多分、しばらくはそういう分野が広がると思います。

しかし、二十一世紀を考えるときに、本当に独立した個人が主流になり、人が一緒になって組織をつくって、そこで同じ価値を共有するということは、全く意味がなくなってしまうのでしょうか。そういうことが二十一世紀に向かって非常に重要な問題として提起されてくると思います。企業という組織の中の不必要な中間組織を排除するぐらいのことではなくて、むしろ組織として企業という存在が、社会の中で不必要な中間組織になってしまう分野もずいぶんあるということです。

私は、そういう淘汰はあると思いますが、完全に、一人ひとりが先ほど言った意味で組織では持てなかったものを持って個人でオペレートしていく。それですべて代替できるかというと、そうではないと思います。そこでキーワードになってくるのは信頼（トラスト）という言葉だと思います。

形式化した信頼感が大切になる

日本の企業はより戦略的にならなければいけません。よりプロフェッショナルを活用しなければいけません。もちろんより高い生産性を追わなければいけません。かつて日本の企業を指すのに運命共同体という言葉が使われました。この言葉がいいかどうかは分かりませんが、最近、知識とか知ということを対象にしてタシット（暗黙知）とかエクスプリシット（形式知）という使われ方をします。日本の企業では、いまの言い方をすると暗黙の信頼が非常に強固に組織の中に存在していました。日本企業の大部分の人が最初からキャリアをそこでスタートして、悪く言えば純粋培養だが、本当に同じ経験を長いこと共有した人ばかりでずっとつくってきているから、暗黙の信頼も十分成立しましたが、グローバルになると否応なしに、外でオペレートするか日本でオペレートするかは別にして、違った種類の人が入ってきます。またそれをあえて受け入れなければグローバルではあり得ません。そうなるとタシット（暗黙知）の信頼では通じません。これからは通じない人がたくさん入ってきますが、そこでは信頼感は非常に重要です。だから、あえて言うと信頼感を大切にするのだが、それは従来の暗黙の信頼ではなく、かなりはっきり形式化したエクスプリシットな信頼感で、しかもそれは組織から組織にトランスファーできなければなりません。また更にその上に新しい価値を加えることのできるような信頼感です。

もちろん、信頼感は空気みたいにあるのではなく人がつくっているのですから、改めてそういう信頼感をつくり上げる人の集団とか、人の関係とはどういうことかということが、二十一世紀のベンチマークとなるビジネスモデルとしては非常に重要な部分になってくると思います。

人を中心に置いた新しいビジネスモデルを模索する

私は同友会の代表幹事に就任したとき「市場主義宣言を超えて」という少し背伸びをした、生意気なものの言い方をしました。別にそのときにいまのことを意識しながら話をしたわけではありませんが、最初に申し上げた、まさに二十世紀の終わりを主流として支配している資本の効率を極大化するモデルだけでずっと行くのか、そうではないのではないか、何かそれに加えてエキストラがあるのではないか、あるいはそれからマイナスするエキストラがあるのではないか。という意味で「市場主義宣言を超えて」と言ったのです。

くどいようですが、二〇〇五年ぐらいまでは、市場主義そのものをもっとレベルアップしなければならないのは当たり前です。あえてここ五年や十年の話をしているのではなくて、二十一世紀の話です。

二十世紀の中でも、しかも二十世紀の後半だけでも、ビジネスモデルが一時の日本モデルに対する注目を含めて変わったわけですから、これからの三十年、四十年あるいは五十年を考えれば、いまのアングロアメリカンスタイルのビジネスモデルが四十年後も五十年後も主流であり続けること自体、確率としては低いと思います。

また人間というものの在り方とかヒューマンバリューをどのように極大化していくかについては、いまの段階での注意の払い方が足りません。これは別に米国が悪いとかそういうことを言っているわけではないし、日本自身も人を大切にすることについて、単に雇用を守るだけでなく、本当にその人の能力を最大に引き出す、あるいはその人たちの能力を本当に生かせる場をたくさんつくっていくことについて、もっと前向きな考え方が企業のモデルの中でも出てこなければいけません。あるいは企業だけでそれができなければ、企業を含めた、またNPOも参加した、これからの社会のシステムとしてそういうものを考えていかないと、いまのままで突っ走る二十一世紀の社会は、ある意味では極めて無味乾燥な社会になってしまうのではないでしょうか。

もちろん、私もたくさんおカネを稼ぎたいと思います。いまのレベルではとても足りないと思っていますが、人の価値をもう一つお互いに考えて、改めて人というものの存在を中心に置く経営のモデルがもう少し真剣に議論され、あるいは探求されてもいいのではないかと考えています。日本はそれに向かっての全く同じモデルを過去に持っていたわけではありませんが、そこにつながるかなり重要な知見とか経験を我々は持ち合わせています。もう一度、その辺をひもといて、いまのうちに二十一世紀の新しいモデルの構築努力を始めるべきではないかと考えています。

質疑応答

問　戦略を結果につなぐということに絡んで、スタートアップ企業をどうやって育てていくかが大事です。その戦略らしきものがいま、色々出かかっています。この現状を小林さんはどのように考え、どういう方向に持っていけばいいとお考えですか。

スタートアップ企業を育てる

答　スタートアップ企業あるいはベンチャーが日本ではなかなか育ちません。それについてのエンジェル税制の話も出ているし、プロフェッショナルスクールの中に、いわゆるベンチャーとかアントルプレナーシップの専門の講座をつくったらどうかなど、様々な議論がされていますが、私は二つ重要なことがあると思います。

そのうち一つは、重要だがどうやって手を打ったらいいかが分からない。それはカルチャーとか風土的なところです。これは日本の場合だと、スタートアップだけでなく、結構既存の企業であっても、全く新しいビジネスを開拓するときにはなかなかファーストチャンスが与えられません。「おたくには実績がありますか」「ありません」「それではお取引きできません」と言われます。実績がないから一生懸命やっているのに、実績がないからだめだと言われたら、身も蓋もありません。そのうえ失敗すると、そこで社会の中でだめという評価がつくと、次のチャンスがなかなかありません。

これには、答がないと言いましたが、実際には色々な成功のケースがだんだん見えてきました。それから、いわゆる社内のボーナス制度なんかを含め、少しリスクがあっても結果的に非常にいいものを導入して高い成果が出れば、それだけのリターンがあるのだということが広がっていけば、時間はかかるけれども、だんだん障害はなくなっていくのだろうと思います。

もう一つの問題は、いま非常に成功している企業も、もともとはスタートアップやベンチャーだったところがずいぶんあります。それなのになぜということです。孫さんが今度ナスダックジャパンをやろうという話をしておられます。米国でも七九年から始まったナスダックがどれだけ大きな役割を果たしたことでしょう。リスクをかけただけのリターンが入ってくるという仕組みは、明らかにいままでの日本には存在しませんでした。

いままでも店頭で投資を行っている人もいるし、その中でキャピタルゲインを得ている人もいるけれど、社会全体の意識としてはそういったところにあまり向いていません。

この点、私たち自身が成功例をもっと多く具体的に知らしめることが必要だと思います。ウシオ電機の牛尾さんのビジネスももともとはスタートアップだったし、セコムの飯田さんだって京セラの稲盛さんだってスタートアップでした。何があああいうスタートアップの皆さんたちに成功をもたらしたのか。特別なコネがあったのか。私は皆さんそれぞれに努力をして、コネもつくってチャンスを得たと思います。

一方では当時、私たちの世代が若かったころの先輩たちはかなりチャンスをつくってくれていたのではないかという気がします。そういうチャンスをつくることについて、私は先ほどファーストチャンスを与えないカルチャーがあるなどと言いましたが、どうも私たち自身がファーストチャンスを与えない方に入ってしまっているのではないか。ここは大いに考えなければいけないところで、ポテンシャルとしては、スタートアップで一発やってやろうという人たちは決して少なくなっているわけではありません。そこは大いに私自身の問題としても考えて、もう少しチャンスをつくっていくことについて改めて努力をしていきたいと思います。

日本と並んだアジア

問　アジアの国々はこれまでみんなで学んできて、これで成功するのだという自信を持っていました。ところがアジア危機になって、この雁行経済が崩れてきています。日本のモデルはだめじゃないかと思われてきています。そういった意味では、日本がどうするかということもありますが、アジアの中で日本企業が果たす役割を二十一世紀はどのようにしていったらいいのか、ご意見を伺いたい。

答　いまの質問に関連してもう一つお話したい。アジアの経済には、九七年以降、急激なクラッシュがあって、またこのところ韓国をはじめ急激にカムバックしています。先ほど日本の場合はＭＢＡを含めて多くの人を企業派遣で海外に出しているが、帰ってきた人たちを十分に利用しきれていない、という話をしました。

アジアの国々は全く逆で、少し早く利用しすぎたというところがあるのかもしれないが、企業ばかりでなく行政の分野でも政治の分野でも、非常に有力なポジションにそういう人たちが座っています。二十一世紀との対比から言うと、二十世紀はアジア諸国が日本を目標にして、まさにキャッチアップゲームをしてきた。もちろん日本とアジア諸国は、ＧＤＰの大きさなどいろいろな指標で計ると、大きな差があり、ストックとしてはまだでも、高い技術者をどう使うかなどというところを含めて、あるいは非常にスピーディーに海外の新しい知見を取り入れることなどを比較していくと、そういうフローでは日本とアジア諸国はほとんど並んだと言っていいと思います。台湾、シンガポール、韓国などに行くと、もう十年ぐらい前から経営技術という点では私たちが教えるなどというレベルはとっくに超えていて、一部の経営者たちのノウハウと経営技術力とかプロを駆使する力などは日本の先を行っているところがあります。

それで、アジアの諸国に対して日本が何かをする場合、いくつかの方法があります。選り抜きの市場としてとか、あるいは投資の対象としてとか、あるいは生産拠点とか、その先の開発拠点とか、あるいは研究とか、そういうわりあいに連続的な話は徐々に出てくると思います。が、それとは別に一緒になって何かをやっていくという部分が二十一世紀には非常に急激に出てくるのではないかと思います。

そういう意味で、日本がアジアで色々やっていくときに、先ほど言ったようなことのためにジョイントベンチャーをやることも一つありますが、少しオーバーな言い方をすれば、日本自身が二十一世紀の経営モデルをつくるとき、日本のいままでの経営モデルはあまり参考にならないということならば、アジアで独自のモデルを探そうということもあります。それは非常に欧米型に近いものを選ぶことになるかも知れませんが、いまのままのアングロアメリカンモデルをそのままストレートに延長することについては、アジアの国の人々なりに疑問とか、「もう少し違うものを」と考える人たちがたくさんいます。できれば、そういう人たちとも相呼応して、別に西欧に対してアジアとして気張る必要はありませんが、どちらがいいとか悪いとかは別として、一つの違った経営モデルを一緒につくっていく——という意味での新しい関係がもっと真剣に考えられてしかるべきではないかと思っています。富士ゼロックスもアジアのメンバーも含めて、実は諮問委員会を持っています。そこでは、かなり参考になる考え方や刺激があります。日本にとってもだんだんそういうことが広がっていくのではないかと考えています。

4　対談　日本発の世界標準を

スピーカー

アーサー・D・リトル（ジャパン）社長　グレン・S・フクシマ

在日米国商工会議所会頭

花王会長　常盤文克

ウシオ電機会長　牛尾治朗

富士銀行頭取　山本惠朗

モデレーター

日本経済新聞社論説副主幹　西岡幸一

日本の経済的挑戦

西岡　それでは「日本企業再生への提言」をテーマに、講演とパネルと討論をします。アーサー・D・リトル（ジャパン）の社長で在日米国商工会議所会頭のグレン・フクシマさん、花王の会長の常盤文克さん、ウシオ電機会長の牛尾治朗さん、富士銀行頭取の山本惠朗さんの順番に、基本ポジションと言いますか、それぞれの考えを話して頂いたうえで、パネル討議をしたいと思います。ではフクシマさんからお願いします。

フクシマ　日本経済新聞を常に購読している者として、またIMDを長い間称賛し、スタンフォード大学を一九七二年に卒業した同窓生として、今回のこの優れたフォーラムに出席することができ光栄です。テーマは「日本企業再生への提言」ということですが、部外者として提案なり、提言をするのには躊躇を禁じ得ないものです。ただ、要請を頂いておりますのでお答えしてみたいと思います。

私なりに、日米関係では三十年間の経験がありますので、そこから述べたいと思います。一九六九年に留学生として日本に来たときから始まって、その後、USTR（米国通商代表部）やAT&T、それから在日米国商工会議所の仕事、また一年半前から経営コンサルタントとして日本で仕事をしてきました。

時間がありませんので凝縮して発言したいと思いますが、さらに詳細に御関心のある方は、私の最近の拙著『二〇〇一年日本は必ずよみがえる』という本や、九九年九月二十三日付の日本経済新聞朝刊の「経済教室」に、私の考えをまとめていますので、ご参照下さい。

まず、歴史的な視点から日本経済をみることが重要だと思います。GEのウェルチ会長もこの会議で指摘されたところですが、二十年前の一九七九年、エズラ・ボーゲルが『ジャパン・アズ・ナンバーワン』という本を出版しました。そして十年前、『ビジネスウィーク』の世論調査によりますと、米国の国民に対して、その当時の時点で「ソ連の軍事的な脅威か、日本の経済的な挑戦か、どちらが米国にとって脅威になるか」という問いに対して、六八パーセントの回答者が「日本の経済的挑戦のほうが脅威である」と答えました。

ところが、日米双方で、あるいは全世界的にも、今はどうも過剰に日本の問題点ばかりに注目し過ぎる傾向があるように思います。さらに興味深いこととして十年前、日本人は「米国が英国病にかかった」という見方をしていました。財政赤字と貿易収支の赤字という双子の赤字で、将来は暗いという見方をしていたわけです。

日米の評価は振り子の振れ

しかし、明らかに景気循環というのもありますし、振り子の大きな振れというものもあります。経済の現実というよりは、むしろ日本経済の実態についてのパーセプションの振れが大きいという感じ

アーサー・D・リトル（ジャパン）社長
在日米国商工会議所会頭

グレン・S・フクシマ

USTR時代に市場開放を迫る

米カリフォルニア州出身の日系三世。フルブライト研究員としての東京大学留学などを含め、滞日経験は十五年以上。一九九八年一月から在日米国商工会議所会頭を務めている。

八五年に米国通商代表部（USTR）に入り、日本部長などとして対日交渉の実務に当たった。日米経済摩擦が激化した当時、半導体や牛肉などの分野で日本に市場開放を迫った。

九〇年に米AT&Tに入社。九八年五月まで日本AT&T副社長を務め、その後経営コンサルティング会社のアーサー・D・リトル（ジャパン）社長に転じて現在に至る。

官民双方の立場で経済摩擦の前線に立った経験を生かし、現在も日米の規制緩和や経営のあり方について積極的に発言。日本政府の様々な審議会に名を連ねる。

がします。一九八〇年代は日本を過大評価する傾向があったのと逆に、一九九〇年代は日本を過少評価し過ぎているのではないでしょうか。私自身は、今後二、三年の間に日本は必ずや強力な経済国として再生すると確信しています。では、そういった日本経済再生の要素としてはどういうものがあるのでしょうか。基本的には三つの要素、要因というのが重要だと思います。

第一に、世界経済環境が日本にとっても有利、有効だということです。プラスのニュースとしてアジア経済の多くが金融危機から立ち直って回復しつつあるということ。少なくとも、ストックまではいかなくても、フローのベースでは回復が見られています。一年前はロシアやブラジル、アルゼンチンに対しての懸念が高まっていましたが、当面はそういった問題も収まりつつあり、安定化が見られます。

欧州については明暗相まざっていますが、米国の場合は、特にプラスの継続的な経済の強さが見込まれます。それに加えて、新しいWTO（世界貿易機関）のラウンドとか、APEC（アジア太平洋経済協力会議）の動向などが自由化や成長を促進するでしょう。そういう意味で、日本にとって世界の経済環境が有利だということです。

第二の重要な日本の経済再生にとっての要因は、日本政府の政策が適切だということです。昨年は、対応がゆっくりだ、また、不適切だ、ということで批判の声も聞かれました。特に外から見た場合、日本政府の対応がゆっくり過ぎると言われたわけですが、それ以降、マクロの面では減税の面でも、あるいは公共投資の面でも、不良債権の処理の面でもかなり大幅な措置がとられました。一九九九年第1、第2四半期は二パーセント、〇・二パーセントと、二四半期続いてプラス成長が見られ、九九年度の〇・五パーセント成長という目標は、おそらく超えることができるだろうと言われています。

しかし、まだ経済政策のミクロ面では進めなければならないことが多々あります。例えば、競争促進もその一つです。

私が言いたいのは特に、独禁法をもっと活発に適用し、競争を促進することです。また、競争を抑えてしまう法律や規制の撤廃をすることが必要です。明らかに日本は人口の高齢化といった問題で、年金や政府の財政赤字といった長期的な問題を抱えていますが、時間の経過とともに、こういった多くの問題も適切に対応すると思います。

第三の日本の経済再生にとって重要な要素は、個々の日本企業の自助努力です。これこそが日本の

常盤　文克　花王会長

株主重視の経営、科学者の一面も

社長時代、花王は十七期連続で増収増益を記録した。一九九七年六月から現職。科学者としても知られる。界面化学の分野では、共同執筆も含めるとこれまでに百本以上の論文を発表している。「良きモノづくり」「絶えざる革新」「売り場ではなく買い場」などのアイデアをちりばめた〝常盤語録〟でも知られる。

工場技術会議や研究開発会議に顔を出すことも頻繁で、現場にはマーケットインの発想が浸透している。新市場を開拓する花王の技術開発力は折り紙付き。社長時代に送り出したヒット商品にはフローリング清掃用具「クイックルワイパー」や、小鼻の黒ずみをとる「ビオレ毛穴すっきりパック」などがある。株主重視の新しい経営指標である経済付加価値（ＥＶＡ）を産業界に先駆けて全社的に導入。社内の知識を体系化するナレッジマネジメント（知識管理）に造けいが深く、近著に「知と経営」（ダイヤモンド社）がある。

競争力回復のカギとなるものです。米国においてもこういった三つの要因、すなわち世界経済環境が良好だったということ、適切な政府の政策、そして企業努力が相まって米国経済の一九八〇年代からの回復、一九九〇年代における再生のカギとなったのです。

十項目の提案、三つのキーポイント

次に、企業努力についていくつか申し上げたいと思います。日本の企業にとって重要だと思われる点ですが、明らかに企業によっての違いもあるので一般化はできませんが、米国、欧州、日本の企業に対して一年半のコンサルティング活動をした結果、日本企業にある種のパターンがあるという結論を得ましたので、次の十項目を提案したいと思います。

日本の企業が今後、焦点を当てるべきだと思う点です。第一に、その企業特有の戦略を、明確に、一貫性のある、そして整合性のあるものとして策定するということです。これは自明のことのようにみえるかもしれませんが、日本企業の場合は、まだ護送船団方式のメンタリティーを持っており、業界全体で考えがちだという感じがします。個別の企業単位ではっきりとした一貫性のある戦略を立てるという気持ちが少し欠けているような気がします。

第二に、こういった戦略を実施するためのメカニズム、インセンティブをつくることが必要です。これは何をするかではなくて、Ｈｏｗということです。この会議でＧＥのウェルチ会長が四つの「Ｅ」と述べたなかで最後の「Ｅ」、「エクセキューション」つまり「実行、実施」ということです。計画を立てるだけではなく、それをちゃんと実施して実現することが必要です。

第三に、客観的な基準や測定、尺度を導入して、資本の効率化を図るということです。樋口さんもキャッシュフロー分析のことをおっしゃいましたが、資本をより効率的に利用することが重要だと思います。

四番目の要素として、合弁事業、合併、戦略的な提携をグローバルな視野から考えることが必要だということです。これもウェルチ会長がやはり焦点を当てた点です。

五番目に、実績ベースの人事や、また報酬制度を導入するということ。

六番目に、労働力の多様性を全面的に活用することです。女性であれ、外国人であれ、ということですが、高齢者も含め、多様な労働者を活用するということです。

牛尾　治朗　ウシオ電機会長

民間の自立進め株主尊重を促進

東京銀行行勤務を経て、一九六四年に父親が経営していた牛尾工業の電機部門を独立させて社長に就任した。ハロゲン電球など産業用特殊光源の製造を手がけ、現在のウシオ電機に育て上げた。

二十八歳の若さで経済同友会に入会し、早くから財界人として意欲的に発言してきた。六九年に就任した日本青年会議所会頭時代には「財界の老害」を批判した。

九五年四月に同友会代表幹事に就任。「二十一世紀は市場経済の時代。民間が自立した社会にする必要がある」として規制緩和や株主尊重の路線を打ち出した。利潤追求よりも企業の社会的貢献を強調するなど理想主義的な姿勢を貫いてきた同友会の方向を大きく転換した。

代表幹事を退いた九九年四月からは、社外取締役を積極的に引き受ける意向を表明している。「東京の問題を考える懇談会」にも名を連ねている。

七番目に、独立した見解、例えば社外のコンサルタントや社外重役など、外部の見解から学ぶことです。この会議ではコーポレートガバナンスの観点からも議論がなされましたが、客観的な社外の視点を導入し、企業の経営が株主に対する責任を満たしているかを確認するのと同じような機能です。

八番目の分野としては、いわゆる日本でいうところの民民規制を削減させることです。これは言い換えると、商慣行、伝統のような形で企業がお互いに課している規制でして、市場における自由な競争を阻害している、こういったものの削除です。

九番目として、調達をもっと透明なものにすることです。経済合理性に基づいた調達の必要性です。最後に十番目として、情報技術を戦略的に活用することによって、コストや距離を削減し、効率や生産性を高め情報の質、量ともに高めていくことです。

要約すれば、一に、企業単位で企業に特有の戦略を考えること、業界団体で考えないことです。二に、実施のカギとなるのはスピードと緊急性を持ってやることです。三に、こういった変化を効果的に起こすには発想を大幅に変える必要があります。マインドセットの変化が必要だということです。この三つがキーポイントです。

日本の大きな強み

個々の日本企業が競争力を高め、日本経済の再生に貢献するために何ができるかということについては、日本は基本的な強みを持っていると私は確信しています。製造業の分野は品質、その実績や信頼性、性能やミニチュア化、価格という意味での強みを持っていると思います。日本国内ないしは日本企業が海外で生産したものはこういった競争力を持っていますし、日本は強力な社会的なインフラも持っています。教育程度が高く、技術の高い労働力があります。さらに、日本では経済的に成功をおさめようという国家全体の使命感があると思います。日本の方で、こういった使命感、ミッションがここ数年薄らいで弱まってきたと言う人もいますが、時系列的に比較するとかつてに比べて弱まったとは言えても、他の世界の先進工業国と比較すると、日本はやはり国全体として優秀さを発揮し、経済的に成功をおさめようという意識が非常に強いと言えます。

日本は今までのところ、膨大な柔軟性、適応能力を示してきました。必要とあれば、それを発揮できるということです。危機感、緊急感を持った時には、日本は世界の環境に適切に対応、順応してき

山本　惠朗　富士銀行頭取

内外情勢に精通、三行統合に挑む

日本興業銀行と第一勧業銀行との業務統合が明らかになった一九九九年八月下旬、富士銀行の米国の営業拠点では山本頭取が出演したビデオが放映された。三行の統合の意義を得意の米国流の英語で説明、現地の従業員に理解を求めた。

八五年に国際企画部の参事役に就任。その後、米国子会社のヘラー・インターナショナルに出向し、経営が悪化した同社の立て直しに奔走した。このとき培った英語がいまでも役立っている。

「いつも冷静」と自己分析するようにクールな経営者として通っている。国内外の情勢に幅広く精通していることから「切れ者」というのが銀行界の定評。実際、関係の深かった山一証券の経営破綻や、デリバティブ（金融派生商品）の巨額損失の風評などでイメージが下落した富士銀行を、日本のトップバンクの一員へと復帰させた。

ました。明治維新であれ、第二次大戦後であれ、あるいはニクソンショックに対する対応であれ、また、石油ショックへの対応であれ、またプラザ合意の対応であれ、順応性を示したと思います。そういう意味では、私は、日本史の今までの百五十年をひもといてみると、あるいはそれ以前をみても、日本という国は適応能力を持ち、柔軟性を持っていると確信しています。世界の経済環境の変化に適応できると思います。

しかしながら、今回が過去と違うことの一つは、日本の民間部門がリーダーシップを発揮し、日本経済の再生を可能にしなければならないということです。政府が行動をとるのを待つ時ではありません。先ほど政府の役割は重要だとは申しましたが、基本的に今の時点において、多くの法律や規制の新しい枠組みがここ一年の間に政府によって設定されたわけですから、今後は日本の民間部門がイニシアティブを発揮することにかかっていると思います。

最後に申し上げたいのは、世界の工業諸国の間において、経営という意味でも、特に技術あるいは情報技術ということでも、かなりの統合、再編が進んでいます。しかしながら日本の方の中には、ある種の効率的なやり方を採用すること、あるいは欧米流のものを採用することは、日本が米国のようになってしまうのではないかと恐れ過ぎている面もあるような気がします。日本が日本でなくなるのではないかという危惧を持ち過ぎている気がします。私はそんなことはないと確信しています。日本の歴史をみても、日本は必ずや日本独特の解決策を探し、より効率的、より生産的、より競争的になる道を探し、日本のコアとなる価値観や文化を維持していくと思います。日本企業が企業ベースで自らの競争力を高める方法を探し、日本経済の再生に貢献することが重要だと思います。

グローバル化と高度情報化

常盤　日本経済はここに来て景気底入れ、回復の兆しをみせているようですが、まだ先行きの不透明感を払拭することはできません。依然としてＧＤＰの六割といわれている個人消費が低迷していますし、雇用問題なども深刻化しています。円高、株価など、不安定な要素はたくさんあります。ここで大切なことは、今、各企業それぞれが色々な形で構造改革を進めているわけですが、この構造改革、リストラの手綱を緩めてはならないということです。

先ほど、樋口さんの話にもありましたが、日本の経済は至るところでほころびを生じていると思います。従来の右肩上がりの高度成長期に有効であった経済の仕組みとか、企業の経営、仕事の仕方が今の環境の変化にもう合わなくなってきているからです。これは仕組みがいいとか悪いとかということではなくて、時代の文脈が変わってきたからです。したがって、当座しのぎの改革ではなく、今こそ企業は新しい姿に変身し、活動のもととなる企業の「知」の枠組みをここで一度解体し、新しい「知」の枠組みを構築していくことが必要ではないかと思います。「第二の創業」と言われる所以でもあります。

それでは、経済とか経営といった環境、そして時代の文脈がどう変わったかですが、それは二つのキーワード、「グローバル化」と「高度情報化」の一層の進展ということで言えるかと思います。今、私は一層の進展ということを申し上げましたが、八〇年代と九〇年代では、このグローバル化、情報化の意味が大きく変わっているように思います。ここがポイントです。八〇年代には海外進出、国際化といって、グローバル化という言葉は使わなかったと思いますが、今はもう地球規模で仕事をとらえていこう、世界の市場は一つなのだという、こういった意味で従来の、海外進出や国際化といったものと中身が全然違ってきていると思います。情報化についても、アナログからデジタルの時代に大きく変わりましたし、ハードウエアよりもソフトウエアの重みが増してきて、仕事をシステムで考えていこうというふうに変わってきていると思います。

今申し上げたグローバル化と高度情報化というこの二つの言葉を一つにすると、それは今、本格的なネット時代といいますか、ネット社会が到来したのだということです。ヒト・モノ・カネ、あるいは情報などの色々と目に見えるもの、見えないものがありますが、こういったものが地球儀の上に網の目状に張りめぐらされていると思います。このことが今までの仕事の仕組み、仕方を根本的に改革しなさいと私たちに迫っていると思います。このネット社会においては、物事は互いにかかわり合って変わっていく、お互いを変えていく、とこういうことではないかと思います。これを如実に物語るのが、今起きている企業間の合従連衡です。様々な産業で大合併ともいうべき企業の再編成が行われており、一方では新結合で今まで考えられなかったような新しい事業の誕生があります。大合併については、いつもこれは新聞紙上をにぎわせておりますように、情報通信をはじめ自動車、石油、金融、化学など、数え上げれば切りがありませんが、ほとんどの産業でこういうことが起きています。

新結合についても、製造業と物流業、販売業、そして金融業、全体を取りまとめる情報業、こういったものが一つになって、従来にはなかったようなタイプのビジネスが現れています。ハブレスカンパニーという言葉も生まれ、もうハブは要らない、必要なのはシステムだと、こんなことまで言われてきており、これが実際インターネットの上で行われている、そんな時代になってきたかと思います。

量と質の二極分化

こうした中で言えることとは、量と質との二極分化が進行しているということです。私はこれから、量から質への転換ということを申し上げたいと思っていますが、規模の効率を求めて量の拡大を図っていくというやり方は、いずれ頭打ちとなり、限界が来るだろうと思っています。これは業界にもよるでしょうが、三つか四つ、あるいは五つか六つぐらいのグループになってしまえば、その辺が限度ではないかと思います。これに対し、個性を主張する質の追求は、その質の多様さと質の高さにおいて、これはもう限りない可能性を秘めていると思います。よく、市場はもう飽和、成熟してしまっているのだ、と言いますが、確かに市場は量的に飽和することはあっても、質的に成熟することはないと思っています。ここで量から質へと体質を変えていくといいますか、この転換をしていくことが肝要だと思っています。

少し話がそれますが、量ではなく質をもって生きている姿、そのモデルを大自然の生き物の生き方に見ることができると思います。自然の生態系の中である生物種の数が増えてくると、必ず新しい質が現れてきます。質が働き、質が量を抑制する。常に質と量のバランスがとれているのが、自然界の姿だと思います。

もう一つは、見かけ上大きくて強い生き物だけが生き残れるわけではありません。それぞれの生き物たちは、個性のある質を競い合って共存共生しているように思います。競い合っているのは決して形の大小とか、力の強弱ではなく、自分たちの質というか、個性です。その競い合いの中から淘汰が起き、これが生態系をなしていると思います。

いずれにしても、ネット社会では量の大小ではなくて質の高低、高いか低いかという、それが問われる社会になってくると思います。GEのウェルチさんの話にありましたように、ややもすると、GEとかIBMとか、超大企業の話が話題になりますが、決してそれだけが企業ではありません。こうしたネットの中で、今申し上げたような質が統べる社会の中から新しい事業——ベンチャービジネスなどと言われていますが、そういうものが生まれてくる土壌が必要だと思います。若い企業もこういう中で育っていく、その土壌がネット社会であり、それを今私たちは勝ち得たのではないかと思います。そこで、国の立場も従来と大きく変わってもらわないと困ります。民間の企業活動への関与はできるだけ少ないほどいいと思います。

一方で、やはり国の役割というのは、企業が自由で公正な競争ができるような、そういうことを保証するというか、そういう仕組みをつくることが国の仕事だと思っています。この意味で今、言われている規制緩和といったものも、もっともっとスピーディーにやらないと仕組みができ上がってこないと思います。そんなことが国にお願いしたいところです。

それでは、いかにして企業の質を生み出していくかですが、これは研究開発から始まって、生産、販売に至るまで個々の機能を取り上げてみると、潜在的には日本の企業は大変強い力を持っています。フクシマさんの話にありましたように優れた教育程度の高い人材、そして技術も強いものを持っています。しかし、ここで重要なことは、世界の市場では強いから勝てるとは限らない。強いと勝てるというのは別のことです。日本のこれからの攻めどころはこの辺だと思いますが、日本の企業は、自分たちが持っているもの、あるいは他社の持っているものでも構いませんが、上手に経営の要素をインテグレートして一つのコンセプトをつくる、システムをつくっていく。そういうものをパッケージにして、それを一つの企業の力や武器にして戦っていくという、この辺が何か欧米に比べて必ずしも強くない、いや、弱いのではないかと思います。

質を生み出す「知」

強さを勝ちにつなげていくアプローチですが、それはそれぞれの企業が自己の持っている力、コアコンピタンスというふうに呼んでいますが、これは技術であっても、生産、販売、マーケティングであっても何でもいいのですが、自分たちの強みはどこなのだということを確認し、それを中心に据え、個々の自分たちの持っている機能を上手に統合し、パッケージ化して、それを自己の競争力にするといいますか、経営戦略にして戦っていくのだと、このことが大切だと思います。これが企業の質をつくっていく源ではないか。これこそが独自の企業の競争戦略になっていき、その結果、新しい質、新しいビジネスが生まれてくるのだと思います。

質の追求ということについては、産学の共同が欠かせないと思います。産学の共同ということはつとに叫ばれているわけですが、何か言葉だけが先行して、真の意味でこれが実践され、成果の上がるものにはなってこなかったと思います。フクシマさんも触れられましたが、ウェルチさんも言われているエクセキューション、実践するという、このことが産学共同では極めて大切です。真の産学共同というものは、私たちにとっては新しい切り口です。それは技術革新を起こし、経済の活性化のエンジンを生み出してくれる可能性を秘めていると思います。この辺は米国に大いに学ぶべきところがあります。

このようにして、経営の軸足を量から質へ移し、単なる量、規模とか売り上げの拡大ということではなく、質の統べる企業経営、質の統治する企業経営を実現していかなければならないと思います。この質を生み出すものが「知」です。「知」というと、いささか抽象的ですが、また、あまり「知」ということを定義しない方がいいのですが、イメージとしては、やはり私たちの仕事の仕組みとか、仕方、あるいは技術、ノウハウ、物の考え方に始まって、広くは企業の風土とか文化、社風といったものを「知」ととらえたいのです。こういう知の枠組みの再構築、このことこそが日本企業再生に向けての道だと思います。これからのネット社会では、この知的存在感のある企業というものが評価され、栄えていくと思いますし、そうあるべきだと思います。

量から質ということを申しましたが、言い古された言葉です。今さら何だと、こうおっしゃる方もいると思いますが、日本企業再生に向けて、改めて「質」ということを強調したいと思います。

もう一つ、再生ということですが、私は、これから二十一世紀に向けて、企業は二つの選択といいますか、二つのことをよく考えてみる必要があると思います。一つは、依然として量の拡大を追うのか。GDPの数字が一ポイント上がった、下がった、これに一喜一憂するような、そんな経済の仕組みをつくっていいのかどうか。もう一つは、いやいや、そうでない、GDPはそこそこでいいのだと、伸びは一パーセント、二パーセントであってもいい、多様性溢れる質の豊かさを求めていくのだと、こういった価値観のあり様をしっかりともう一度自分たちで確認して二十一世紀に向けて取り組んでいく必要があると思います。

奇跡の成長を支えた特徴

牛尾　日本企業の再生を求めて、また全体のテーマにあるような二十一世紀の経営モデルの中でそれをどう求めるかということについて、二つ大きな問題があります。一つは、第二次世界大戦後の日本経済が世界の奇跡と言われるぐらいに高度成長を経て、わずか三十年間で先進国になった日本の特徴というものは何だったのか。それをどのようにして二十一世紀に持ち越すかというテーマです。これは今議論されていません。

私は、やや抽象的になるかもしれませんが、一つは、戦後の成長を支えたのは日本の集団の、一種の完璧主義です。日本人は非常に完璧主義で、イベントをやっても三十秒刻みにシナリオを作るとか、時間厳守といいますか、徹底的に完璧を期するという精神は戦後の日本の、集団の特徴でした。それに清潔感というものが結びついて、日本人の清潔感は科学的でもあるし、感覚的でもあります。多くの日本人はトイレに引かれている水道管の水を飲むのを汚いと思うわけですね。同じ水道管でも、お手洗いの水を飲むのは汚いという感覚。こういう感覚は半導体をつくるときなどに非常にプラス要因だったと思います。完璧主義と清潔感が結びつくと、本当にすごいきちんとした社会になります。

二番目は現場主義です。要するに物事があると現場に行くという、現場で働くことに誇りを持っています。ドイツなどにややその傾向が地域によってありますが、GEのウェルチさんが、横河電機など日本の企業と提携して、現場を重視する経営には非常に感動したらしく、GEでは「ゲンバ」が英語になっています。英語でハンド・オン・システムとも言いますが、現場は余計なマネジメントを最小限にします。MBAの取得者でなくても、要するに、実際に売ったり、実際につくったりする人が一番偉いのだという思想があって、こうした現実主義は、結果として大変な効率性を生むわけです。

現場主義は日本の戦後の特徴でした。同時に、現場に殉ずるという気持、一九九五年に一ドル七十八円までいっても工場を閉めないで何とか自分の工場を守り、七十八円でも競争力に勝ち抜きたいと思った工場はたくさんありました。自分の現場を離れないで死守するという精神と、一部には早々と外国へ行ってしまうという企業も出ましたが、今日本企業は外国へ出ても、本工場が日本に残っているケースが非常に多いわけです。そういう現場を重視して、現場に愛着を持つことが第二の特徴であります。

三番目が集団思考です。戦後は個人も向学心を持つけれども、個人の自立と連帯というものを並べれば、連帯、それから自立という感じの社会でした。この集団思考は日本人の特徴です。みんなが平等におカネを持てればいいですが、一緒に食事をとる時でも、ある人がおカネを持っていて、ある人が持っていなくても、米国なら皆それぞれのおカネに応じて勝手に食事をとるのですが、日本では皆が金を全部出して、同じ物を分け合い一緒に食べるのが楽しいという思考は日本人の特徴です。四番目には科学に対する尊敬、向上心が非常に戦後を支えました。

旧に戻すこと・新たに変えること

そういう日本の特徴は、実はこの十四－十五年間は全く弛緩していました。かつての日本なら、今問題になっている臨界事故を起こしたＪＣＯみたいな経営はあり得ない、考えられないことでした。昨日の新聞を見ても、輸血した血の中にエイズウイルスが入っており、それを見過ごしたという記事が出ていました。こんなことは他の国であっても、日本ではあり得ないことでした。日本の本来の集団としての規律、完璧主義、清潔感、実際に偉い人が現場に入って確かめてくる。どんなに色々な構造改革の議論を叫ぶことよりも、こういう機能が、この基本があることが戦後を支えたのです。

すべての経営者は、こういう観点から自分の組織をもう一度再点検し、トップはまず現場に入るべきだということが、私の第一の提案です。これが失われたことが今、日本の将来、二十一世紀の飛躍のために大きなマイナスになっています。今トップにいる人は、自分の若いときのことが頭にあって、こういうものが自分の組織にそろっていると錯覚を起こしているものですから、いったん走り出すと、半分ぐらいしかついてこないし、どんどん落馬するし、違うコースを走ってしまうことになり、計画は良いのだが、実施能力がなくなっているということになります。

経営戦略は、戦略プラス遂行能力が非常に大事です。遂行能力で日本の社会は非常にすばらしいものがありました。それを二十一世紀にリバイバルする必要があります。海外、特にアジアの人が東京に来ると、安堵感と清潔感でほっとするとよく言います。日本は治安が良く、社会の怖さがない、清潔、衛生的にも心配がないという、これは実は今挙げました三つの特徴が生きていることが前提です。そういう点では、この美徳、この長所というものを再認識する必要があります。

第二は、構造改革の方向に向かって、私たちはどのように変えなければならないかということです。これまで述べたのは、日本の変えてはならないもの、それが変わってしまっている問題です。これをもとへ戻すことと同時に、複合的に今度は変えなければならないものがあります。変えなければならないものはまず初めに、グローバリゼーションという冷戦後の新しい流れで、基本的には国際市場で競争するのが当たり前になったという事実を、徹底的に認識すべきだということです。国際競争で争うからにはグローバルコストという国際コストが問題になるし、そのコスト分をとてもコストダウンできない場合は、付加価値をつけ、プライスにプラスアルファをつけても競争力があるようにするにはどうすればいいか。これは今、常盤さんの言われた質の多様性であり、質の向上という問題になってきます。

国際市場がこの流れで行く限りは、私たちは市場を原則としてオープンにしないといけません。今、日銀の金融政策を通じて円高をどうこうせよという議論がありますが、基本的には円高は日本の富を増やすわけですから、非常に結構な話ですが、その前提として市場の八〇パーセントか九〇パーセントが開放されたうえで円高でなければ、真の円高とは言えません。現実は五〇パーセント近くのものが何らかの形で政府の規制のみならず、民民の規制や、伝統・習慣まで込めて、あらゆる方面で完全には開放されていない状態で、開放された部分だけ円が強いのは非常に不自然です。やはり円高の流れを是認するのであれば、その前に八〇パーセントか八五パーセントの商品をまず三、四年のうちに市場開放することが大事だと思います。

さらにもう一つ付け加えれば、国際市場でやっていくためにはすべての行動、今フクシマさんから調達の話が出ましたが、調達のみならず、マネジメント、戦略、経営の手の内、あらゆるものをディスクロージャー（情報公開）する必要があります。ディスクロージャーすれば、当然質問が来ますから、すべてのアクションにアカウンタビリティ（説明責任）がないとだめだということになります。アカウンタビリティを持ってディスクロージャーに耐える経営をしないといけません。日本の社会では何でも見せることは、とっても卑しいことで、秘めたるものは非常に価値が高いという伝統的な考え方があります。

情報公開と説明責任

しかし、最近の社会でそれを言っていると経営はできません。すべてを見せてしまう。米国の人はストックオプションでこれだけもらったなどと、給与、賃金の中身まで見せます。日本人からすると、別に隠すものは何もなくても、そういうことは秘めた世界のもので、見せたくない。ストックオプションひとつとっても、これだけの名前を全部出すのかとなると、やはり止めようかとなります。これは隠し事が好きなのではなく、東洋の文化の中には秘めるということの美学があるからです。優秀な人でも、自分はよくできるぞとプレゼンテーションすると、軽佻浮薄だとみる伝統があります。優秀な人は自ずと抜きん出るものであって、自分を宣伝するものではないというのがいまだに、高度成長を果たした後でもあるわけです。

かつて大流行したコマーシャルに「男は黙って○○ビールを飲む」というのがありました。これは黙って飲むことがいかにおいしいかとのコンセンサスがあるからです。米国の友人は「なぜこれがコマーシャルになるのだ」、まずいから黙って我慢して飲むのではないか、と思ってしまったそうです。ところが日本では非常にはやったコマーシャルでした。最近、日本のコマーシャルが世界のコマーシャルのコンペで全然入賞しないのは当然で、ホモジーニアスな伝統社会に通じる、ホモジーニアスな社会のみで心の琴線に触れるコマーシャルというのは、ヘトロジーニアスな世界のコマーシャルでは、何を言っているかさっぱりわからないということになります。それは全然卑下する必要はないが、ただ、グローバルな社会になると、日本の社会もある程度変わっていかないとご一緒できない、と考えなければなりません。

私は経済同友会でグローバリゼーションを徹底的に主張しましたが、そのときには翻訳して「グローバリゼーションとは、経済活動で世界と一緒に生きる覚悟をすることだ」と言いました。日本が「俺は俺で、勝手にやらせてもらうぜ」ということではもうだめだということです。世界と共に生きていく覚悟をすることだ、と私は強く言ってきました。

今、フクシマさんもおっしゃっていましたが、IT（情報技術）の導入が非常に大事な問題です。この会議でGEのウェルチさんが、三十歳代の人でもその気があるなら、上に立ってどんどんやりたい仕事にチャレンジしなさいという趣旨の話をされました。一生を終えたとき、終身雇用だったのとどちらが幸せか、ということを言われると、皆何とも言えないといった顔をしていました。今の若い人なら、ウェルチさんに拍手する人が五十パーセント以上だと思います。しかし、私たちはそのように思わないでここまで来てしまいました。

IT、インフォメーションテクノロジーが今、米国の経営に非常に多く取り入れられています。それも具体的に、販売、購買、資金調達、経営管理から在庫管理まで、全部ITが日常化している社会です。私たちの年代、六十歳を超えた人はいわゆる活字世代、日本経済新聞は活字世代の産業ですが、二十年ぐらい前に映像の世代が現れて、テレビの時代となり、映像的に物を考えるか、活字で物を追うかと議論したものです。それが最近の三十歳代半ばぐらいの人からはインターネット、ネットの時代が始まって、今は三重構造で、私たちは共存しています。活字世代と映像世代とネット世代がともに行動している。

しかし、ITの導入は、確実に経営技術でネットが九五パーセントを占めるのを決意しなければならないということです。私が初めて米国に留学した時は、システムという講義がありました。日本ではシステムというのは全くなく、今使われているシステムという意味で一九五六年に講義していたわけですから、米国のネット感覚は日本よりも二十年早かった。だから情報技術をとり入れることが非常に抵抗なくできているのです。

先日の日米財界人会議でも、AT&Tのアームストロングさんや、また製造の部会でキャタピラのバーンズ会長やその他の方が、米国のGDP成長率の七割はIT導入による生産性の向上が支えていると自信たっぷりに言っていました。いろいろな例を聞くと、全部がIT導入によって、特にインターネットの情報収集によって販売を促進する。車の台数とか、販売の量が日本の一番高いところの三倍、四倍の数字が出ているのを見ると、IT導入は世代革命を促進することになると思います。構造改革の気持ちで、リーダーの方から変わらなければならない、大きな革新が必要になるでしょう。

競争が最も公平な結果を生むと信じることができる人は、まだ日本には十分育っていません。行政側は、行政の優秀な秀才がこうしようと計画する方が安心できる、市場にまかせ、競争の結果、結論が出るのでは危なくて見ていることができない、という人が八割です。基幹産業や業界が護送船団方式で秩序がきちんとしているところは、話し合いや、緩やかな談合が、競争よりもはるかに結果としては良いと信じてきました。一九九五年の一ドル七十八円前後ころからエレクトロニクスや自動車は完全に競争にさらされ、結果として八十円でも生きながらえる力を持つようになった。つらいけれども構造改革も悪くないと確信を持つようになったが、残念ながら現状では私は過半数になっていないと思います。

最後に申し上げたいのは、日本はそのような変革期にあたって、維持していくべきものをきちんともう一回再活性化させる。構造変化に応じて改革すべきものは思い切って変えることが極めて重要です。日本だけにある常識で、世界から見たら全く非常識な話は、あまりもうしないほうがよい。竹村健一さんが「日本の常識は世界の非常識」と二十年前から言っていますが、最近はその例が非常に多い。別に小渕首相の肩を持つわけではありませんが、例えば自自公の連携で過半数の体制を決めたときは、ほとんどの論調が、この巨大な与党体制で一体何をするのか、あたかも恐怖が押し寄せ、大政翼賛会のようになるとの杞憂が当たり前になりましたが、小選挙区制をしいた瞬間にもっとすごい過半数になる可能性が起きていました。小選挙区制、あるいはそれを進める党を選んだのは国民なのですから、今さら巨大な与党に対して不安感をあおるのは、基本的に世界の常識から見ておかしい。それなら初めから小選挙区制を支持しなければいいのです。

リーダーが問題提起の勇気を

小規模の企業こそ将来の大企業となる可能性があるのだから、これを大事にしようという発想はわかりますが、単に中小企業を情緒的に助けなければならないというのはおかしい。中小だから大きいものが助けるのは当たり前だという流れなども、世界から見ると極めて非常識です。現状を改革するには、ある程度厳しく非情に目をつぶらざるを得ないこともあります。「小善は大悪で、大善は非情に見える」という言葉がありますが、単に非情を非難する論調は改革をするなという話になります。

日本独自の安全保障、防衛を考えることは軍国主義の道になるとか、そういう何ともいえない戦後五十年間引きずってきた日本の独特の大衆感覚が変わらなければならない時に来ています。経営者はこれからマーケットを一層重視しますから、マーケットを支える大衆の考え方がグローバリゼーションの方向に向かって、世界の常識に沿っていかなければ、日本は成功しません。日本の一九六〇年代、七〇年代の奇跡の成長では、生産性本部が三百―四百にのぼる生産性の海外視察チームをつくって海外に行き、みんながピーター・ドラッカーや、アメリカの経営学の本を読み、経営の常識が世界の理念と非常に近いものになったことが、あれだけ成功した大きな理由です。

日本のマーケットは常に新しいものに絶妙な好奇心を持っています。常に新規なものは買う、全くコンピュータを知らない人がコンピュータを買って、コンピュータ需要を押し上げる。こういう先駆けるタイプの大衆社会を持っていたのですが、最近は変革期の中でおろおろしています。二十一世紀をこういう方向で突き進んでいくのだという時代の流れをつくるには、グローバルで多様な考え方を率直に私たちが導入していく必要があります。

重ねて言うと、持っていくべき日本の美徳と、構造変革すべきグローバリゼーションを中心とした価値観の変化、さらにひとつ最後に言うと、日本人は問題をつくるのは非常に下手だが、問題を突きつけられたら解決するのがうまい国民です。問題を突きつけられ、解決する時は縦型の社会が対応しやすい。問題を見出すには総合的に横の発想で抽出しないといけない。縦では見えないことが多いですから。企業の場合は経営者が勇気をもって、縦割りの経営組織を超え、総合的な判断で会社の問題点をはっきり指摘する。それを与えられたら、各部門は一年間でプロジェクト化して解決を求めれば、これを解決する能力は、日本人は非常に高いのです。そう考えると、経営者とか、政治、行政、新聞などのリーダーこそが問題を提起する勇気を持たなければならない、ということを申し上げ、問題提起したいと思います。

山本　私は少し生々しく金融の面から、金融再生の問題、金融が日本経済の再生にどう役立ち得るのか、どうすればいいのかという二点について、話したいと思います。

まず、日本の金融再生をどうするかについて、私ども先ごろ三行の統合を発表しましたので、その際のことを含めて話します。

金融のグローバル化

一番目は、環境の認識ですが、先ほどの三人の話にありましたように、経済のグローバル化、金融のグローバル化と言いますが、その経済の裏側に金融があります。最近、金融は少し実体経済をはみ出して、色々オーバーシューティング（行きすぎ）が起きていますが、金融は国境を越える、あるいは空間・時間の制約を越えていくのが非常に容易な世界です。グローバル化は、一般的な例えば製業などと比べ、一段と大きなファクターだと認識しています。特に最近は日本市場のグローバル化、あるいは開放があり、ウィンブルドン化という言葉で、日本の金融機関はもう要らない、外国に頼むからいいよ、という勇ましい議論を、新聞に書いた方がいました。これに対し、私どもは、そうはさせまいと思い、規制ではなく競争で頑張ろうと考えているわけです。

二番目は、ＩＴ革命の問題です。これも先ほど来、話にあるとおりですが、特に銀行の場合は、次に申し上げる規制緩和などを絡めて非常に大きな意味を持ってきます。

三番目は、規制緩和の問題です。金融の世界では規制緩和が経済のインフラのためということで正当化されてきたわけです。これは何も日本だけではなく、世界で急速な規制緩和が行われたのは、この十年、十五年というスパンの中での話です。昔から欧米は自由化されていて日本だけは規制があるという話ではありませんでした。

競争状態がどうかということですが、これもやや日本人の自虐性から、日本の金融機関は質が悪い、欧米の金融サービス業を使えば十分だというご批判もありました。率直のところ、日本と欧米の金融サービス業の間には競争力に格差があることを認めます。

ひとつは、規制緩和が遅れたこと。私も証券取引審議会とか、金融制度調査会などに出て、色々議論してきましたが、産業を考える、個別企業は考えないということで、金融業そのものについて天下国家の議論があり、それが実は個別企業の利害であったりして、規制緩和が大幅に遅れたのは、業界としての要因だと思います。

加えて、不良債権の処理に時間を要したため、結局は新しいイノベーティブな動きが大きなエネルギーをもって出てこなかったことも、競争力に格差をもたらした大きな要因です。欧米は規制緩和が早かった。一九九〇年代の初めは、米国の銀行も大変に苦労しました。その後、これは米国の某銀行トップから直接聞いた話ですが、実は大変ラッキーだったということです。「九二年に景気が急回復し、その景気に支えられて利益が増えて、これで不良債権の処理を早くできた。日本の場合はそこが違う」という、激励とも何ともいえない話を聞いたことがありますが、事実としては、米国は早期に不良債権の処理を終え、新しいイノベーションをやれました。

国境を越えた商売として、金融のグローバル化が進んでいますが、例えばドイツ銀行が米国のバンカーズを買うとか、あるいは伝統的な枠組みを超えたシティとトラベラーズの合併とか、色々な動きが出ています。しかも、スピードが速くなっているのが特徴です。

三番目に申し上げたいことは、競争条件ですが、他産業からの金融サービス業への参入が、規制緩和の中で非常に多くなって、既存の金融関係企業にとって大変な脅威になっています。国民経済的にみれば、大きな競争が起こるわけですから、大変にプラスだと私は思っています。既存の業界は、これに対して、資本を中心とした経営資源のシフトをしていかなければならないということです。日本の金融機関、とりわけ日本の銀行はどう対応していくでしょうか。これを三行統合の時の考え方を例にお話します。

国際金融グループをつくる

目標として何をしたいのか。国内に強固な収益基盤を持つ、日本を代表する国際金融グループを作りたいということです。戦略として掲げているもののひとつは効率化です。オーバーバンキングの規制があったということは、それだけ過剰な経営資源が投下されてきたということです。私は常々オーバーバンキングがあると申し上げてきたわけですが、オーバーバンキングのもとでは単独銀行の効率化が限界に来ています。この限界を突き破る効率化の戦略として、店舗とかシステムとか人員を統合することが、飛躍的に効率化を達成する手段になるということです。

二番目は、事業ポートフォリオを変えていくことです。伝統的な商業銀行業務の成長性は低下し、投資銀行業務とか資産運用、あるいはそれ以外の新しいタイプの金融サービスが急速に成長し、発展しています。こうしたものに対応するには、商業銀行業務から大きく資本を移していかなければいけない。その際にどうやればいいかということになると、競争に勝つためには、ウェルチさんではありませんが、四位、五位に止まっているのでは株主にとっても事業にとってもあまり快適なものではありません。つまり、クリティカルマスという考え方をしました。その業界に入るなら、十分に利益を得られる主要なプレーヤーになることを軸として考えているわけです。そうしますと、一つの銀行では無理だということが言えます。

三番目は、IT革命ということですが、金融のIT革命、金融業のIT投資はこの数年の間、まさにキー・フォー・サクセスの最大のものです。金融サービス業として巨額なIT投資を、米国の金融機関並みにやるには、これも一行ではなかなかできない。ちょうどICの設備投資を共同でするのと同じ発想です。

こうしたことと併せて、今回狙っているのは、人事制度を変えることによって企業文化を変えていきたいということです。先ほど、守るべきもの、それから変えるべきものという話が牛尾さんからありましたが、今まで私たちの事業の意識は、年功序列、それから集団主義で、非常に優秀な人材を持っていますが、エネルギーが十分に発揮されてこなかったと反省しています。これを集団主義から、もう少し個人の専門的な能力、個人の成果に着目した処遇体系に変えることによってエネルギーを引き出したいと考えました。

以上のようなことで、三行の統合に入ったわけですが、日本企業の再生のために金融が果たすべき役割、何ができるかということに少し触れてみたいと思います。

何と言いましてもこの数年、日本経済停滞の一つの要因として、金融システムの不安定化があったということは、否定できないと思います。その過程で私たちはやはり金融システムを支える、あるいはプレーヤーである強い金融機関が必要だということを、非常に強く認識してきたわけで、それが国益にもかなうことから公的資金が融資されたと、あるいは投入されたと考えているわけです。

従来の規制の基準となっている金融の業態とか業種という枠を外し、金融機能を、アンバンドリングという言葉をよく使いますが、機能別に分割し、それをリバンドルして、そこに新しい企業の形態、あるいはサービス業のあり様を探っていくのが、これからの金融サービス業の行く方向です。そういう形で皆さんのお役に立ちたいのです。例えば、ベンチャーキャピタルは非常に大きな分野です。先ほどもフクシマさんから指摘がありましたように、今は企業の出番だと考えています。そのための法制・税制の改革については、従来以上に強く主張していきたいと考えています。

急速に変わる企業と銀行の関係

さらに申し上げたいのは、企業と金融機関の関係です。問題提起だけしておきますが、日本にはメインバンク制というものがあります。メインバンク制の定義は色々ですが、海外の日本経済を分析する人たちが作り出したコンセプトというきらいがあり、企業グループとか、メインバンク制とか、むしろ外から教わっている面もあります。中身をやや砕いて言えば、株式の持ち合いであり、それを前提とした貸し出し、ラストリゾートとしての貸し手になる銀行とか、あるいはその代わりに主要な金融上のメリットを頂戴することが多分、メインバンク制と言われていることの中身かと思います。

株式の持ち合いはこの数年急速に減少しています。企業向けの貸し出しについて全体でとらえると、急速に減っており、最近の優良企業は借り入れがないという状況になってきています。企業と銀行の関係が急速に変化しています。

二番目に申し上げたいことは今、民事再生手続ということで、倒産法の見直しが行われています。米国のチャプター11をモデルに変更が行われていますが、これはなかなか債権者にとってはつらい話です。この法律ができると、企業向けの貸し出し取引のありようも、少し変化が出てくるのではないか考えています。

最後に、国の問題という議論が出てくるかもしれません。金融分野で国がどういう役割を果たすべきかというと、競争環境を整備することだと思います。例えば非常に強い裁量行政が残ると、引き続き日本から企業が出ていきます。金融は特にそうですが、香港とかシンガポールとかに出ていってしまうことがあります。その辺で一体、国というものが企業にとってどういう役割を果たすべきかということを、ここでまた議論を深めていく必要があると考えています。

西岡　パネリストの皆さんからそれぞれ、基本的なポジションを示して頂きました。まず今は何といっても金融の問題が一番ホットイシューです。一九九二年でしょうか、お亡くなりになったソニーの盛田さんが「日本的経営が危ない」という論文を『文藝春秋』に書かれたと思います。あのころは「世界と違う経営をしていると危ない、つまはじきにされる」というニュアンスだったのですが、もうひとつその背後には、やはり強過ぎる日本企業みたいなイメージがあり、それをたしなめるところがあったかと思います。それから約七年たちましたが、あっという間にこういう格好になって、三菱重工まで赤字というところまで行ってしまいました。その背後を考えると、色々要因はありますが、金融の問題がかなり大きいと思います。

山本頭取に先ほど色々とご説明頂きましたが、終わりのころに話された、いわゆる企業と金融機関のこれからの関係、特にメインバンクが解消されていくとか、株の持ち合いが解消されていくとか――これはどういう影響を与え、企業としてはどう対応する格好になるのでしょうか。そのあたりから話をお聞きしたいと思います。

変わるメインバンク制

山本　こういった機会ですから、やや問題提起風にメインバンク制は変わるのだと申し上げました。先ほど述べたように、この仕組みがあたかも紙に書かれた形で定義されていると皆さんは感じているかもしれません。会社の取引はメインバンクに色々と相談する、あるいは借入資金のラストリゾートとして取引するということで、かなり実務的に考えているようですが、世の中といいますか、評論家、あるいは学者の間で言われているメインバンク制だと、企業と銀行が一心同体的で、あたかも企業のエクイティー（株式）を銀行が全部持っているかのような解釈です。

そういうメインバンク制は、グローバルな競争をしていく過程で、ないしは企業の存続の基盤である株主権との関係で無理になってきています。例えば、ある企業の五パーセントの株式を持っている、貸し出しの二〇パーセントをしている、これがメインバンクだから未来永劫、その企業を救済し、つきあうべきだというのが、何となくメインバンク制の一般的なイメージだろうと思います。しかし、その企業の存続、あるいは再建計画に経済的合理性があれば、債権の確保という観点で協力します。逆に経済的合理性が十分に確認できなければ、その段階でサポートを打ち切らざるを得ない。こういう場ですからはしょった言い方をしますし、ここには私どもの取引先が大勢いるので、個別にはまた後でニュアンスを説明したいと思いますが、そういう方向だということです。

世の中で債権放棄とか、あるいはデット・エクイティ・スワップという話が数多く出ていますが、それもすべて銀行の法的な所有者である株主の利益を損なわない限りのものです。先ほど透明性、アカウンタビリティの話が出ましたが、アカウンタビリティを十分果たせる、あるいはリーガルに我々執行しているエグゼクティブの任にある役員が責任を果たせるような、逆の言い方をすると、リーガルに免責されるような、そういう意思決定をせざるを得ない、というのが今日の状況です。

新しい銀行について一言だけ、誤解があるといけませんので申し上げますが、私ども金融機関は信用が大事ですし、取引先との長い信頼関係が大事、つまりリレーションシップを大事にする経営をしていきたいと考えていますので、その問題と今申し上げた問題の接点にあるいは経済的合理性と、リーガルかイリーガルかという、二つのキーワードでご理解を頂ければと思います。

西岡　牛尾さん、個別企業の経営者からみて、これから今の銀行との関係が、株の持ち合いも含めてどのようになっていくのか。それから、その結果としてよく言われている産業の再編成、この辺はどのようにお考えになっていますか。

牛尾　これも非常に多様な形相を示しています。護送船団方式が強い分野の業界では、例えば金融では、日本興業銀行と第一勧業銀行と富士銀行が近い将来一緒になると決まりました。皆ご存じの方ばかりで差し障りがあって話しにくいのですが、この三行が一緒になるということは、製造業とか商社とかでも半分ぐらいは一緒になったっていいことになります。これまでは、必ずしも銀行のせいではないのですが、金融系列のせいでそういうものをためらっていたことにしていたのが、その壁がなくなりますから、やはり率直に議論せざるを得なくなってきます。これまでは金融系列を言い訳として半分利用していた部分もあったのです。

産業再編の起爆力

新聞もそういうのが好きで書き立てるものですから、最近はいろいろな話を聞いていると、前よりもこれは踏み込んで早くやらないとだめだなという流れが出てきました。その結果、ウェルチさんが言うように、業界で企業が二社か三社しか残らないという流れが、結果としては実現する、大変な起爆力になったことは事実だと思います。

もう一つは、実は十年ぐらい前からエクイティファイナンスが盛んになっており、優良な会社はほとんど無金利のエクイティに走りますから、メインバンク制が事実上非常に希薄になっています。メインバンク制が非常に強いのはむしろ銀行にとってお荷物のところで、そういった企業が逆にメインバンクを頼んでいるのです。だからメインバンクのもとに集まれというと、集まって欲しい企業は集まらず、集まって欲しくない企業が集まる場合が多かったのではないかと思います。

しかし今度は逆に、銀行が公的資金を導入した後、私的にも増資する時には、今度は遠くにいた良い方の元メインバンク関係だった企業が恩返しに増資を引き受けるという、日本的な美的な関係がいまでも四方八方にあります。基本的にはメインバンク制というのは事実上——要するに昔はおカネを借りた者が商売できたという高度成長期の時期に比べ、十分の一ぐらい希薄になっています。だからこそ、三行が一緒になれたのではないでしょうか。もしメインバンクがはっきりあって、自分の取引先が競合し、しかも皆が隆々としていれば、こんなことはなかなかできません。だから、皆が全般的に萎えてきて、喚起が希薄になったことが遠因だと思います。しかし、金融バンの流れのなかで、銀行という最もそういうことをしないだろうと思っていたところが（合併を決定）したのですから、私も驚きました。しかも、テレビにまで出てしゃべるわけですから、かつてでは考えられないことです。二年前には想像もつかないことで、大変に驚きました。

普通は先行して何か進めてから三人が出てくるのですが、何もやる前からまず、三人がやるぞと言って流れをつくるというのは、非常に西欧型の手法ですから、やっぱり世の中は本当に変わってきたのだと思います。これは個人的にも大いにサポートしたいですね。

西岡　フクシマさんは今の問題について、どのようにご覧になっていますか。株の持ち合いがほぐれていって、日本の産業界の地図が変化していくのか、あるいは構造改革がもっと進んでいくのかどうかということも踏まえて、お願いします。

フクシマ　それは相当変革があると思いますが、ただ外から見ると、それほど急激に速く変革するとは私は思いません。徐々に時間をかけながら、要するに本当の意味でのいわゆる米国型の競争が実現するとすれば、雇用の不安とか、色々そういう社会的な懸念が出て、ある程度は競争をひとつの枠内で制限しなければだめだと、行政も、多分、企業も、あるいは市民も、そういうことを求めるのではないかと思います。これは金融業でも、通信でも、ほかの業界でも、米国的な激しい変化はあまりないと思います。それが必要かどうかというのは別問題ですが、私は先ほど冒頭で発言したように、日本は必要な変化はすると思いますが、ただ日本的なやり方でやると考えていますので、そういう意味ではスピードについては、恐らく割合に時間をかけてやるのではないかと考えています。

西岡　常盤さんは今の問題をどのようにお考えになっていますか。

コーポレートカルチャーをつくる

常盤　私は、先ほども申し上げましたが、ネット社会が色々なものを変えさせていくのだと思います。ネットですから上下、左右、前後、みんながつながっているということで、色々なものの組み合わせ、並べかえがこれから金融業だけでなく、色々なところで起きてくると思います。もう何でもあり、誰でもありということがまず前提で、そこから、では自分たちはどうするか、これをつくりあげていくのが今、日本企業再生で問われている一番重要なところではないかと思います。

そのとき大切なのは、何が自社ででき、何を他社に任せるかということで、自分たちだけで全部はできません。まず自社の持っている能力を確認し、そして足りないところを他社からアウトソーシングしていく、そういう一つのシステムをつくることが大事で、そのようなシステムが評価されていくと思います。ネットですから、かなりマーケットでアベイラブルなファンクションもいっぱいあると思います。それを上手に組み合わせてやっていくことで、今の金融業の話も一つの例だと思います。

先ほども講演前に山本さんと話していたのですが、筋書きは良いし、話はそのとおりですが、問題はコーポレート・カルチャーをどうつくるかということになるわけです。今ほど大げさには騒がれていませんが、過去にもこういう合併はいろいろな産業でありました。その時一番苦労したのは、コーポレート・カルチャーをいかにしてつくっていくか、このことだったと思います。これを乗り切ると、本当に新しい姿の企業になっていくのではないか。そんなことで、ネット社会という大変夢のある、そして裏側にリスクのあるおもしろい社会ができたなと、こんな認識でいます。

西岡　山本さん、今のことに触れて頂けますか。

山本　二つ疑問が提示されたと思いますので、簡単に答えます。時間がかかる、それが日本のやり方だというフクシマさんの話ですが、牛尾さんもまだ言っただけで何もしていないという話でしたが、そうではなくて、実は統合の発表の翌週から各銀行より一人ずつの副頭取の統合委員会を発足させ、直ちに動き出しています。各分野に分かれ、すでに二十の小委員会が動き出して、週何回か具体的な項目を挙げ一つひとつ結論を出すやり方で、相当に進展しています。三ヵ月に一回ぐらい世の中にその進捗度合いを発表しようと思っていますが、二〇〇〇年の末ごろには持ち株会社ができ、その持ち株会社が上場会社になって、私たちは幸か不幸か、非上場会社になるということです。

それに一年半も要するのは長いという批判があるわけですが、二〇〇〇年には持ち株会社の方に各マーケットセグメント別のスタッフ、それからプロダクト別のスタッフを全部異動させ、そこで統合的な運営をします。つまり、法的にはばらばらに存在しますが、実態は一つの銀行であるかのような運営を二〇〇〇年の秋から始めるということです。

雇用の問題だけが気になるところですが、その点については、実は先ほど事業ポートフォリオの話をしましたが、成長率の鈍ったところから成長率の高い分野に資本を移していくことになりました。それに必要な人員もあることから、五年間で六千人、一七パーセントの人員削減を計画していますが、外部からの採用を含めると、本当にそんなにたくさん減らせるのかと思うぐらいの面もあり、雇用不安云々という問題はないのではと思っています。米国風のやり方で、事業ポートフォリオを変えていくという話だとご理解頂きたいと思います。

ポスト・マージャー・インテグレーションとは

二番目のコーポレートカルチャーの問題ですが、先ほど人事制度の話をしましたが、私どもの銀行は九八年、年功的要素を一切排除した職務と成果の二つの要素だけで処遇する仕組みを入れて、ある種のカルチャーショックを行員に与えました。新しい銀行はそうした新しい人事制度、全く新しいタイプのものを入れ、まずカルチャーを変えたいと考えています。元の出身銀行のカルチャーを一日も早くなくすために、事業グループ別の経営を二〇〇〇年の秋から徹底します。事業グループ間で競争させます。自分の帰属意識を従来の銀行ではなく、新しい事業グループに対する帰属意識に変えていく過程で、色々な工夫をしていきます。カルチャーを変えることが大事だという指摘は、全くその通りだと思います。カルチャーを変える壮大な実験とは言いませんが、後戻りがきかないものですから、そのことをもって新しい企業作りをしたいと決意しています。

牛尾　フクシマさんにひとつ聞きたいのですが、日本だからコーポレートカルチャーの融合が困難なのであって、米国にもそういうことがあるのか。それとも米国企業はみんな普通のカルチャーで、特別なものはないのか、その辺はどうなのでしょうか。

フクシマ　実は私の会社もいわゆる「ポスト・マージャー・インテグレーション」といって、企業が統合、あるいは合併した後、社風を合わせる、調整する仕事を相当行っていますが、米国でも欧州でも、どの企業でも統合あるいは合併するとき、そういう問題に直面すると思います。ただ、外から見て感じることは、日本の場合は労働市場にあまり流動性がないので、組織の帰属意識が強いと思います。だから二十年、三十年も同じ組織で働いている、その会社のやり方、その会社の用語、あるいは考え方が非常に根強くあるので、それで他の組織と一緒になるのが難しいのだと思います。米国とか欧州の場合は、最初から労働市場の流動性があるので、それほど組織に対するこだわりがないといえます。

もうひとつは、米国企業とか、欧州企業は、ウェルチさんの話にもありましたが、買収に相当慣れています。そういう意味で、統合する時、どういう手順でどういうやり方でやったら最も効率的かということがわかっています。例えば一番有名なのはシスコ・システムズというシリコンバレーの会社ですが、ここでは六週間に一回、他の企業を買収しています。買収マニュアルをつくっています。どういうふうにしたら人事制度、あるいはＩＴシステムを、最も効率的に早くいい形の相乗効果が出せるようにするかと。そういう意味では、日本企業にもそういう経験をしているところがあるとは思いますが、それほど多くはないと思います。だから程度の問題だと思います。

西岡　今の話の続きですが、日本の銀行のカルチャーをすり合わせること自体、非常に難しいということでしょうか。そうすると、いわんや企業を米国型にするというのは、もっと難しい話になりかねません。再生のためにどうするかという時によく、日本型の経営から米国型へ、という議論の立て方が行われます。どちらかを選択する、あるいはこちらへ振るというような、そういう選択を提示することにそもそも意味がありますか。要するに言いたいことは、個別企業ごとの、例えば三菱重工業は日本列島が沈没してもうちの会社は生き残ると思っていれば、それでいいじゃないかというようなことです。要するに個別の選択、市場が選択するのはその経営者であると、あるいは企業であるということです。米国型か日本型かとか、そういうスタイルの問題ではないとか、こういう議論は成り立たないでしょうか。フクシマさん、いかがですか。

ウィンブルドン現象は日本語

フクシマ　外から見て感じることは、日本の場合は組織そのものが継続することに重要性を置き、米国の場合は企業を立ち上げ、それを売って、また企業をつくる。組織そのものが存続することには、日本と比べてそれほど重要だと感じていないと思います。

資本の国籍についても、日本と米国では相当違う感覚があると思います。これも程度の差ですが、例えばウィンブルドン現象という言葉そのものが、面白いことには、言葉としては英語ですが、概念としては、日本でしか使っていない言葉です。夕べも実は英国を含む欧州の金融関係のトップとの夕食会があり、そこで講演したとき、この中でウィンブルドン現象という言葉を聞いたことがある人がいますかと聞いたら、一人もいなかった。というのは、やはりこれは日本が資本の国籍のことを大変重要視していることのひとつのあらわれだと思います。

西岡　牛尾さん、どうですか。

牛尾　ウィンブルドンの話がちょうど出ていますから、今から七、八年前に、ビル・エモットさんと対談して、その後ロンドンに行って銀行の人に紹介してもらった時に、当時ロンドンでは、銀行の三〇パーセントが日本の金融機関、三十数パーセントが米国で、英国オリジナルは三〇パーセントぐらいしかありませんでした。そのときはまだ日本にもウィンブルドン現象という言葉はなかった。一体これからどうなっていくのですかと聞くと、これでいいのですよと言うわけです。確かに英国の経営者は職を失いましたが、専門家は賃金が上がったし、雇用は増え、情けないのは経営者だけであって、あとは皆ハッピーなのだと。これが第一です。

もうひとつは、三〇パーセントを占めている英国オリジナルという銀行も、実は五十年前はその八〇パーセントがコンチネンタル（大陸欧州）の銀行だったわけです。調べると皆そうなのです。今ロンドンにある日本の銀行も米国の銀行も、あと五十年たつと八割は英国の銀行になっていますよ。だからそれは私たちにとってありがたいことなのです、というのです。最近見ると、すごい勢いでロンドンにある日本の金融機関が、何となく向こうのものになっていっています。経営がまずくなって英国のものになること以外に、英国では会長も頭取も最高幹部も結局、ケンブリッジやオックスフォード大卒の人を据えないと伸びませんから、何か大株主は日本らしいぞというだけで、英国の銀行になってしまうのです。さらにだんだんこっちの業績が悪くなると、またその株を売りますから、英国の人は堂々と自信を持って、米国、日本の六十数パーセントが五十年もたてば、みんな英国のものになるというのです。ありがたいことですという意味が、もうひとつわからなかったのですが、昨今の情勢を見ると、なるほど歴史のある国は違うなという気がしました。

だから日本の金融業界も大いにアメリカに来てもらって結構、ヨーロッパも結構、香港、シンガポールも結構、もう三十年か五十年たったら全部日本の銀行になるのだというぐらいの堂々たる自信を持ち、預金する人も、間接金融で使う日本の企業も、銀行当事者もやはり英国に学ぶことが多いのではないでしょうか。

日本の変革のテンポは

西岡　山本さん、何かご意見がありますか。

山本　私は、例えば米国の銀行が日本でコンシューマーバンキングをやって、部分的ですけれども、大変に成功しています。これが私どもの刺激になっており、規制緩和によって世界の一級品が気軽に地元で買えるのですから、これは良いことだと思います。そういった刺激が日本の各所であるということは非常に良いことだと思っています。要は今の英国は英国の利益になるような国の競争の仕組みを作ったわけです。日本の場合は必ずしもそうではない。私たちが、外から入ってくるのを妨害するような障壁をつくれと言った覚えはないわけで、むしろ依然として業界の中の垣根が規制の中に残っていることが、むしろ適正な競争を阻害するのです。税制の問題も同じです。そういう意味でウィンブルドン現象が仮に起こるとすれば、それは結果として起こるわけで、国民経済的にそれがマイナスだということではないだろうと思っています。

牛尾　私のところへ遊びに来ていた若い三人が来年就職するので、一番給料の高い保険系統の会社とか、有名な商社とか、どこに行こうかと迷った結果、結局、一人はドイツ銀行へ行ったのです。若い人がそういう選択をするようになったのかとびっくりしました。他の二人も皆、外資系に行きました。そういう人がどんどん出てくると、本当に二十年後には銀行の本部は他の国であっても、興銀、富士、勧銀のつくった新しい名前の銀行の傘下に入っちゃうかもしれません。人材だけ紹介して留学させる必要もないというぐらい、余裕を持って眺める必要があるのではないでしょうか。

フクシマ　一言申し上げたいのですが、日本では金融でも通信でもすでに相当、変革はありますし、これからもあると思いますが、やはりスピードと規模は、外から見ると、相当遅いと見られると思います。一つの例として申し上げたいのですが、一九九七年から九八年の一年間に日本におけるM&Aの件数が三八パーセント増加しました。一年で四〇パーセント近くも増加したのは大変画期的なことだと、日本の方は考えると思います。しかし、それを実際の数字でみますと、六百七十一件から九百二十九件に増加したということにしか過ぎません。同じ一九九八年の英国でのM&Aが二千二百七十八件、金額ベースで日本の五十倍、あるいは米国では一九九八年に一万千四百件、日本のM&Aの金額ベースと比べて五百六十四倍ということで、日本が変化しているのは事実ですけれども、他の先進工業国に比べたら、相当まだギャップがあるということです。

西岡　パネリストの方の話を聞いていますと、皆さん、山本さんに対する激励が非常に含まれているような気がします。少し話を変えて、常盤会長、先ほど知の枠組みを変えていく必要がある、企業レベル、もっとミクロというか、現場の一番身近なところまで落としてと言われましたが、その話を敷衍すると、どういうことになるのでしょうか。

現場をどう改善するか

常盤　結局、先ほども牛尾会長から話がありましたが、現場が高度成長に慣れてしまっており、ここでもう一度自分たちの現場にどういう意味があるのか、自分たちは何をするのかということを問い直さないといけないと思います。JCOの話などでも、そういうことが指摘されていると思います。他社のことを言うと、自社はどうだとなるのであまり言えませんが、少なくともこういうことだと思います。例えば、小集団活動を現場で一生懸命やっています。しかし、その小集団活動が、品質向上だ、業務改善だ、というだけで終わっていいのか。その活動から更に新しいものを作り出していこうという、その認識がまだ弱いと思います。ここであらためて自分たちの持っている小集団活動という財産を大切にして、みんなで新しい「知」をつくろうと呼びかけることが、また新しい日本の現場の強さをつくっていくのではないかと思います。

西岡　具体的に何か花王ではアクションが出ているわけですか。

常盤　いくつかそういうことをやっています。例えば、コスト削減から始まって、業務改善を色々やってきましたが、今迄は各現場でばらばらにやっていました。ここでばらばらなものを一つにまとめ、何か新しい仕事の仕方、世に問えるようなものを作ろうと、こんなことを今呼びかけています。そういう思いで、今度は現場の人たち同士で交流する、そこから生れた知を増幅させるという、そういう仕組みができてくれればと願っています。業務改善とかはどこでもやっていると思いますが、これからはそのレベルを一段高いところへ持っていく意識付けが大切だと思います。

西岡　牛尾さんは冒頭に、残すべきものという指摘をされました。しかし、残すものがあると、なかなか変化しないことにはならないでしょうか。そこをどう調和させて進めていくかを、もう少し具体的に何か、イメージがあるでしょうか。

牛尾　一次方程式しか解けないという前提に立てば、残すべきものを残せば、改革はできないという議論になるのです。要するに短所を是正するか、長所を残すか、どちらかしかできないという昔の格言がありますが。だけど、これからの時代は二次方程式か三次方程式ですから、足し算と引き算しかできないというのであれば、経営は無理だと、まず初めに割り切ることです。片方で残すべきものを残しながら、その上に改革していくのだということです。

一番良い例が、日本はTQC運動やQCサークルで現場の地図の上に、提案の組織をつくった。それがあったから、別の方から出てきたISO、ISO9000とかISO14000ですが、TQC運動やQCサークルをやっていたところは非常に早く通ってしまうのです。手法が同じですから。しかし反省すべきは、日本はTQC運動やQCサークルをこれだけやりながら、世界に通用するスタンダードをつくる自在能力がない。英国や欧州がやはりEUの経済に何か知的所有権的な強いものをつくろうというのでISOを導入し、これが今や世界で最も大きな一つの資格になっています。日本はそれをすぐ取るというTQC運動の手法はありますが、同時にこれからは世界に向かってISOのようなものを日本の提案でつくれるような国にならないといけないのです。両方やらないといけないのです。今はとりあえず現場の力で非常に速いスピードでISOをとっている比率は高いし、特にISO14000などは今、日本のスピードが一番速いのではないでしょうか。日本は完全に二次方程式か三次方程式の社会になりました。しかし、ネットの時代はそれをあたかも一次方程式で解くように、インターネットや情報技術がそれを簡素化してくれるのです。この仕組みを活用することです。

ソフトのインフラを

常盤　今の話はまさに、日本人は問題をつくることは下手ですが、解決は上手だということだと思います。ISOについてもよく言われるのですが、確かにシステムをつくる時にはほとんど参加していない。参加したといっても、最終的に決める会議では、ただ座っている程度だと思います。その一方ではグローバリゼーションと言っているところに、まだ日本の弱さがあると思います。そういう国際的な仕組みづくりの時から参加して、日本のスタンス、姿勢、考え方を堂々と述べる、このカルチャーを私たちがつくらないといけない。このことはすごく大切です。ほとんどの分野で世界的なルールがありますが、日本主導でできたものはないのではないでしょうか。誰かがルールをつくって、それに従うとか、それに合っていないから直せとか、こんな話では情けない、私たちが大きく次の世紀に向かって飛び出していくには、グローバルなルールづくりやシステムづくりに積極的に参加する、そういう心構えが大切だと思います。

西岡　フクシマさん、何かございますか。

フクシマ　私も全く同感です。企業のレベルでも政府のレベルでも、あるいはNPO、NGOのレベルでも同じことが言えると思うのですが、最近までは語学、英語力とか、そういうことが問題にされていたのですが、これからはそれ以上のこと、文化的といいますか、社会の仕組みといいますか、教育でしょうか。発信する、発言する、主張する、説明する、提案することを育てる教育制度ではなかったのではないかと思います。常盤会長がおっしゃるとおり、これからグローバル化の中で、特にネット世界の中で情報収集とか分析するのも大変結構なのですが、やはり発信する、提案する、新しいものを外に訴えることも大変重要だと考えます。

西岡　これは全く流れから離れた質問かもしれませんが、フクシマさんにぜひお聞きしたかったのは、日本の産業界を見ると、例えば半導体というのは非常に期待されていた産業で、かつリーディングインダストリーというイメージが強かったのですが、フクシマさんに痛めつけられたせいか知りませんが、十年前と比べて最近は見る影もありません。どの辺あたりに原因があるとごらんになっていますか。日本全体の産業の弱くなっている傾向とほぼ軌を一にしているわけですが。

フクシマ　半導体に関して実は私は、個人的な経験があり、ちょうど米国通商代表部を辞める一九八九年の十二月に、インテルのそのときの社長、アンディ・グローブとミーティングをして、そのとき彼はインテルに来ないかというオファーをくれました。ストックオプションもたっぷりある非常にいいオファーだったのですが、そのとき、日本でもアメリカでも半導体の専門家たちが言ったことは、「インテル社はそれまでは相当よかった。しかし、これからは必ず日本のＮＥＣ、日立、富士通、東芝が追いつき追い越せでインテルを追い抜くだろう。だからインテルに行ってもあまり将来は明るくないよ」と、日本でもアメリカでも言われたのです。しかし、振り返ってみると、そのインテルの株が確かあのときと比べ今は三〇倍ぐらいに伸びています。私も専門家の話を無視してインテルに入っていたら、株で何千万ドルももうけることができたのだと思います。しかし、その時まさにおっしゃるとおり、日本の半導体産業は大変強いと、米国の企業、産業も懸念し、それもひとつの理由で日米の半導体の交渉もあったのです。私が思うのには、半導体も一つの周期というかサイクルがあって、半導体をどういうところで使うか、どう活用するかが割合にはっきりと固定しているというか、安定している状況では、日本のやり方、大量生産、非常にいいものを安くつくって、徐々に改善してさらにいいものをつくる、そういうやり方が有効だったのではないかと思います。

しかし過去五年ぐらい前からは、特に情報技術において、どういう製品、どういう部品、どういうものがこれから最も伸びるかがわかりにくくなりました。不確定要因が色々ある状況では、いわゆるシリコンバレー的なベンチャーが新しいものをつくってみて、それで賭けをして、成功するかもしれないが、失敗するかもしれない。新しいものを色々考え出してやる、そういうやり方が有利になって来ているのではないかと思います。

そのように考えると、この五年から十年間は、確かに日本の半導体産業は色々問題があったかもしれません。これからは、どういう形でインターネットを使ったら最も企業の収益が出るかとか、今はご存じのようにインターネット関連企業株は高いけれども収益がない現状ですが、どういう形のものを消費者が買い、どういうものが最も普及するかが少しはっきりしてくると、日本の半導体産業はまた高度のものをつくり、それで付加価値の高いものをつくって、ある程度よみがえるのではないかと思います。

ハイリスクの管理

牛尾 それに尽きるのですね。半導体はDRAMを中心に、規格を効率化して量で勝負する、日本はそのとおりだけをやったわけです。それに対してインテルは、コンピュータのCPUに代わるようなロジック半導体――非常にリスクがあり成功率は非常に低い、DRAMでは勝てないからという局面もあったのですが、ハイリスクに挑戦して、成功したわけです。

日本の企業は、高度成長というのは米国のパターンの真似をして、規格の効率化と量で勝負すれば必ずもうかったものですから、ローリスク・ローコスト・ハイリータンという商売に慣れてきたわけです。それが一九八〇年ぐらいからローリスク・ローコスト・ローリターンになってきたのです。バブルのはじけたころには、ローリスク・ハイコスト・ノーリターンになってきて、これでは大変だというので、ここで初めてハイリスクに挑戦しようとしたのです。ハイコストをせめてミディアムコストにしようとしてきました。とりあえずミディアムリターンをとろうじゃないかというときに、ハイコストをやった人がいないものですから、ずっとローリスクで来た人は、ハイリスクというと情緒不安定に陥って、どうしていいかわからないのです。今はその大きな転換期に入っています。

米国はハイコストで生きている企業が多いのですが、リスクを管理する学問が進んでいますから、フロントオフィスにバックオフィスをつくってリスクを管理するとか、フロントオフィスとバックオフィスの間のコミュニケーションを調整するためにミディアムオフィスを作って、その上にマネジメントがいるとか、そういうところがこの十年間大変に進んでいるわけです。その点日本はリスク慣れしていないし、堺屋太一さんが経済白書でこれからリスクのある社会だと言うと、新聞はこぞって私たちにリスクを強いるのかと批判的になる、そういう点からいっても、これからの課題は、リスクがビジネスにはつきものだ。それを少なくとも全員じゃなくても、会社をマネジメントする人は、リスクをどう処理するかに経営のすべてがかかっていることを理解することが非常に大事だと思います。

質疑応答

問　牛尾会長に伺いたいと思います。先ほど樋口議長がグループでまとめた答申は素晴らしい内容ですが、その中身の実現をもっとダイナミックにできないだろうかと思うのです。政府のせいにはしたくないのですが、先ほど牛尾会長は、日本の大衆感覚を変えるためにどうしたらいいか、そういう話をされました。例えば何か、日本の大衆感覚、私を含めて度肝を抜くような、明治のころの黒船とか、あるいは鉄道とか、そういう目的のためにつくられたと聞いていますが、どのようにお考えでしょうか。

牛尾　今は黒船のように目に見えるものよりも、インターネットを通じて情報は大胆に変わっているわけですが、これは目に見えません。しかし、私は日本のマーケット、並びに日本の国民の先端とは変化の一番先頭を走っていると思います。色々な人を見ると本当に一番先頭を走っている。だから国民の流れを正確に追いかけて、企業経営の場合は現場の声と市場を追いかけていれば、絶対に変化に遅れないと私は思います。それをなまじ従来のものを、トップだけの考え方でやるから遅れるのであって、そういうことは政治にも言えると思います。だから私はそれほど、日本の現状を悲観していません。一般の人たちは感覚的には一番前へ行っています。また若い人が前へ行っています。男性よりも女性の人が前へ行っています。高学歴よりも低学歴の人が前へ行っています。文科系よりも理科系が前へ行っています。大体の傾向があるのですが、そういう人を眺めていけば、そう悲観することはないと思います。何ものかにとらわれていることが問題なのだろうと私は思っています。

グローバル経営者の時代

2000年3月16日　1版1刷

編　者　日本経済新聞社

発行者　小　林　豊　彦

発行所　日本経済新聞社
http://www.nikkei.co.jp/pub/
東京都千代田区大手町1-9-5　〒100-8066
振替　00130-7-555　電話（03）3270-0251

印刷　錦明印刷／製本　積信堂
ISBN4-532-14819-7　Printed in Japan